信息技术应用能力提升实践指导丛书

总主编 宋海英 郑世忠

信息技术应用能力提升
与学习方式变革

杜静媛 孙高扬 主编 赵 越 金美爱 刘春玲 副主编

XINXI JISHU
YINGYONG NENGLI
TISHENG YU XUEXI
FANGSHI BIANGE

东北师范大学出版社
NORTHEAST NORMAL UNIVERSITY PRESS
·长春·

图书在版编目（CIP）数据

信息技术应用能力提升与学习方式变革/杜静媛，孙高扬主编. —长春：东北师范大学出版社，2021.7
（信息技术应用能力提升实践指导丛书 / 宋海英，郑世忠主编）
ISBN 978 - 7 - 5681 - 8230 - 0

I. ①信… II. ①杜…　②孙… III. ①信息技术－应用－教学研究－中小学　IV. ①G632.0－39

中国版本图书馆 CIP 数据核字（2021）第 142905 号

□责任编辑：肖　丹　□封面设计：方　圆
□责任校对：牛会玲　□责任印制：许　冰

东北师范大学出版社出版发行
长春净月经济开发区金宝街 118 号（邮政编码：130117）
电话：0431－85690289
网址：http：// www.nenup.com
东北师范大学音像出版社制版
辽宁新华印务有限公司印装
沈阳市张士经济技术开发区
中央大街六号路 14 甲－3 号（邮政编码：110021）
2021 年 7 月第 1 版　2021 年 7 月第 1 次印刷
幅面尺寸：169mm×239mm　印张：15.5　字数：245 千

定价：47.00 元

随着信息技术的发展，"智慧校园""数字学校"等新词汇不断涌现，这些词汇显现了当今学校有别于过去学校的特征。在信息资讯日益发达的今天，社会进入人工智能时代，物联网、云计算、大数据和人工智能等技术的运用将对教育教学产生深刻影响，信息技术发展所带来的慕课、微课、翻转课堂等教学方式不断丰富着学校教育教学的内涵，这就需要我们从另外一个视角重新思考改进原有的学校运行与管理方式、教师教学方式和学生的学习方式。"教师与学生、教育教学内容、教育或教学内容的物化形式以及其他辅助条件是教育活动的三个基本要素。"① 三者之间相互作用，演绎出丰富多彩的教学样态。不同历史阶段，三个基本要素的内涵也在发生着不同程度的变化，学校教育教学的内容与形式也随之发生变化。

从信息技术发展的历史视角来看，"学校的产生与文字的产生有着直接的密切联系"②。纸和墨的发明为活字印刷术的诞生奠定了物质基础。"印刷机出现一百多年以后，以'班级授课制'为核心的现代学校制度正式确立。"③ 文字的出现与印刷技术的发展，使得教学内容得以物化并广泛传播，物化教学内容的出现改变了前文字时代言传身教的教学方式。由于幻灯、电影、广播

① 周润智. 教育关系：学校场域的要素、关系与结构 [J]. 教育研究，2004（11）：15-19.
② 任钟印. 关于人类最早的学校产生于何时何地的一点思考 [J]. 教育研究与实验，1985（4）.
③ 郭文革. 教育的"技术"发展史 [J]. 北京大学教育评论，2011（07）：137-157.

和电视等电子产品的出现，纸张作为知识唯一载体的格局被打破……当今时代，教育教学内容的物化形式日趋多元，电子书包、电子课本、微课、慕课等新型数字化教学内容物不断出现；互联网接入每一所学校、每一个班级，各种信息终端设备日益普及，信息交流更加便捷……"学校将突破校园的界限，任何可以实现高质量学习的地方都是学校。"[①] 今天的课堂"同时并存着多个传播子系统，学生'身'的出现，已经不能保证'教与学'真的发生了"[②]。教学内容的物化形式及教学辅助条件的变化，对教师的教学方式，学生的学习方式以及师生之间、生生之间的交流方式产生革命性的影响，学校教育教学范式转型也成为必然。这就需要教研员、学校管理者以及教师等教育者及时转变研究问题和解决问题的视角，而不是采用"固有的""既定的""不变的"经验来开展新时期学校的教育教学。

学校的管理方式、教师的教学方式与学生的学习方式如何重构？这是时代发展给每一位教育工作者提出的崭新命题。幸运的是，2019 年，教育部颁布了《关于实施全国中小学教师信息技术应用能力提升工程 2.0 的意见》（〔教师 2019〕1 号）（以下简称"提升工程 2.0"），为范式转型提供了文件支持，并提出了实现范式转型的路径和指南。提升工程 2.0 的内涵十分丰富，明确提出"构建以校为本、基于课堂、应用驱动、注重创新、精准测评的教师信息素养发展新机制"的清晰路径，点明"整校推进服务教育教学改革"的文件主旨。

党的十八大以来，党中央国务院有关学校教育教学改革的文件密集出台，《中共中央国务院关于深化教育教学改革全面提高义务教育质量的意见》明确提出"融合运用传统与现代技术手段，重视情境教学；探索基于学科的课程综合化教学，开展研究型、项目化、合作式学习。精准分析学情，重视差异

---

① 曹培杰. 未来学校的变革路径："互联网＋教育"的定位与持续发展 [J]. 教育研究，2016 (10)：46-51.

② 郭文革. 教育的"技术"发展史 [J]. 北京大学教育评论，2011 (07)：137-157.

化教学和个别化指导"，对学校教育教学提出了更高的要求；"创新人才培养
方式，推行启发式、探究式、参与式、合作式等教学方式以及走班制、选课
制等教学组织模式，培养学生创新精神与实践能力"。《中国教育现代化 2035》
更为我们描绘了应然的教育教学路径。这就需要对传统学校的运行方式、课
堂教学方式进行深刻的反思，以现代学习理论为指导，利用认知诊断、数据
挖掘、学习分析等新的技术来改进教与学，探索新的课堂教学模式与学校教
育教学管理方式，破解传统教学中难以解决的问题。新范式的建立，必然涉
及学校制度完善、教学模式重建、校本研修深化以及教师信息化教学能力提
升等诸多要素。

　　当前，有关信息化教学方面的理论著述很多，但是在实践层面能够指导
学校开展信息时代的教育教学、指导教师开展信息化教学方面的用书较少。
为解决"教育信息化最后一公里"的问题，众多学者做出了巨大的努力，贡
献了大量的专业智慧。华东师范大学开放教育学院闫寒冰、魏非等学者提出
"能力点"概念并制定了相应的标准，为开启以"能力点"为载体的提升工程
2.0 岗位培训提供了基础和保障。

　　在此背景下，我们依托提升工程 2.0 项目，依据吉林省信息化教学实践，
汇聚了全省信息化教学各方面的专家学者以及近百名各学科信息化教学骨干
教师的专业智慧，围绕信息化背景下教学模式构建、能力点解析、校本研修、
教学改革、学校建设、课堂教学等关键点，编写了《信息技术应用能力提升
与现代学校建设》《信息技术应用能力提升与学习方式变革》《信息技术应用
能力提升与校本研修》《多媒体教学环境能力点深度解析》《混合学习环境能
力点深度解析》《智慧教学环境能力点深度解析》这套丛书，以实践者的视角
分别从学校运行机制、课堂教学等层面，用案例的方式加以阐释，以便读者
更好地把握和理解。

　　新时代，智能化、信息化正在悄然改变着学校的运行方式、教师的教学

方式和学生的学习方式，"学校革命""课堂革命"全速推进。新的时代赋予教育新的使命，也为学校教育信息化发展带来新挑战、新机遇。期待广大学校管理者、一线教师和研究工作者积极投入信息化教学变革大潮，共同开展信息化教育教学新实践，为构建信息化背景下的新型人才培养模式和教学方式而努力！

宋海英

2021 年 7 月

　　教育的发展与社会文化的发展密不可分；教育的发展也需要现代教育技术、教育工具的支持。利用现代技术加快推动人才培养模式改革，作为《中国教育现代化 2035》的重点任务和构建教育高质量发展体系的主要任务，将对基础教育产生巨大的影响。

　　《信息技术应用能力提升与学习方式变革》一书，适应我国基础教育课堂教学改革和信息时代教学改革要求，指出在实践过程中，要解决好两项改革相衔接的关键点，即学习方式的现状与存在的问题，要走出信息技术在课堂教学方式变革中的应用误区——"技术万能论""技术无用论"和"技术工具论"。

　　我们借鉴学习何克抗、祝智庭等专家学者的现代教育技术理论，通过大量的文献研究、实践探究、课堂信息化应用案例经验，在已有信息技术与课堂教学有效整合的基础上，建立了一个促进二者深度融合的教学实践经验性模型——"技术之码"。

　　"技术之码"，实质是将信息技术理论、方法与工具融为一体，共同作用于课堂教学，力求改进教与学的方式，以达到提高课堂教学效果和效率的目标。

　　书中以"技术之码"模型为核心，以新课堂教学改革背景下自主学习、合作学习、探究学习和项目式学习等代表性学习方式的普遍现象和问题解决为着眼点，围绕"开篇小语—案例启思—问题剖析—解决策略—样例展示—样例评析"的技术路线展开了讨论，并依据每种学习方式的内涵和特点，建立了针对性的技术模型，以理论和实践案例相结合的方式阐明了"技术之码"的应用方法，为教师寻求技术在课堂教学最后一公里的应用路径、破解课堂教学改革难题提供经验。

本书每一小节由案例启思、问题剖析、解决策略、样例展示与样例评析五个部分组成，各部分相互关联，逐层递进。首先，案例启思，问题驱动。每小节在开始叙述前，都会借助一个教师实际工作情境问题案例导入本小节要讲述的内容，与后续的问题剖析、解决策略、样例展示以及样例评析相关联，拉近读者与学习内容之间的距离，激发读者的学习兴趣。其次，问题剖析，引发思考。针对上述提及的教学案例，展开剖析，挖掘存在的主要问题。第三，解决策略，方法引领。在分析问题的基础上，针对问题设计解决模型——"技术之码"。为帮助教师理解和掌握"技术之码"模型方法，每小节都会提供一个解决问题的"技术之码"模型，对其在理论层面的背景知识加以梳理；给出具体方法步骤以及推荐对应信息技术工具，由此引发学习者建立依据科学的理论支撑，设计有效"方法"，选择适切的"工具"深入思考。第四，样例展示，方法渗透。样例是学习者理解方法策略的有效途径，在解决策略之后，作者为每一小节都提供了翔实的应用"技术之码"解决问题的典型案例，在每一个案例后面也都提供了相应的点评与解读，以帮助学习者更好地理解教学案例、使教师可以借鉴经验并能够结合自身学科教学进行迁移与创新。

希望本书能够对广大中小学教师的教学产生一些积极的影响，带给教师们一些有益的启发。本书撰写过程中参考和借鉴了许多专家学者的研究成果，引用了国内外多方面的研究观点，我们向这些研究成果的作者表示衷心感谢。本书在撰写过程中得到了许多专家的指导和学校同行的帮助，东北师大出版社为本书出版提供了大力支持，在此一并致谢！

　　《信息技术应用能力提升与学习方式变革》由长春汽车经济技术开发区教师进修学校党支部书记杜静媛、长春汽车经济技术开发区教师进修学校信息中心研培部主任孙高扬担任主编，负责本书编写体例的确定、"技术之码"核心概念界定、"技术之码"模型方法的构建以及总体章节结构的设计。长春汽车经济技术开发区教师进修学校常务副校长赵越、长春汽车经济技术开发区进修学校副校长金美爱、长春汽车经济技术开发区教师进修学校发展中心主任刘春玲担任副主编，协助主编完成设计，审定全书。

　　全书共分 5 章，章节作者如下：第一章，孙高扬（长春汽车经济技术开发区教师进修学校）、张雪（吉林大学行政学院）；第二章，李淑杰（长春汽车经济技术开发区长沈路学校）、孙悦（长春汽车经济技术开发区长沈路学校）、刘毓聪（长春汽车经济技术开发区第九中学）、薛杨（吉林省教育学院）；第三章，翟虹（长春汽车经济技术开发区东风学校）、李天舒（长春汽车经济技术开发区东风学校）、李良（长春汽车经济技术开发区东风学校）、杜静媛（长春汽车经济技术开发区教师进修学校）；第四章，孙惠（长春汽车经济技术开发区教师进修学校）、孟凡静（长春汽车经济技术开发区第四小学）、张研（长春汽车经济技术开发区东风学校）、王乙旭（吉林省教育学院）；第五章，毛鸿娟（长春汽车经济技术开发区第十二小学）、王磊（长春汽车经济技术开发区长沈路学校）、李闯（长春汽车经济技术开发区长沈路学校）、高蕊（吉林省教育学院）。全书统稿工作由孙高扬、杜静媛完成。

　　尽管我们集思广益，对稿件多次进行修改，力求使本书为教师课堂教学改革实践问题解决提供有效经验与方法，实现信息技术助力课堂教学改革的目标，但由于时间仓促，再加上我们经验、学识所限，编写中还有很多缺憾和疏漏。在此，我们诚恳地希望各位读者提出宝贵意见。

编　者

2021 年 5 月 30 日

第一章
信息技术与课堂教学改革创新概述

开 篇 小 语

　　2016 年，我国正式公布了"核心素养"框架，标志着"培养什么人，怎样培养人"这一问题有了明确指向。以核心素养为导向的课堂教学改革成为促进核心素养落地、落实"立德树人"教育根本任务的重要途径。伴随着教育信息化 2.0 时代的到来，信息技术支持下的课堂教学改革对于优化教师教学、学生学习发挥了重要作用。然而"技术万能论""技术工具论""技术无用论"等错误认识影响了信息技术的应用。为解决这一现实问题，基于已有研究成果，本章提出"技术之码"概念，建立一个"理论—方法—工具"融合的技术应用体系，试图寻求课堂教学最后一公里的应用路径，旨在从实质上解决问题，破解课堂教学改革难题。

第一节 课堂教学改革背景与现状

21世纪以来，世界各国为应对知识经济、信息化和全球化的挑战，培养适应终身发展和社会发展需要的创新人才，相继开展"核心素养"的研究。作为落实"核心素养"的最基础"单位"，课堂教学是学校教学活动的主要形式，对学生的发展起着重要作用，如何在课堂教学中发展学生的"核心素养"是当前课堂教学中面临的主要问题。

一、国家课堂教学改革要求

为落实"立德树人"的根本任务，发展学生的"核心素养"，近些年来，国家颁布了多个教育教学改革文件，文件虽涉及重点不同，但均体现了对发展学生核心素养的要求，强调教学方式和学习方式的变革以及信息技术的应用。

（一）注重核心素养的培育

课堂教学是当前学校教书育人的基础学习"单元"，也是落实国家教育方针的最基础"单位"。2016年核心素养框架颁布后，课堂教学改革的重心也从历史中的"双基"转向三维目标，再向核心素养逐渐转变，从以往"为了知识的教学"转向"基于知识的教学"，从"一个人在学习学科知识"转向"一个学习学科知识的人"。[①] 课堂教学改革的相关要求无不致力于学生核心素养的培育，如在课堂教学改革的目标方面，重在培养学生创新主体的最优发展上，重在夯实学生基础文化素养的前提下，发展学生的实践创新能力与社会责任担当；在课堂知识的学习方面，强调学科知识与经验、生命、生活和社会的整合、应用与迁移，注重探寻课堂内与外的联系和运行规律，注重从学科知识逻辑走向核心素养的发展逻辑；在课堂组织形式方面，以包容力和统整力为引领，注重学科大观念教学和跨学科式教学，将不同学科知识融会贯通，促进学生构建知识网络，使其从全局视角统整知识和实践问题。

（二）强调教学方式的创新

在课堂教学改革背景下，教学方式的创新成为新一代教改的主旋律之一。相比于传统的"灌输式""唯知识""唯理论"的教学方式，新课堂教学改革理

---

① 余文森. 从"双基"到三维目标再到核心素养：改革开放40年我国课程教学改革的三个阶段 [J]. 课程·教材·教法，2019，39（09）：40-47.

念更提倡"把教学改革作为教师教育课程改革的核心环节"①，鼓励教师"深化课堂教学改革。积极探索基于情境、问题导向的互动式、启发式、探究式、体验式等课堂教学，注重加强课题研究、项目设计、研究性学习等跨学科综合性教学，认真开展验证性实验和探究性实验教学"②，将"自主、合作、探究的学习方式与启发、讨论、参与的教学方式不断推广，育人的针对性、实效性进一步增强"③。同时，教师"要加强以信息技术为基础的现代教育技术开发和应用，将现代教育技术渗透、运用到教学中"④，"促进信息技术与教育教学融合应用"⑤。在课堂外，教师要探索课堂教学与社区服务、研究性学习与社会实践相结合的途径和方法，实现多场域的育人功能。课堂教学改革背景下教学方式的创新，让教学变得更有智慧、更有精神、更有内涵、更有思想，使教学真正成为学生精神成长和素质提升的高质量过程。

（三）倡导学习方式的多元

核心素养是关乎"培养什么样的人"的大问题，是当前国际课程改革的主旋律、最强音。⑥ 其中，自主发展作为培养学生核心素养的基本内容，是课堂教学改革的重点完善之处。我国在近十年的课堂教学改革文件中多次强调以学生为主体，倡导学习方式的多元，注重"引导学生主动思考、积极提问、自主探究；开展研究型、项目化、合作式学习"⑦，优化人才培养模式，推广自主、合作、探究的学习方式。这些要求充分体现了尊重学生为课堂学习的主人的精神，蕴含着传统标准化的"班级授课制"务必向"差异化和个性化的学习"过渡的思想，同时，启示着教育者要处理好学生获取知识与发展素养的平衡，同等重视知识的掌握与知识的运用，呼吁教师引导学生逐渐从浅层学习过渡到深度学习，在知识的运用、迁移与反思过程中发展核心素养。"工欲善其事，必先利其器"，多元化的学习方式，推动着"以教为中心"向

① 中华人民共和国教育部. 教育部关于大力推进教师教育课程改革的意见 ［Z］. 2011-10-08

② 国务院办公厅. 国务院办公厅关于新时代推进普通高中育人方式改革的指导意见 ［Z］. 2019-06-11

③ 中华人民共和国教育部. 教育部关于全面深化课程改革 落实立德树人根本任务的意见 ［Z］. 2014-04-08

④ 中华人民共和国教育部. 教育部关于大力推进教师教育课程改革的意见 ［Z］. 2011-10-08

⑤ 中共中央国务院. 中共中央 国务院关于深化教育教学改革全面提高义务教育质量的意见 ［Z］. 2019-07-08

⑥ 余文森. 从"双基"到三维目标再到核心素养：改革开放 40 年我国课程教学改革的三个阶段 ［J］. 课程·教材·教法，2019，39（09）：40-47.

⑦ 中共中央国务院. 中共中央 国务院关于深化教育教学改革全面提高义务教育质量的意见 ［Z］. 2019-07-08

"以学为中心"的转变，促进着"以教代学"向"以教促学"的转变，将课堂教学改革从观念上落实到具体的教学实践中，在教学观念和行为变革与创新方面获得了实质的进步与发展。

（四）更新信息技术的角色

在以往课堂教学中，信息技术只是作为一种"工具"辅助教师教学方式和教学内容的形式改变，很少涉及以学生为主体的学习方式的变革。一方面，在新课堂改革背景下，信息技术被赋予了新的"时代使命"，它在优化教师教育教学效果的基础上，提升学生学习的效率，在"适应学生个性化学习需求和扩大优质教育资源覆盖面"[1]方面扮演了重要的角色。另一方面，信息技术基于"原有角色"，在完善"教与学环境"或"教与学方式"的基础上，试图触及教育系统的结构性变革，"推进信息技术与教育教学深度融合"[2]，以变革传统的课堂教学结构——将教师主宰的"以教师为中心"的传统课堂教学结构，改变为既充分发挥教师主导作用，又能突出体现学生认知主体地位的"主导—主体相结合"教学结构。[3]另外，在信息技术与教育深度融合的背景下，信息技术逐步从"工具论"转向了"环境论"[4]，即"生态观"，也就是技术作为一种环境因素，对教学系统各要素可以产生结构性的影响[5]，如在我国相关文件中提到的："融合运用传统与现代技术手段，重视情境教学……建立覆盖义务教育各年级各学科的数字教育资源体系；加快数字校园建设，积极探索基于互联网的教学……"[6]

二、信息时代教学改革要求

教育信息化1.0更新到2.0时代，升级的不只是数字与时间维度的表象概念，更重要的是信息化与教育教学在新的时代背景下的深刻变革与创新融合。

---

① 中华人民共和国教育部. 教育部关于全面深化课程改革 落实立德树人根本任务的意见 [Z]. 2014-04-08

② 国务院办公厅. 国务院办公厅关于新时代推进普通高中育人方式改革的指导意见 [Z]. 2019-06-11

③ 何克抗. 信息技术与课程深层次整合理论 [M]. 北京：北京师范大学出版社，2008：3.

④ 何克抗. 我国教育信息化理论研究新进展 [J]. 中国电化教育，2011 (1)：1-19.

⑤ 周晓清，汪晓东，刘鲜，等. 从"技术导向"到"学习导向"：信息技术支持的学与教变革国际发展新动向 [J]. 远程教育杂志，2014，32 (3)：13-22.

⑥ 中共中央国务院. 中共中央 国务院关于深化教育教学改革全面提高义务教育质量的意见 [Z]. 2019-07-08

（一）创新课堂教学方法，改革传统教学模式

教学方式是一种文化现象、文化实践，同时受文化的影响，不同文化背景下的教学方式呈现不同的文化特征。[①] 随着教育信息化 2.0 时代的升级，以开放、共享、协作、交互为核心的新文化为传统的课堂教学模式注入了新能量，促使教学方式由"先教后学"转向了"先学后教"，从知识的灌输转向了实践创新，从注重个体的学习转向了协作互助。其一，信息化时代为课堂教学构建了自主学习的环境，鼓励教师为学生创造多样化的资源以进行个性化学习，形成"先学后教"模式。其二，信息时代要求教学满足创新人才培养的内在需求，形成创新教学环境。例如，《新一代人工智能发展规划》中强调"利用智能技术加快推动人才培养模式、教学方法改革"；《中国教育现代化 2035》中也指出："充分利用现代信息技术，丰富并创新课程形式。创新人才培养方式，推行启发式、探究式、参与式、合作式等教学方式以及走班制、选课制等教学组织模式，培养学生创新精神与实践能力。"其三，信息化时代注重学生协作互助式学习，通过提供平等、互助的工具支持，促使学生获得广泛的人际互动，这一点在上述列举的文件中已有所体现。

（二）变革学生学习方式，优化人才培养模式

随着《教育信息化十年发展规划（2011—2020 年）》的公布，我国相继颁布众多教育信息化政策文件，如《中小学教师信息技术应用能力标准（试行）》《新一代人工智能发展规划》和《中国教育现代化 2035》，其核心直指信息技术通过发挥自身的价值与作用来助推教与学模式的变革，进而实现人才培养模式的优化与完善。其中，人才培养模式的深刻变革重点在于"人"的学习方式的深度变革，而学习方式变革恰好是信息时代教育变革的核心内容之一。[②] 在 21 世纪数字化、信息化时代背景下，新媒体和新技术的出现使得学习活动中的学习理念、学习环境、学习材料、学习工具和学习媒体都发生了根本性的变革，促使学习方式发生了变革。其中，学习方式的变革既包括学习者群体的学习方式变革，也指学习者个体的学习方式变革。[③] 同时蕴含量变与质变上的学习方式的变革。不同维度的学习方式变革，在我国颁布的相关文件中已有所体现，如"应用信息技术转变学习方式的能力为发展性要

---

① 冯永华. 教育信息化促进教学方式变革 [J]. 教育研究，2017，38（3）：115-117.

② 陈琳. 高校课程立体学习资源建设研究：促进学习方式转变的视角 [J]. 中国电化教育，2013（11）：95-97.

③ 王运武，朱明月. 学习方式何以变革：标准与路径 [J]. 现代远程教育研究，2015（3）：27-35.

求……利用信息技术支持学生开展自主、合作、探究等学习活动所应具有的能力"①，以此来"创新人才培养方式，培养学生创新精神与实践能力②"，发展学生的核心素养。

（三）建构信息管理体系，推进智能管理模式

信息技术带给教育的改革，不仅指向"教"与"学"，还有对教育教学管理方面的"指挥"与"协助"。2012年3月15日，教育部正式发布了"教育管理信息（系列）标准"中的《教育管理基础代码》《教育管理基础信息》《教育行政管理信息》《普通中小学校管理信息》《中职学校管理信息》《高等学校管理信息》和《教育统计信息》七个教育信息化行业标准③，首次构建了完整的教育管理信息标准体系结构，统一了各级各类和各级教育行政部门在教育管理中需使用的基础代码标准、基础信息标准和统计信息标准④。在完善教育管理信息化标准的基础上，在未来更为强调"建立智能、快速、全面的教育分析系统"⑤，"建立数字教育资源共建共享机制；推进教育治理方式变革，加快形成现代化的教育管理与监测体系，推进管理精准化和决策科学化"⑥。

上述标准与要求体现了国家对加强信息化教育教学管理的重视。其中，在信息技术应用领域，阐释了教育资源管理（硬件与软件）与教育过程管理（人力、时力、物力、信息及其关系）的价值；从信息化管理的层次来看，它从宏观、中观和微观三个层次明确了国家、区域和学校的教育教学管理信息化进程。上述要求从起步的建构信息管理体系，到逐步地推进智能管理模式，既体现了对信息技术教育价值的肯定，也彰显了对信息技术变革教育教学理念的扎实落地。

三、学习方式变革的现状与问题

在新课堂教学改革背景下，以自主学习、合作学习、探究学习和项目式

---

① 教育部办公厅. 教育部办公厅关于印发《中小学教师信息技术应用能力标准（试行）》的通知［Z］. 2014-05-28.

② 中共中央 国务院. 中国教育现代化2035［Z］. 2019-02-23.

③ 中华人民共和国教育部. 教育部关于发布《教育管理信息教育管理基础代码》等七个教育信息化行业标准的通知［Z］. 2012-03-15.

④ 王瑛，贾义敏，张晨婧仔，等. 教育信息化管理实践中的领导力研究［J］. 远程教育杂志. 2014，32（2）：13-24.

⑤ 中共中央 国务院. 新一代人工智能发展规划［Z］. 2017-07-20.

⑥ 中共中央 国务院. 中国教育现代化2015［Z］. 2019-02-23.

学习为代表的学习方式，在促进课堂教学改革、优化学生个性差异化学习、更新教师课堂教学角色方面被赋予了重要的改革角色与使命，被视为落实核心素养目标的重要途径。然而，在落实与实践的过程中，每一种学习方式因课堂环境、知识背景与学生经验的差异，均存在着不同程度的"止步不前"与效果低效问题。深入了解与分析各个学习方式目前应用的现状与问题，有助于剖析内在原因，针对性地解决与完善现状。

（一）自主学习

为了顺应时代发展的需求，落实我国人才培养目标，教育界日前逐步探索自主学习方式，旨在培养学生的独立学习能力与自主性。自主学习强调个体独立、主动、自觉和自我负责，强调对学习的自我定向、自我监控、自我调节和自我评价。[①] 自主学习作为体现培养学生学习品质的重要方式，对于学生的主动性、自觉性、自主性、主体性和创新性的发展具有重要意义。发展学生的自主学习是教学改革向纵深推进的必然选择，是推动教学改革实现真正的质效的有效方式，是课堂教学从侧重教授行为向关注学习行为转型的有效体现。

1. 自主学习现状

（1）外在动机占主导，缺乏内在动机激发

学习动机分为内在动机和外在动机。人的两种动机可能都高或都低，也有可能高低不一，但两种动机能够同时存在，能互补性地影响人的行为〔Lepper&Henderlong（2000）〕。学习动机对稳定的自主学习行为有促进作用，且直接促进和间接促进几乎相当。[②] 积极的学习动机是自主学习策略的前提，高度的自我效能、积极的自我归因和内在的学习兴趣是采取自主学习策略的学习者的共同特征。[③] 然而，已有现状表明，学生的外部动机占主导，远高于内在动机，这导致学生自主性程度不高。在相对脱离教师的紧密跟踪学习状态下，学生意志力不坚定，很难具有长期的坚持性，出现学习倦怠或中途放弃的现象。相关实证研究也表明：在自主学习动机的管理中，应该尽可能地从学习兴趣培养、内在激励、学习乐趣探索等角度，而不是单纯地从完

---

① 庞维国，刘树农. 现代心理学的自主学习观〔J〕. 山东教育科研. 2000（7）：54-55＋59.

② 龙成志，刘志梅. 学习动机对自主学习行为的影响：以学习能力为中介〔J〕. 应用心理学，2016，22（3）：203-210.

③ 龙成志，刘志梅，吴喜雁. 大学生自主学习策略对学习绩效的影响：学习动机的调节作用〔J〕. 心理技术与应用，2017，5（2）：89-98.

成学习任务等角度进行动机管理。^① 这一结论证实了当今学生自主学习中外部动机相比内部动机更占主导地位。

（2）学习意识较强，学习能力较弱

"自主学习能力"，实质是指情境中的问题解决能力及终身学习的能力。自主学习不仅指学习者自觉自主地学习具体的学科知识与技能，更注重其在复杂多变的社会情境中自觉主动地使用一系列复杂的认知（如反思与批判性思维等）与非认知策略（合作与目标管理等）解决复杂问题以达成各种个体及社会性的发展目标。^② 然而，在目前自主学习的实践中，学生暂时学会了运用自我认知去解决复杂问题，缺少在复杂社会情境中利用非认知解决问题的能力；学生缺乏在跨学科领域中自主学习的能力，以及在自主学习知识与能力提升的前提下，没有实现自我认同与自我价值的提升，不能清晰且全面地认识自我，不能对自我进行批判性反思、调节与完善。

（3）自我评价趋向正面，自我反思与监控不足

在影响自主学习的因素之中，多个学者通过实证研究证明：自我评价、反思与监控是重要的影响因素，如单志艳^③、徐锦芬^④和李洁^⑤等。由此得出，监控与调节学习过程能力是学生实现自主学习的必备能力。但是，在自我评价方面，学习者多数认为自己在自主学习过程中表现良好，达到了自我心中的评价标准，^⑥ 整体上趋向正向的自我评价，而且自我评价较好的多为高年龄段学生，低年龄段的学生在自评方面暴露出严重不足，如在自我调控维度中，自我监督、自我调节与自我控制难以实现，在自我认识、自我检查与自我测试方面实现客观的自我评价更是难以达成。

2. 自主学习存在的问题

尽管自主学习被冠以"推动教学改革的必然手段"称号，被视为落实发展学生核心素养的必要方式，但我国学生的自主学习状况依然不容乐观，尚

---

① 龙成志，刘志梅，吴喜雁. 大学生自主学习策略对学习绩效的影响：学习动机的调节作用 [J]. 心理技术与应用，2017，5（2）：89-98.

② ZIMMERMAN, B J. Attaining Self-regulation：A social cognitive perspective [A]. BOEKAERTS, P R, PINTRICH M Z. Handbook of self-regulation [C]. San Diego：Academic Press，2000：13-35.

③ 单志艳，孟庆茂. 心理学中定量研究的几个问题 [J]. 心理科学，2002，25（4）：466-467＋471.

④ 徐锦芬，吴卫平. 学生自主英语学习能力模糊综合评价 [J]. 高等工程教育研究. 2004，（3）：27-30.

⑤ 李洁. Language learning styles and learning strategies of tertiary：level English learners in China [J]. RELC journal，2006，37（1）：67-90.

⑥ 彭海虹，杜翠叶. 自主学习能力现状调查与思考：开放教育学习者素质提升与能力培养探索之一 [J]. 开放教育研究，2013，19（6）：102-107.

未达到理想应然状态。例如，上海学生参加两届 PISA 测试成绩排名全球第一，但学生暴露出学习自主性水平低的问题——"自我调控策略低于 OECD 平均值，说明学生还不善于自己选择、判断、反思阅读材料的重点、难点，自主学习能力不够。"[①] 另外，华东师范大学理解教育研究所对于我国 11 省市学生学习自主性的调查结果也证实：我国中学生自主性发展水平不高，各要素发展不平衡；学生学习自主性随着年纪的增高反而呈下降趋势。[②] 只有深入挖掘自主学习目前存在的问题，才能有效改善这一现状，真正推动教学改革。

（1）学习动机不高

学习动机是学生自主学习的必要条件之一[③]，良好、内在持续性的学习动机是推动学生自主学习的"重要法宝"。然而，在实际的自主学习过程中，学生常常出现学习动机不高的情况，表现其一为低自我效能感，认为自己在学习任务的选择、学习策略的运用、学习自我监控与坚持性等方面很难胜任，遇到困难容易产生厌倦学习的情绪，甚至出现学习中断；其二是没有明确的近期目标意识，倾向于长期的、泛化的、有挑战难度的学习目标，形成"习得性无助"现象；其三是学生不理解学习与自己需要之间的关系，认为学习"无用论"，很难把学习与满足自己的求知欲联系在一起；其四是缺少对知识的学习兴趣，学习的主动性、自觉性较差。

（2）学习策略不当

自主学习是以一定的学习策略做保障的，也就是自己要"会学"。[④] 迈克卡尔提出学习策略主要包括认知策略、元认知策略和资源管理策略。自主学习强调个体独立、主动、自觉、自我负责的学习，强调对学习的自我定向、自我监控、自我调节和自我评价。[⑤] 然而，由于各年龄段学生身心发展特点的不同，学生在上述过程中难以保障有效调节与运用各种学习策略，如不能适切地选取合适的工具进行编码、组织、加工与记忆知识；自我监控能力不足，缺少自我约束，如常常将时间浪费在与学习无关的活动上；在时间规划与时间管理方面，缺乏长远性、自觉性、规划性与有效性，如自学时间安排不合理等。

（3）教师引导低效

自主学习是一种相对概念，即学生的学习大部分是介于绝对的自主学习

---

① 罗阳佳. 上海学生 PISA 测试"全球第一"引发教育思考 [N]. 中国教育报，2011.

② 熊川武，柴军应，董守生. 我国中学生学习自主性研究 [J]. 教育研究，2017, 38（5）：106-112.

③ 庞维国，刘树农. 现代心理学的自主学习观 [J]. 山东教育科研. 2000（7）：54-55＋59.

④ 庞维国，刘树农. 现代心理学的自主学习观 [J]. 山东教育科研. 2000（7）：54-55＋59.

⑤ 庞维国. 当前课改强调的三种学习方式及其关系 [J]. 当代教育科学，2003（6）：18-22.

和绝对的不自主学习之间的，尤其对于义务教育阶段的学生来说，完全摆脱教师的依赖是不可能的。[①] 在自主学习中，教师在帮助学习者实现自主学习过程中起着关键作用，教师从以教授知识为主，变为以指导、辅导学生的学习为主，由舞台上的主角变成幕后导演，成为学生建构意义的帮助者、合作者。[②] 但在实际的自主学习过程中，教师的引导不及时，没有在学生急需启发或遇到困难时给予针对性的指点；同时，教师在指导方法上缺少针对性，对于不同个性和学习品质的探究学习者缺乏符合"最近发展区"的有效指导，也缺少关于信息技术方法的引导；在探究学习的自我监控阶段，教师缺乏辅助学生进行深度的、"实质性"的自我监控、自我调节与自我反思方面的指导。

（4）学习环境不佳

齐莫曼强调自我内在的自主、行为的自主和环境的自主是影响学生自主学习的主要因素，其中环境自主体现在物质环境和社会环境对自主学习的影响。[③]

由此可见，优质学习环境（包括物质和社会环境）的营造是推动学生自主学习的有效且必要的外界条件。然而，在已有文献和实践教学中，学生自主学习过程中的物质环境与社会环境暂时没能有效地支持学生进行任务计划、行为调控与自我反思。例如，在物质环境方面，课堂环境的嘈杂、线上学习环境的针对性弱、信息资源的可利用度低和学习工具的选择范围小等因素困扰学生的自主学习；在社会环境方面，可供模仿的榜样少、同伴配合度低、教师的教学观念和教学方法落后，以及家庭成员的帮助少也对学生自主学习产生很大的负面影响。

（二）合作学习

合作学习，作为新课堂改革倡导的重要学习方式之一，为学生搭建了一个积极合作交往的平台，促使学生在学习过程中获得知识，发展合作能力，提高合作意识。基于合作学习的课堂教学改革，大幅度地提高了学生的学业成绩，促进了学生在非认知与认知方面的双重发展。

1. 合作学习现状

（1）重视合作学习形式，分工建设不妥当

已有研究表明，学生乐于参与合作学习，认为合作学习对自己的学习

---

① 王田. 大学生自主学习的现状及影响因素研究 [D]. 长春：东北师范大学，2014.

② 何莲珍. 自主学习及其能力的培养 [J]. 外语教学与研究，2003（4）：287-289.

③ 柴军应. 学生学习自主性发展研究 [D]. 上海：华东师范大学，2016.

"很有帮助"，并认为在相应的学科中开展合作学习"非常重要"或"比较重要"。但在合作学习分工方面，依然存在许多不足。例如，在合作学习分工任务时，教师没有进行科学分工与分组，在分组人数的分配上，分组人员的能力、兴趣与特长方面存在较大差异。另外，在组员分工任务上，是否有明确的分工，人员的分配采用轮流制、自荐制还是老师制，在合作学习过程中依然存在较大的模糊性。在合作学习的次数与实践的分配上，同一年龄段的合作学习时间频率不一、次数不等；在合作学习前的要求中，讨论内容不明确；在合作学习的方式上，讨论式、分工合作完成、相互问答式的应用场景不固定，也不均衡。

（2）学生合作积极性较高，合作能力不足

在合作学习过程中，学生的合作积极性较高，大多数学生都能主动地参与到合作学习过程中，跟随教师的步伐主动选择合作的组别、选题与过程。但是，在具体的合作过程中，学生的合作技能不足，没有形成良好的合作学习习惯。例如，学生在发表意见时，总会出现"每次都是我说了算"或者"表达过想法，但没人听我的"的现状，这说明学生在发表意见时缺乏合作意识和倾听他人的习惯。另外，学生还存在难以正确对待他人质疑与评价的良好心态，出现"打断他人发言急于说出自己的观点，让他人改变想法"或"不予理睬"的情况，说明学生难以正确接受他人观点并改善自身问题。

（3）教师重视合作学习，自身合作水平不高

在已有合作学习开展过程中，教师高度重视合作学习在学生学习中的重要性与重要角色，积极营造各种环境、空间氛围，提供充足的时间和物质支持，并积极响应国家的要求自身投入深度学习过程中。但是，由于以往没有进行过合作学习的切身实践，教师对于合作学习的内涵缺少真正的领会，对合作学习的基本原理缺乏了解，还停留在经验化、表面化的层次上。同时，自身在与同事进行合作、与学生进行合作互助过程中还存在很多的不足之处。

2. 合作学习存在的问题

合作学习方式是在长期的实践中探索发现的，是为了达到更加良好的学习效果，提高效率，提高学生的学习能力和合作交流能力的一种学习方式。但在具体的合作学习中却存在诸多的问题，尤其突出表现为盲目地开展合作学习，使课堂丢失实效性，忽视学习成绩差群体的个体差异性、教师合作素养不高等问题，严重影响着小组合作学习效能的发挥。

（1）盲目开展合作学习，丢弃课堂时效

在已有合作学习的课堂中，教师作为主导者，并没有充分发挥引领作用。

首先，教师缺乏目的性和计划性，没有对学生进行针对性的点拨与引导，致使学生在讨论时难以抓住问题的核心实质，讨论的成效不佳，难以发现真实的问题，也难以解决问题。其次，教师作为指导者角色，应时刻与学生沟通和交流，然而教师通常扮演旁观者角色，没有及时了解与跟进小组合作学习的进度和交流情况。最后，教师缺乏对学生情感上的支持与客观评价。在学生汇报小组成果时，教师没有对学生的现场表现和知识水平进行及时的回应，总是表达出"很好"和"不错"的结论性评价，没有说明实质的优劣之处，进而误导学生追求速度，没有针对问题进行深入分析与讨论。

（2）过分重视整体性，忽视个体差异性

随着我国课堂改革的深入推进，在中小学课堂中开展的合作学习已取得了初步成效，但也存在一些弊端，主要体现在合作讨论过程中发言者以成绩优异、善于表现自己的学生居多，成绩稍弱、表达欲望不强的学生更多时候保持沉默。教师的提问也更多倾向于优等生，进而形成优等生成为课堂的主角，不积极的学生被迫成为配角的学习现象，这在无形之中打击了后者的积极性。同时，由于客观活动的效应性，各小组为增强竞争力，赢得称赞，优等生经常被任命去交流合作成果，长此以往形成"优更优，差更差"的效果，没有形成面向全体学生的课堂教学。由此看出，教师多数重视整体没能做到"因材施教"，没有考虑到学生的个体差异性，个性化素质教育就更无从落地。

（3）教师合作学习素养不高

教师缺乏合作学习理论，合作技能也明显不足。大部分教师是在缺乏合作学习的传统教育中成长起来的，在他们的学生时代，没有合作思想的熏陶和合作技能的培养，在进入教师职业之前，也没有得到有关合作学习的理论、技能等的系统培训；进入工作岗位后，虽然有不少的在职培训和学习机会，但有关合作学习的理论和技巧方面的培训尚少，教师培训无法满足教师行业真正的需要，也间接地影响了课程实施的效果。合作学习开展后，教师自身还没有深入理解，就忙于"深入改革"，造成"改革"流于表面，无法深入进行；另外，部分教师还停留在以应试教育为主的教育观念中，将合作学习视为一种形式化的学习，在观念、自我行为以及教育教学层面均存在合作意识不强、合作能力不高、合作评价不科学的现状。

（三）探究学习

探究学习自引入课堂教学以来，在广大学生的积极配合和教师的努力下，出现了诸多良好态势，具体现状如下：

1. 探究学习的现状

(1) 探究学习逐渐从验证性探究转向开放性探究

在教学实践中，根据教师提供给学生的信息和指导的程度不同，相关学者将探究层级分为验证性、结构性、有指导和开放性四类。[①] 处于层级最低的验证性研究中，教师指导和引领较多，学生跟随教师的"探究步伐"进行探究。随着国内外探究学习方式的不断深入与发展，探究学习日益过渡到以学生为主导的"开放性"学习，即学生在探究主题、探究问题、探究任务、探究过程和探究结果的每个阶段主动开放式探究，教师仅担任支持者、合作者和观察者等"辅助"角色。

(2) 独立学科应用较多，跨学科探究学习研究相对薄弱

探究学习在美国提出之际，便是一种专业性较强、体现学科知识结构的目标导向性活动。例如，著名教育家杜威提出的"思维五步法"以培养学生的逻辑思维发展为目标。国内相关学者在各个学科中积极开展了探究式学习方式的实践探索，形成了基于各个学科独特的探究学习模式，如马志成提出的化学探究模式：引发问题—提出假设—探究科学—总结规律—拓展应用。[②] 但是，探究学习的开展不应只是基于单项学科，而应基于学生全面发展的目标，以综合知识/跨学科知识为载体进行更全面的探究。

(3) 关注技术因素，忽视社会等外界影响因素

已有文献表明，探究学习的影响因素主要源于学校、教师、学生和评价四个方面。其中学校因素包括课程资源、硬件设施和校园文化等，信息技术作为学校因素之一，对于建设探究学习的环境和支持学生协作探究发挥着重要的作用，如基于网络的协作探究学习平台 Co-Lab 以模拟性、建模性和协作性的特点为学习者协作学习提供良好的支持。[③] 探究学习有效开展的必要前提是学生具备相关的知识经验和必要的学科知识储备，因此，丰富学生的认知经验和生活体验成为迫切解决探究学习问题的重要根源之一。反观当今探究学习的落实主体，更多以学校为探究场域进行开展，而忽视了学校与家庭、社区、政府等社会因素对学生探究学习的影响。

(4) 重视探究学习失范问题，亟待寻找解决方案

日前我国在探究学习的理论与实践探索方面取得了相对显著的进步，但

---

① BANCHIH B R. The many levels of inquiry [J]. Science and children，2008，46（2）：26. a. m.

② 马志成，胡秦琼. 高中化学新课程探究学习设计与实施 [J]. 教学与管理，2009（27）：104-106.

③ 张军征，樊文芳. 模拟软件促进科学课程探究学习的作用分析 [J]. 现代教育技术，2012，22（4）：34-39.

依然在实践中出现始于经验、基于经验和止于经验的现实状况，产生形式化、问题泛、方法泛和结论泛的失范现象。① 例如，探究学习的失范现象具体体现在探究精神和学科特征两个方面②：其一，"自主探究学习"精神与"控制式探究""表演式探究"之间的相互"博弈"；其二，探究学习的开放性与学科知识内在逻辑性之间的平衡。关于探究学习存在的问题，众多学者已经正视和持续探索解决，并试图基于不同视野采用各种策略以修正和完善存在的问题，日渐优化探究学习。

2. 探究学习存在的问题

虽然目前探究学习的应用呈现诸多良好态势，取得了一定成绩，但该方法在实际的运用中仍然存在一定程度的问题与不足，唯有深入挖掘这些问题与不足才能更好地调整与改进现状。当前自主学习在课堂教学中的运用中存在的问题主要表现在以下三个方面：

（1）探究学习形式化

探究学习作为推动学生自主性学习的重要学习方式，对于发展学生创新能力起到重要的作用。然而，在现实情况中，探究学习存在资源形式化、互动形式化与评价形式化的问题。其一，资源形式化是指学校的办学实力、参照的教材、学习情境和可利用的资源并没有真正推动学生的探究学习；同时缺少明晰的探究目标，探究情境也不恰当。其二，互动形式化。例如，互动主体单一，以教师为主，并非学生为互动的发起者和主体；互动形式单一，以知识为主，缺少问题式的讨论互动；互动对象单一，总是积极的学生参与较多，并非全员参与。其三，评价形式化。评价主体以教师和小组组长为主，缺少内在实质多主体的评价，评价重结果轻过程。

（2）学生探究素养有待提高

其一，探究自主性不高。自主性是探究学习的核心与灵魂。③ 在实际的课堂教学中，教师忙于"赶进度"，忙于在 45 分钟内完成一次完整的探究过程（包括提出问题—猜想假设—验证—收集与分析数据），形成"赶鸭子"式的探究学习，学生忙于应付与跟上教师的节奏，没有全身心地深度投入探究过程中，致使学生逐渐由被动变主动地丧失了探究的自主性。另外，学生在探究过程的起始阶段常常有自主探究的过程，但最终教师总是试图用近乎微妙

---

① 徐学福. 论探究学习的失范与规范 [J]. 教育学报，2009，5（2）：21-25.

② 张俊列. 探究学习的失范与规范：一个新课程案例引发的反思 [J]. 中小学管理，2010（7）：18-20.

③ 徐学福. 探究学习教学策略 [M]. 北京：北京师范大学出版社，2010：2-5.

的方式让学生往专家的观点上靠，往教师的知识上靠。① 结果，本应强调学生自主建构的探究式学习，变成了完成由教师独自把持和严格控制的探究活动。②

其二，缺乏问题意识。提出问题是探究学习的首要环节，也是探究全程的起点，关系探究的质量与效率。然而，在应试学习的背景下，学生习惯传统的接受式学习，一方面主动提出问题存在较大难度，另一方面，教师经常为学生提供探究问题，导致学生无法提出有价值的探究问题，逐渐丧失了主动思考的习惯。

其三，探究能力不足。探究学习的目标是促进学生在知识、能力和情感态度三维全面发展，知识内容的学习和探究能力的提高是相辅相成的。学生在探究过程中，常常是头脑中已储备相关学科知识，但在"提出问题、做出假设、创造分析"等核心能力方面凸显薄弱性，处于理论思辨状态，尚未落实在探究实践过程中。

（3）教师探究观念与角色定位亟须更新

其一，教师的探究观念"陈旧"。探究学习强调的是学生在完整的探究过程中进行学习与发展创造能力。然而，课堂教学仅在某一个维度上涉及某一方面探究能力的培养，没有从一个完整的"过程角度"培养学生的探究能力。另外，探究学习并非重过程轻结果。③ 探究学习需要依赖于一定的知识、原则、理论和方法等，不可脱离知识基础进行建构。而在课堂探究过程中，教师在重视探究过程与探究结果之间无法实现平衡，形成学生知识与能力无法兼得的现状。

其二，教师的角色定位混乱。探究学习中，教师扮演"操控者"与"放纵者"两种极端角色，摇摆不定。其一，教师基于传统教师观，认为教师是学习的主体，时刻把握课堂的进度，以高姿态的角度忽略学生的发展潜力；其二，教师完全放任学生自由发展，忽略其身心发展的"未完成性"和"可塑性"，将"自主"等同于"自由"甚至"自流"，课堂变得杂乱无章。④

---

① 任长松. 探究式学习：学生知识的自主构建 [M]. 北京：教育科学出版社，2005：13.
② 任长松. 探究式学习：学生知识的自主构建 [M]. 北京：教育科学出版社，2005：14.
③ 徐学福. 探究学习认识偏差分析 [J]. 教育理论与实践，2001（2）：46-48.
④ 肖思汉，WILLIAN A S. 如何将科学探究的主体还给学生：基于课堂互动分析的经验研究 [J]. 课程·教材·教法，2014（7）：48-54.

（四）项目学习

近年来，项目学习备受研究者和实践者的青睐。项目学习（Project-Based Learning）是一种以学生为中心的新型学习模式。美国教育家格温·所罗门（Gwen Solomon）的研究表明：项目学习强调任务的情趣性、驱动性、开放性，即项目主题选定来自真实世界，学生依托自身的兴趣爱好，在某一学科理论的支撑下，利用一定的资源开展有一定挑战性的探究活动，且在活动过程中体现多学科交叉的思想。[①] 这种新型的学习模式适应和满足了社会发展、新课程改革以及新型人才培养的时代需求，并日益成为提高教师教育教学效果、增长学生学科知识和各项技能、促进人全面发展的一种有效途径。

1. 项目学习现状

（1）对项目学习认可度高，但实际运用少

尽管项目学习被公认为是培养人才、优化课堂教学改革的有效途径，在实际运用中，大多数教师都认为项目式学习是有必要的或者非常有必要的[②]，但这种想法只是停留在各个校长与教师的观念中，很少在实际的教学中进行尝试和有效试用。相关研究表明，项目学习运用少的原因一方面是因为教师没有主动将其落实，另一方面是由于部分学科与知识并不适用于项目式学习，同时存在缺少相关物质支持和时间支持等原因。另外，相关教师在运用项目学习时存在一定的功利性倾向，把项目式学习作为常规课堂的附属品，作为完成教学任务后的"趣味活动"，致使其未能成为常规课堂教学，没有发挥出真正的实际效用。

（2）学习主题来源丰富，但偏离现实生活

项目学习一般要经过选定项目、制定计划、活动探究、作品制作、成果交流和成果评价这六大步骤。[③] 确定一个项目是项目学习中较为关键的环节。已有调查结果显示，教师从课本教材、教参、学生的兴趣和生活实事中选择项目主题。尽管选择的来源较为丰富，但是存在忽视学生的兴趣和现实生活的情况，更多以课堂标准和教科书为主，基于自身的生活经验，缺乏从学生兴趣和现实生活的需要出发，且操作性较差。这一现象致使学生兴趣与学科知识相互脱离，没能将项目学习的优势很好地契合到相关学科教学中，真正实现学习"有用的学科知识"和"回到现实世界"的教学目标。

---

① 王旭. 新课标下项目学习在地理教学中的应用研究［D］. 武汉：华中师范大学，2012.

② 周春江. 项目式学习在初中地理教学中的实施研究［D］. 开封：河南大学，2018.

③ 王旭. 新课标下项目学习在地理教学中的应用研究［D］. 武汉：华中师范大学，2012.

（3）学习成果展示多样，但缺少实质反思

项目式学习最终会形成一个目标成果作品。相关文献表明，各个学科课堂教学过程中有多种多样的成果展示形式，如利用投影仪结合视频、音频、课件、图片、故事、小册子和思维导图等方式，同时可以通过故事大赛、辩论赛、角色扮演和展览会等小组形式进行展示。然而，在展示形式多样的背后，却缺少实质性的反思和完善。教师和同学之间缺少对展示成果和过程的优劣分析，没有反思自身的学习与合作情况，没能吸取每一次项目式学习的教训，形成"重频率轻实质"的现象。

2. 项目学习存在的问题

在项目学习活动中，学习共同体为完成一个有意义的项目探究，组成团队并自主探究，使得自己的知识和能力得到更全面的发展，这种学习模式培养了学生自主探究、实践与合作的能力，这恰好与当今课堂教学改革的目的一致。但项目学习模式也有不完善的地方，在当前形势下要全面开展项目学习仍存在一定的困难与挑战。

（1）选题脱离生活情境

项目式学习主题的确定必须以课程标准为核心，基于学生的兴趣、符合学生的认知且具有操作性。然而，在现实的主题选择中，主题往往脱离学生的生活情境，选择的项目主题不便于在学校、学生生活的地方或附近探究；同时没有根据学生的兴趣爱好和自身能力与条件进行选择，脱离日常生活与社会热点问题，缺乏趣味性、可行性、实用性和创造性。脱离生活情境的项目主题，直接影响学生的参与兴趣、探究兴趣以及创作兴趣，直接导致了整个项目式学习的失败，形成"表象"式项目学习。

（2）项目学习评价单一

项目式学习强调评价的多元化，注重对学习结果和学习过程的双重评价。[①] 在已有的课堂现状中，项目式学习的评价却相对单一。例如，评价目标的单一，单纯评价知识或技能；评价内容不全面，如项目作品质量的评价、师生对项目学习的自评与他评；缺少对非认知能力的评价，如情感、合作、态度和兴趣等学习品质；缺少过程性评价和问题评价，如只给予作品成绩和等级，没有指出项目和项目完成中存在的问题和具体的改进建议。另外，缺少变通性的评价标准，没有根据项目的性质和内容制定针对性的评价标准，而是使用"共性"标准。

---

① 周春江. 项目式学习在初中地理教学中的实施研究［D］. 开封：河南大学，2018.

（3）教师角色地位不明确

教师是项目学习开展的发起者、引领者、协助者、观察者和支持者。然而，在实际课堂教学中，教师缺乏对上述角色的认知、胜任与均衡。例如，在项目活动探究的过程中，教师没能及时针对性地解决学生小组内或小组间出现的问题；在学生开始分工、成组与实施探究时，教师没能科学地引导学生合理分工与有计划地实施活动；在学生遇到问题时，教师不能及时诊断问题，并提供恰切的建议、物质支持与精神支持。

第二节　信息技术支持下的课堂教学改革

随着科技的飞速进步，信息技术在各行各业日益发挥至关重要且不可缺少的促进作用。教育作为社会活动的重要组成部分，不可避免地受信息技术的影响，"教育信息化"一词便能直观地反映出二者之间的融合关系。伴随教育信息化从1.0过渡到2.0时代，信息技术支持下的课堂教学也在逐渐发生着深刻变革，其重要任务就是试图将信息技术作为重要的支持与改革对象，探索出新的教育教学理念与模式，开发出丰富的优质教育资源，改革与更新旧的教学方法。为实现这一目标与任务，我们有必要对国家在教育信息化方面的政策与要求进行深入的理解与剖析，从而进一步开展科学的教学实践。

一、国家教育信息化应用目标要求

为落实新时代对人才培养的新需求，强化以能力为先的人才培养理念，支撑引领教育现代化发展，推动教育理念更新、模式变革，我国连续发布了多项文件来支持与引领教育信息化的高质量发展。在众多相关政策文件中，处处体现着国家对于信息技术有效应用于教育领域的指向与期盼。

（一）推进信息技术与教学深度融合

新时代背景下国家教育信息化理念的更新，是基于历史成就基础上实现的新跨越，是满足新时代信息化教育教学背景下的迫切需求，是从1.0时代向2.0时代的层级延伸，也是信息技术与教育从"整合"向"深度融合"阶段的大步迈进。信息技术与课堂教学的深度融合，已成为未来发展的重要指向和改革动向，必将推动教育的创新发展与深刻变革。

（二）提升教师教育信息化专业能力

教师是打造中华民族"梦之队"的筑梦人，肩负着"传道受业解惑"的历史责任与使命。教师的教育信息化能力与水平，直接影响与决定着教育教学的质量和学生学习的成效。国家关于教育信息化的多个政策文件重点强调了教师自身教育信息化能力的发展要求与提升目标。例如，在《国家中长期教育改革和发展规划纲要（2010－2020 年）》的战略制度中指出"提高教师应用信息技术水平，更新教学观念，改进教学方法，提高教学效果"。教育信息化能力的提升与更新，已成为当前教师亟须且迫切具备的专业能力，并逐步升华为新时代教师必备的专业素养。

（三）培育学生信息化时代核心素养

核心素养是当今世界各国课程改革的风向标、主基调。核心素养的提出，标志着从对教材、标准的要素关注转向对"培养什么样的人""怎么培养人""为谁培养人"的关注。① 我国教育信息化的政策文件回应了基于信息技术如何"培养人"、"发展人"和"健全人"的具体路径与方法。例如，《国家中长期教育改革和发展规划纲要（2010－2020 年）》中说明"鼓励学生利用信息手段主动学习、自主学习，增强运用信息技术分析解决问题能力"。利用信息技术更新学生的学习方式，发展学生新时代所需要的问题解决能力、创新能力和探究能力，将成为推动学生逐渐走向"完人""健全人"，形成全面发展，具备核心素养的重要手段。

二、教育信息化应用的理论基础

在国内外教育信息化应用的领域中，诸多教育理论、技术理论和心理学理论等都与信息化的应用有关联，为信息技术有效应用在教育领域提供了理论参考与实践指导。纵观中外研究，建构主义理论、TPACK 理论和发现学习理论是教育信息化应用的主要理论基础。其中，建构主义理论赋予了教育信息化的应用需尊重人的主体地位及重视个体主观能动性的内涵，TPACK 理论为信息技术与教育的深度融合奠定了理论基础，发现学习理论为信息技术激发学习者进行多元化的学习提供了强有力的解释。

（一）建构主义理论

1. 建构主义理论的具体内容

从建构主义角度看，学习不是知识从教师身上简单传递到儿童身上，而是

---

① 钟启泉，崔允漷. 核心素养与教学改革［M］. 上海：华东师范大学出版社，2018：1.

学习者基于已有经验，在一定的社会文化环境中，主动加工新的信息的过程，建构知识的意义的过程。建构主义强调学生的学习是自身进行主动建构的，并非外界强硬灌输的，同理，应用技术的过程也应是学生为实现自身良好发展主动参与与应用的。建构主义的技术应用观认为，学习者不都直接从教师或技术中学习什么，学习者只能从思维中学习。思考是学习的中介，学习的结果源于思维的过程。思维的发展需要相应的活动/技术来培育或支持，不同的活动需要学习者运用不同的思维类型，如背诵、听演讲、解决问题、设计新产品、争论等。这些活动可以由教师或技术来支持/表现，但是教师和技术的作用是间接的——创设活动，激发和支持学习者进入学习的思维状态。[①]

2．建构主义理论的启示

（1）促进学生自主性意义建构

建构主义认为，知识不是客观的东西，而是主体的经验、解释和假设。在教学过程中，学生是一个积极的探究者，学生自己思考问题，参与知识的获取，是一个主动的、积极的知识探究者。综上，建构主义强调学习过程中学生是主动参与建构知识的主体，并且是基于已有知识和经验的基础上，进行反复螺旋式"同化"与"顺应"的过程，实现多次的"平衡"，进而形成了自己主动建构的知识体系。新课程教学改革的理念正是验证了建构主义这一主旨思想，以学生为探究主体，学生成为问题的提出者、解决者、评价者与反思者。通过探索性学习，学生摆脱"被动接受者"的身份，实现"主体探究"身份的华丽转身。

（2）情境创设是支持学生有效使用技术的基础和条件

建构主义认为，人类是基于自己的已有认知来给客观世界赋予理解与意义的，因此同样的事物可能会因为学习者的认知情况不同而形成不同的认识。因此，基于建构主义理念的学习环境的创设应满足以下条件：

其一，所创设的环境既要符合学生的已有认知经验，又要能够激发学生利用原有认知经验进行新知识的有意义建构；其二，所创设的环境应能支撑学生进行相互协作，即既能支持学生自我协商，又能支持师生、生生、学生与学习内容之间进行协作与交流；其三，所创设的环境应能够支撑学生进行意义建构，以实现教育的终极目标，并且这种环境应该支持学生在利用相关工具、媒体的基础上实现自行建构。

---

① 祝智庭，钟志贤．现代教育技术：促进多元智能发展［M］．上海：华东师范大学出版社，2003：229-230．

（3）学习共同体对学生进行主体性学习活动具有重要价值

协作是探究学习的组织形式，既包括学生之间的协作，也指师生合作。社会建构主义认为，个体在社会文化背景下，在与他人的互动中，主动建构自己的认识与知识。也就是说，学习是社会文化参与的过程，学生借助一定的文化支持，参与由学习者及其助学者（包括专家、教师和辅导者等）组成的共同体进行实践活动，才能有效内化相关知识。知识建构的过程，不仅需要个体与物理环境相互作用，更需要通过学习共同体的合作互动来完成。基于学习共同体的学习，成员之间相互沟通交流，分享学习资源，完成共同的学习任务，形成相互影响的人际关系。技术与课堂教学的深度整合，正是需要基于学生学习共同体的形式，建构主义提倡的小组协作学习恰好支撑了这一需求，推动二者的深度变革。

（二）TPACK 理论

技术支持下的学科教学知识理论（Technological Pedagogical and Content Knowledge，TPACK）是由美国密歇根州立大学的 Punya Mishra 和 Matthew J. Koehler 在发展教师教学知识基础上提出的思想。TPACK 是教师使用信息技术进行有效教学的基础，其基本框架包含三个核心要素，即学科内容知识（Content Knowledge，CK）、教学法知识（Pedagogical Knowledge，PK）和技术知识（Technological Knowledge，TK）；将三个核心要素相互结合，形成四个复合要素，即学科教学自身（Pedagogical Content Knowledge，PCK），技术支持下的学科内容知识（Technological Content Knowledge，TCK），技术支持下的教学法知识（Technological Pedagogical Knowledge，TPK），技术支持下的学科教学知识（Technological Pedagogical and Content Knowledge，TPACK），[①] TPACK 建构了信息技术与教学、学科之间的桥梁，为信息技术与课程深度融合过程中教师的工作明确了方向。

对于教师而言，需要考虑的是信息技术的使用以及教学方法的选择怎样才能更好地为传播知识做准备。其中技术主要指信息化时代，所有获取、加工、处理、应用等对信息进行整理的方式方法，教学方法则指教师在教育活动中所展现的技能和使用的方法。为让学生了解到复杂的知识内容和经验习得，教师在设计活动之初，需要做到具体形象和趣味化，运用多种教学形式，让学生被动接受式的学习变为主动探索，将信息技术、复杂知识和教学方法

---

① AACTE. Handbook of technological pedagogical content knowledge（TPCK）for educators [M]. New York，NY：Routledge，2008.

完美融合，建立三者之间的桥梁，从而促进教师的教学与学生的学习，帮助学生更好地实现学习与发展目标，达到既定的学习效果。

（三）发现学习理论

1. 发现学习理论

美国心理学家杰罗姆·布鲁纳（Jerome Seymour Bruner）非常强调和重视学生学习的主动性。他认为学习是一个积极主动的认识过程，学习者不是被动地接受知识，而是主动地获取知识，并通过把新获得的知识和已有的认知结构联系起来，积极地建构其知识体系。学习包括获得、转化和评价三个过程。新知识的获得是与已有知识经验、认知结构发生联系的过程，是主动认识、理解的过程。另外，在学习动机方面，他强调内部动机对学生学习的重要性，认为学习的最好动机是对学科本身感兴趣，这样学习的积极性才会得到充分发挥。

2. 发现学习启示

其一，改革传统课堂教学，利用新兴教学方式激发学生的学习潜能，提高学生的创造性和良好的人格。基于信息技术的新型教学方式，有利于激发学生的学习兴趣，使得学生主动参与课堂教学，保持注意力，形成良好的学习态度。其二，强调学生的认知结构在学习中的作用，认为认知结构即编码系统的观点对于课堂教学具有启发意义。其实质要义是指，教师要基于学生的知识结构，采取适宜的信息技术去营造、激发与推动学生的学习，促使学生基于自身的认知结构进行主动建构知识。其三，重视学生学习内部动机的培养与激发。在学生学习过程中，内部动机与外部动机交互影响着学生的学习状况。基于发现学习理论，信息技术支持下的教学手段有助于激发学生对学习任务产生兴趣和好奇心，使学生从起步的外部动机逐渐转向内部动机的主动参与。

三、信息技术在课堂教学中的应用误区

随着信息化时代的到来，信息技术被广泛应用于课堂教育教学中，对实践中教与学质量的提高发挥了重要的作用。然而，在目前信息技术应用过程中，依然存在着不可避免的、甚至是不容忽视与亟须解决的问题，只有提出并解决这些问题，才能让信息技术发挥应有的教育价值。

（一）"技术万能论"

信息技术时代，人们认为"只要使用了信息技术便是好的"，同理，在教育领域中，教育工作者们也带着同样的"有色眼镜"赋予信息技术不可替代、

"救世主"的角色，在任何一种学科或课堂教学活动中"肆意"使用信息技术，并秉持着"没有信息技术的应用便是不符合教学规范，便不能促进学生的高效学习"的教学理念。这种情况在目前的教学实践中不乏少数，这是一种典型的"技术万能论"，或可形容为"技术决定论"，是过度强调技术的自主性和独立性，认为技术能主宰教育发展的一种思想。"技术万能论"把信息技术看成教师无法控制的力量，技术的状况和作用不会因其他因素的制约而被变更，相反，教育教学的效果和学生的学习质量，都单向地、唯一地决定于技术的应用，受技术的控制。

（二）"技术无用论"

技术应用于课堂教学的另一误区是"技术无用论"，即其意蕴之一是信息技术无论怎样被广泛地高效应用，始终无法摆脱"工具"、"途径"和"手段"等作用，只是改变了个体的学习路径、学习环境、学习绩效和学习步骤等，并未带来实质性变化。信息技术在教育中的应用，并不会改变教育结构和教育模式，也不会改变学习者的学习本质、学习过程和目标。"技术无用论"的含义之二是指信息技术支持下的课堂学习在某种程度上确实提高了学生的学习成绩，但把孩子束缚在为成绩而学习的环境中，教育技术成了应试教育的辅助手段，偏离了素质教育的初衷，没能作为助推素质教育发展的有效手段。因此，技术成为深刻变革教育教学，推动学生核心素养发展的"无用工具"。

（三）"技术工具论"

信息技术被引入课堂教学之初，其核心目的在于改善已有的教与学现状，提高教与学的质量。然而，在实践应用过程中，教师仅仅将信息技术视为一种"工具"或"手段"，如把教学媒体视为一种将知识及其属性、结构和关系予以客观再现的工具和手段而已，并认为其仅仅是表示和描述知识的方式或形式，它不会对知识本身产生任何影响或改变。[①] 这种教育观，导致教师和学生在使用信息技术时，只是停留在"使用"信息技术的表象层面，"从技术中学"，没有形成"用技术学"的观点，并且忽略了"技术"与"人"之间的内在关联，即具身关系（个体知觉的扩展与延伸）、解释关系（技术是人语言的延伸）、背景关系（技术成为生活中的背景）和他异关系（技术作为一种"他

---

① 张刚要，李艺. 教学媒体：由技术工具论、工具实在论到具身理论的范式转换 [J]. 中国电化教育，2017（4）：17-23.

者"）。① 技术—教育—人没能成为融合的主体，以混合式的方式对其中一者产生必要的影响。

第三节　关于"技术之码"的理解

信息技术与课堂教学深度融合的实质与落脚点是变革传统的教学结构，即打破完全以教师为中心的教学结构，打破信息技术唯工具的角色，创建新型的、二者互为主体的课堂教学信息技术应用模型。而新型教学结构的创建要通过全新的信息技术应用模型才能实现。本节就对新的信息技术应用模型——"技术之码"的提出背景、相关概念以及有效应用的条件等内容做进一步的分析。

一、"技术之码"提出背景

随着信息技术2.0时代的到来，技术日益被赋予"神圣"的身份改革与创新传统教育教学，目前相关理论与实践已经证明了信息技术对于课堂教学改革的意义和影响。然而，随着信息技术应用的不断深入，其自身的不足也日益凸显，引起了更多教育工作者的反思。针对目前信息技术应用在课堂中存在的问题及弊端，本节基于新时代国家教育教学发展理念提出"技术之码"概念，尝试探索基于"技术之码"的教学模式，以期解决当前存在的问题。

（一）信息化背景下课堂教学改革的迫切需求

十九大报告指出，建设教育强国是中华民族伟大复兴的基础工程，必须把教育事业放在优先位置，深化教育改革，加快教育现代化，办好人民满意的教育。新的时代背景对教育提出了新的变革要求，同时对创新人才的培养提出了更严格的标准。"技术之码"这一新型"技术"应用模型的提出，恰是落实与实现这一"转变"的有效抓手，充分将工具的属性和特征与教学目标、学生身心发展特点相结合，不仅能够较好地解决因教师引导过多的"教师本位"现象，更新教师角色，还能营造以"学生为本"的课堂氛围。另外，基于科学理论的技术应用，能够减弱"技术无用论""技术工具论"的负面影响，符合信息化2.0时代背景下的课堂教学改革理念和技术应用发展的新趋势。

---

① 张刚要，李艺. 教学媒体：由技术工具论、工具实在论到具身理论的范式转换［J］. 中国电化教育，2017（4）：17-23.

（二）教育信息化应用误区亟须破解

教育信息化强调人与技术和谐共生，是营造一种在一定的信息空间中由教育信息、人、教育信息环境组成的相互作用的、自我调节的自组织、自适应的教育信息生态系统（朱自海，2008）。前沿的科学理念、人、教育信息与信息化环境之间的互动共生，是教育信息化2.0的核心所在，是教育现代化的发展趋势。然而，反观当前教育信息化的发展现状，存在着广泛的"技术万能论"、"技术无用论"和"技术工具论"的认知与实践误区。想要反转这一误区，建立和谐的教育信息生态系统，需要一种新的教育信息化模式来超越与突破。"技术之码"的提出可作为扭转这一不良局面的有效模式。它试图在前沿理论、方法、工具与人、环境多个因素之间建立密切的联系，形成系统的整体关联，在技术—人—教育"互利共生"的关系中促进这一系统的协同演变，在多元开放的发展性格局中实现这一系统的动态平衡，是对新一代信息技术与教育生态系统的重构。

（三）新时代人才培养体系建立的时代诉求

21世纪核心素养强调人才应具备学习和革新技能，强调人才应具备"4C能力"，即批判性思维和问题解决能力、沟通交流能力、合作能力、创造与革新能力。[①] 我国想尽快培养出具备核心素养的创新型人才，教育模式必将进行深刻变革，规避传统单一学科人才的培养体系，更加注重人才的跨学科融合，鼓励与培养学生用跨学科的知识和方法来识别与解决各种问题，利用跨学科的思维方式进行创新与创造。"技术之码"能够激发学习者利用信息技术思维与视野，尝试跨越学科边界进行知识加工、建构、融合与应用，注重书本知识与生活的统整、迁移与运用，通过"大观念"方式学会融会贯通、触类旁通，由此迁移出学习者解决真实世界中挑战性问题的能力，促使学习者获得多个学科解决问题的教育经验，具备实践创新能力。这种跨学科式的思维转变、创造与融合，能够满足国家人才培养的需求和培养条件，促使国家培养出创新型4C人才，以应对未来发展和挑战。

二、"技术之码"概念界定

作为教育技术在课堂教学中应用的新生概念——"技术之码"，厘清其内

---

① 陈鹏，田阳，刘文龙. 北极星计划：以 STEM 教育为核心的全球创新人才培养：《制定成功路线：美国 STEM 教育战略》（2019—2023）解析［J］. 远程教育杂志，2019，37（2）：3-14.

涵与本质，是有效利用信息技术、提高学生学习效率的必要前提与科学依据。只有深刻理解"技术之码"的核心实质，才能致力于课堂教学深度变革，促使学生核心素养的发展。

（一）信息技术已有概念界定

信息技术是一种具有变革性影响力的技术，对于它的概念和内涵，在不同的历史时期、研究领域各有独特见解。在与教学有关的研究中，许多学者对信息技术给出了自己的定义。

其一，信息技术是一种可视化的"工具集合"。例如，祝智庭（2002）教授指出信息技术是指感测、通信、计算机和智能以及控制等技术的整体。[1] 信息技术是指有关信息的产生、检测变换、存储、传递、处理、显示、识别、提前和控制等技术。[2] 无独有偶，北师大的何克抗（2007）教授持相同观点，他认为信息技术是一种可以实现信息的获取、加工、传播以及再生等多种功能的技术，也可以被描述成一种通信、感测、智能、控制、计算机等多种技术组成的整体。[3]

其二，信息技术是应用某种技术工具的方法或手段。例如，黄荣怀（2003）教授指出信息技术是指能够完成信息的获取、传递、加工、再生和施用等功能的一类技术。[4] 另外，联合国教科文组织（2004）基于计算机领域对信息技术进行了界定：应用在信息加工和处理中的科学、技术与工程的训练方法和管理技巧；这些方法和技巧的应用，涉及人与计算机的相互作用，以及与之相应的社会、经济和文化等诸多事物。

其三，信息技术是工具与应用方法或手段的融合。例如，南国农（2001）教授强调信息技术就是由信息媒体和信息媒体应用的方法两个要素所组成的。[5] 信息技术是指对信息的采集、加工、存储、交流、应用的手段和方法。它的内涵包括两个方面：一方面是手段，即各种信息媒体，如印刷媒体、电子媒体、计算机网络等，是一种物化状态的技术；另一种是方法，具体指运用信息媒体对各种信息进行采集、加工、存储、交流、应用的方法，是一种智能形态的技术。

---

① 黄荣怀. 信息技术与教育［M］. 北京：北京师范大学出版社，2003.
② 祝智庭. 信息教育展望［M］. 上海：华东师范大学出版社，2002.
③ 何克抗，吴娟. 信息技术与课程整合［M］. 北京：高等教育出版社，2007：5.
④ 黄荣怀. 信息技术与教育［M］. 北京：北京师范大学出版社，2003.
⑤ 南国农. 信息技术教育与创新人才培养（上）［J］. 电化教育研究，2001（08）：42-45.

（二）"技术之码"概念界定

1."技术之码"内涵与特征

（1）"技术之码"的内涵

综合已有研究关于"技术"的界定与解析，我们着重认为"信息技术"是一种技术工具、技术方法/手段及二者的融合。针对这一观点，本章提出"技术"不是单纯的工具——一种实际的可视化的使用工具，而是集"技术理论、技术方法和技术工具软件"的综合，教师依据科学的理论支撑，设计支持学习方式有效实施的"方法"，并选择适切适宜的"工具"以支持"方法"的有效落实，即解决原有技术存在问题的一种密码——"技术之码"。关于"技术之码"的内部结构和关系以及三维模型如下：

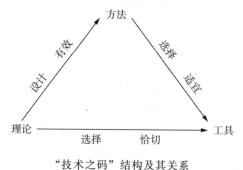

"技术之码"结构及其关系

"技术之码"的设计根植于适宜范围广泛、普遍接受的理论框架中，不是必须遵从于某一种理论，而是要适应具体的学习情境，将相应的理论、方法和工具体系化地连接起来，具有高度的内在一致性。

上图中的"理论"是指基于国家课程标准下的教学理论、学习理论和技术等理论的相互融合，教师根据学习的知识与主题，确定问题解决与有效教学的本源理论。在教学设计的准备中，从关注教师的"教"逐渐转到关注学生的"学"上来，从对教学材料、教学内容和教学事件的安排转到学习环境、学习支撑的设计上来，使学生的自主学习和有意义学习成为学生学习的课堂目标。以科学的理论作为教学支撑，创设复杂且与已知经验相贴近的学习任务，以问题解决为核心，为学生的学习和认知建构提供支撑，构建学习共同体，促进学习者有效参与活动和探究。

上图中的"方法"是指教师在指导学生有效学习过程中的应用策略或方法。这种方法并无具体的限定，是由教师和学生在面对学习问题时的动机差异、学习意图所决定的相应策略，具有差异性、动态性和多样性特点。此模型中的"方法"主要指"优质"的方法，在数量上没有明确限制，依据学生的学习现状可多可少；同时，此"方法"对学习情境具有极强的依赖性，它根据教师和学生对于学习的理论、目标、知识的属性和可用的"工具"进行灵活地调整与变换，以取得最佳的学习效果，其实质是通过有效的"教"促进有效的"学"。

上图中的"工具"是指为支持学生学习开发或使用的信息技术工具，这种工具是在教育目标这一任务的驱动下使用的，并且是促进学生认知过程的。工具应用的全程是以教和学为核心的，为教育提供资源、工具、平台、产品和环境，以促进工具与教育教学的深度融合，推进面向教育实践的创新。此处的"工具"主要作为一种媒介或手段帮助学生进行学习，是学生学习的工具，进行有意义学习的工具，即"用工具学习"，并非"从工具中学习"，不是被动的学习者运输和传递设计者信息的一种工具。在学生学习的过程中，常用的工具有数据库、思维导图、概念图和媒体等。

上图阐明了"技术之码"的结构及其内在关系，内涵之一是指"理论"、"方法"与"工具"缺一不可，三者构成一个整体，只有三者共同存在才能形成有效解决与完善当前课堂教学中技术应用的问题，发挥实质的效用，唯一或唯二均不完整；内涵之二是指三者的使用存在一定的顺序之分，并非乱序，具体顺序是指基于知识或问题解决，教师确定科学的理论，然后设计与应用行之有效的方法，最后选择恰切适宜的工具。其中理论是针对解决学习问题的"核心指令"，发挥"指挥棒"的作用；方法是落实理论的具体策略，工具是落实"方法"的必要抓手，以验证、创新与总结理论和方法。

（2）"技术之码"的特征

①融合性（多维性）。"技术之码"融合了科学教育理论、心理理论和技术等理论与教学方法，学习方法、工具应用方法/手段和工具三个部分，突破以往"一维"（工具）与"二维"（工具与方法/手段）技术的局限，将上述三个维度在不同教学阶段以不同占比成分进行混合式"融合"，而非生搬硬套式"整合"。

②动态性。"技术之码"包含三个部分，横向维度上是依据学生已有知识经验的薄弱、教学内容的难易和工具的适切程度来进行动态调整的，纵向维度上是依据课前、课中和课后的应用时段进行针对性动态调整的，并非固定

不变。

③"双主"性。"技术之码"的应用主体既指教师，也包括学生，其核心本质是指既能充分发挥教师的主导作用，又能充分体现学生的主体地位，不着重指向任何一个主体，而是侧重"主导—主体相结合"的新式教学结构。

（3）信息技术与"技术之码"辨析

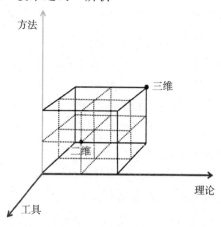

"技术之码"三维模型

①"技术之码"对信息技术的继承、完善与超越

首先，"技术之码"吸收和传承了技术应用于教育的先进思想和做法。在课堂中应用技术尤为重视，如重组课程架构、优化教学内容结构、创新教学形式、丰富评价维度、提升师生互动、提高教学质量等，这些具有突破与创新特征的思维与做法是"技术之码"设计与应用时必须借鉴与吸收的方面。

其次，"技术之码"可化解技术应用在教育教学中面临的主要挑战。当前技术应用于课堂教学模式尚不完善，处于瓶颈期，还面临着不少挑战，如"技术万能论""技术工具论""技术无用论"，甚至是"技术伦理问题"。"技术之码"将理论、方法与技术相融合统一，充分优化技术与教育内在要素（课堂、教师、学生和内容）之间的融合结构、融合关系与融合效果，旨在实现"教师主导—学生主体"的教学结构变革，凸显技术在新一代课堂教学改革中的"真实"价值和地位。

第三，"技术之码"对技术的超越。虽然二者都是基于技术对于提升教师教学与学生学习效果方面的研究，但"技术之码"在深化课堂教学改革、更新教师课堂教学效果、优化学生学习方式和师生互动等方面更具创新性。例如，在内在属性方面，"技术之码"是以技术为工具，在科学的教育理论指导下，采取适切性的教学方法变革教学模式的一种体系，在较大程度上避免了无目地使用工具的现状以及产生的无用、低效和形式问题。再如，"技术之码"更为强调师生互为课堂的主人，突破以往课堂中教师主导技术的现状，有助于师生互为课堂主体和技术的应用主体，有助于教师教学与学生自学系统地融为一体。

②信息技术与"技术之码"差异比较

探明信息技术与"技术之码"两者的异同，既有利于教育者系统地认识技术应用在课堂教学中由低到高、由浅入深的推进状况，也有益于教育者思考如何将技术的应用引向"技术之码"的深度应用，以达到最理想的课堂效果。

综合国内外的先行研究，本节将信息技术与"技术之码"的区别与联系概括为以下方面：

表 1-1　信息技术与"技术之码"辨析

差异比较		信息技术	"技术之码"
本质	概念	工具/方法/手段，或两者之和	理论、方法与工具的融合
	性质	"从技术中学"	"用技术学"
	特征	静态	动态
	功能	表面上转变教学形式	实质上深化教学改革
	应用原则	"信息技术"本身应用的原则	"信息技术"应用原则＋"知识"应用原则＋"方法"应用原则
	维度	二维	三维
	应用难度	相对简单，但不深入	相对复杂，但效果深入且彻底
	可推广度	限制较多，只适用于具体微观的知识，推广范围相对较小	适用于同类或同体系的知识，推广范围相对较大
	耗时	短；碎片化	长；系统性

差异比较		信息技术	"技术之码"
教师教学	教师水平	单一的知识论、教学论和方法论，应用简单	具备系统的知识论、方法论与教学论；挑战性较大
	内容定制化程度	低，相同内容面向大众群体	个性化、本土化，为学生定制针对性内容
	教学结构程度	高结构或中结构	中结构或低结构
	个性化教学	低，同质性指导，难以分层教学	高，异质性指导，可分层教学和因材施教
学生学习	学习方式	单一	多元
	学习体验	缺失，不彻底	沉浸式，彻底
	学习深入程度	难以深入，难以引导（浅层学习）	由浅入深，容易引导（深度学习）
师生	师生角色	教师或学生为主体	教师是主导，学生是主体（主导—主体相结合）
	互动方式	课堂为主，网络为辅（前者居多）	课堂与网络同时（二者均衡）
	互动程度	学生群体庞大，互动困难	一对一或小组交流，针对性互动
与教育的关系		二者独立，是"整合"关系	"你中有我，我中有你"，是"融合"关系

2. "技术之码"的功能

首先，更新了教师的角色，创新了教学模式。与以往信息技术的应用不同，"技术之码"让教师时刻贯穿在课堂的前中后，成为真正的课程掌控者。课前，教师是课程资源的学习者和整合者，不只是"备教师""备学生"，还要依据课程内容，"备理论"、"备方法"和"备工具"，并依据学生需求整合各种线上和实体资源。课堂上，教师是学生的指导者和促进者，他们组织学生分组学习和研讨，随时为学生提供个别化指导，解决遇到的问题。"技术之码"的应用，能够创新课堂教学模式，激发教师的教学热情和课堂活力，解放教师从事重复性活动的时间，使他们更有兴趣和时间尝试更加灵活和富有挑战性的教学方法，而不是按部就班地"灌输式"讲授。课堂后，教师可根据学生的应用情况进行针对性的反思，并做出反馈与改进，形成科学的教学方案与规律提炼，致力于更大范围地进行推广。

其次，"技术之码"更加强调赋予学生深入的学习体验，增强学生的学习动机，提升学习效果。通过应用"技术之码"，教师对学生进行了多元化、异质化的针对性指导，为他们提供有区别、灵活性更强的专业支持，促使学生在物质学习和心理需求上得到双重满足，促进学生自发式、多样化地进行学习参与，增进学生对课堂的完整体验。相比于已有技术的应用，"技术之码"更能吸引学生认真筹备，积极地参与到课堂教学中，激发其参与度，产生更为有效的学习效果，缓解了技术应用效率低和工具价值现象，让技术应用的目的回归到促进学生学习的质量上。

最后，"技术之码"利于课堂的深度互动与随机生成。已有的技术应用于课堂主要是教师教授使用方法、学生听和自我操作，课堂气氛沉闷，师生、生生（个别或小组）之间的互动较少，课堂难以具有生成性。在"技术之码"应用的课堂教学中，"方法"与"工具"的选择、应用与完善，是师生、生生之间共同探讨的，学生可以提问，也可以就某个问题发表自己的看法。以一个问题为沟通主线，师生之间通过互动交流来解决疑难问题，生生（个别或小组）之间可以基于一个问题进行小组讨论，进行阶段层次性训练，既有利于学生对所学知识的理解与掌握，又能促进知识的"同化与顺应"，同时教师还能够进行针对性的点评，对错误的情况予以纠正，课堂后教师可基于"工具"的实际应用效果了解学生对知识的掌握情况，以及对课堂教学难易的接受程度，进而根据需要改进教学，实现课堂的随机生成、互动与完善。

3."技术之码"的应用原则

（1）发展性原则

基于"技术之码"的教学应遵循发展性原则，促进学生自由全面发展，这既是课堂教学的内在要求，也是人才培养的核心目标。这一原则首先要求教师突破已有教学观念，基于科学的理论与方法，运用恰切的教学方法，充分激发学生的学习积极性，让学生在自主、探究与合作中获取知识、发展能力，拓宽视野，提高自身综合水平，进而实现全面发展；其次要求改变传统的师生关系，充分利用线上和线下交流实现教学目标，促进学生的实质发展。

（2）主体性原则

以往的课堂教学中技术的选取与把控，以教师为中心，不利于学生主体地位的实现。"技术之码"课堂教学尊重学生的主体性，教师在课前、中、后，都能够利用线上和线下资源对学生进行针对性的价值引导，对出现的问题予以纠正，学生从被动地学习转变为主动地学习，成为学习的主人，"技术之码"的课堂教学能够培养学生的自主学习能力、创造性能力和解决问题的能力，小组合作可以促使学生成为自我教育的主体，实现"我的学习我做主"。

（3）整合性原则

基于"技术之码"的课堂教学充分吸收了以往课堂教学的长处，又充分借鉴了信息技术在课堂教学中应用的优势之处，实现了资源的优化整合，达到了资源的最大化。教师在进行教学内容的设计与架构时，要充分施展已有信息技术和新"技术之码"的优势，重视工具应用的有效性、适切性，不仅要让学生掌握相关工具的使用技能，也要培养学生利用技术自主、合作学习的方法和能力，使学生学会迁移创新。

三、"技术之码"有效应用的条件

为了提升在教学中应用"技术之码"的实际效果，解决已有信息技术使用的"不当"或"不到位"问题，教师应做好学情分析、重构学习内容并紧扣学习目标，时刻围绕学生进行支持与干预。

（一）做好学情分析

新课程改革理念强调以学生发展为本，要求教师不再从学科专家或教材的角度出发，而要从学生的角度出发设计和展开教学，[①] 这要求教师必须进行学情分析，且做出有效的分析。有效的学情分析有利于帮助教师"因材施教"，强化教学效果，更好地服务于教学目的，并最终促进学生的发展。[②] 在"技术之码"有效应用的过程中，需要时刻做好学情分析，且需要涉及范围广、层次深入的学情分析。以一节课堂教学为例，教师在应用"技术之码"

---

① 廖哲勋. 评新课改中不同知识观引发的激烈争论 [J]. 课程·教材·教法，2014（12）：14-21.

② 马思腾，褚宏启. 基于学生核心素养发展的学情分析 [J]. 现代教育管理，2019（5）：124-128.

的课前、课中和课后要及时进行学情分析，并将其与具体的教学内容相互匹配。依据 2017 年 9 月中共中央办公厅、国务院办公厅印发的《关于深化教育体制机制改革的意见》中强调的"强化学生关键能力培养"，其中"关键能力"是核心素养的另一种表达形式，重点培养学生的认知、能力和态度的全面发展。[①]因此，学情分析可依据这三方面逐一解析。在认知方面，教师要注重分析学生的基础认知素养和高阶认知素养，在了解学生是否具备基础知识的前提下，重点关注学生高阶认知素养，如与学科基础知识无直接关联（跨学科的）、可迁移的综合素养，如批判性、创造性与问题解决、深度学习与终身学习等素养，判断其是否具备灵活应用"技术之码"的前期基础；在能力方面，基于核心素养框架和新课堂教学改革理念，注重学生实践能力、合作能力和创新实践能力的分析；在情感态度方面，基于不同学生的身心发展特点，分析与尊重每个学生的学习态度、学习兴趣和学习动机。

（二）重构学习内容

学习内容是学与教的活动过程中的核心要素之一，是学习者品质发展的重要依托。学习内容既是学习材料和学习对象，也是学习活动开展的载体，更是生成良好的学习氛围等人文环境的重要内容。[②]"技术之码"的有效应用，离不开教育者和学习者双方对学习内容的重构。学习内容的重构既能够提升教学效率，又利于优化学习效果。其一，依据国家课程标准，基于当前存在的教学问题和学生发展的现状，重构致力于学生核心素养发展的课程体系，使其重构后的学习内容更贴近时代背景，更符合当前学生的心理发展特点和学习需求，以推动学生的全面发展。其二，围绕学生核心素养培养的教学内容，需要以某个主题为核心点，在对主题贯穿的学习内容进行讨论、交流、解决与反思的过程中，促使学生在不知不觉过程中对知识进行自我建构与重构，实现知识的内化与学习。为实现学习内容的重构，教师要逐渐摆脱"搬运工"和"灌输者"的身份，撇弃重复性的知识"录音机"形象，成为学生的促进者和帮助者。

---

①　马思腾，褚宏启. 基于学生核心素养发展的学情分析［J］. 现代教育管理，2019（5）：124-128.

②　黄秀玲. 资源整合：基于学习者需求的教学内容重构［J］. 教育理论与实践，2018，38（22）：61-64.

（三）紧扣学习目标

学习目标是学生学习活动的起点，也是学生学习活动的归宿。学习目标是否有效达成关系到学生核心素养的发展与形成。[①] 随着课堂改革的不断深入，关注重点逐渐从"教学目标"演变为"学习目标"，开展以学生为主体的学习活动。"学习目标"强调学生是学习者和监控者，强调学生学习的过程、目标制定的主动参与，以及评价过程的自我诊断。[②] "技术之码"想要有效应用，必须基于学生为学习主体的观念。因此，在实践操作过程中，首先要最大化地以学生为主体，在目标的制定、内容的选取、工具的选择时应基于学生的已有经验，并提供机会给学生自主选择、建构与完善；其次，最大化地调动学生学习的积极主动性，依据教育学、心理学和教育技术学等理论选取适宜的教学手段和方式转化学习内容，吸引学生的注意力，并激发学生的内部动机参与学习；最后，最大化地培养学生的综合能力，并建立诊断性评价和过程性评价结合的评价模式，让学生成为自我诊断、反思与改进的主人。

---

① 孙志宏，白慧. 翻转学习有助于学习目标的有效达成 [J]. 教学与管理，2020 (6)：15-18.
② 孙志宏，白慧. 翻转学习有助于学习目标的有效达成 [J]. 教学与管理，2020 (6)：15-18.

第二章
解码：自主学习方式问题

开篇小语

　　伴随着我国新一轮基础教育改革的不断发展和深入，自主学习方式作为一种现代化学习方式得到了广泛应用。尤其是在互联网技术的支持下，自主学习在满足学生个性化学习、有效实施分层教学、拓展学生学习空间等方面得以创新。自主学习的主要优点是使学习者个人成为学习的主人，其自主性、协作式、主创性和个性化特点，使得学生可以在课前、课中、课后不同的任务情境中自主选择学习内容，完成学习任务。然而从实践来看，学习动机不高、学习策略不当、教师引导低效、学习环境不佳等因素影响致使学生自主学习低效化。

　　本章主要从自主学习方式有效实施中的数字化的学习资源重构、技术支持下的自主学习检测、大数据支持下的学习指导三个关键要素问题的解决，推介相应解决方法与样例。

第一节　数字化的学习资源重构

案例启思

一位有着十年教学经验的某数学老师，最近在自主学习方式探索方面遇到了烦心事。烦恼是由《全等三角形判定》这节课引发的。为了提高课堂效率，培养学生自主学习能力，促进学生深度学习，老师课前给学生发放了学习任务单及纯知识呈现的微课预习视频，希望学生通过课前自主学习初步掌握全等三角形判定的基础知识。结果上课伊始该老师进行课前自主学习回顾，遇到了他的第一个烦恼。

师："同学们，课前老师给大家布置了自主学习任务，现在我来检验一下大家的学习成果吧！"

随后出示问题：全等三角形判定的条件是什么？能否有更为简便的判定三角形全等的方法？

学生甲："三组对应边，三组对应角都相等。"

学生乙："可以简化，三组对应边相等就可以判定。"

学生丙："不能少条件吧。"

……

老师发现全班只有半数的学生觉得条件可以减少。

于是他追问："谁能说一说我们利用了哪种数学思想方法？"

个别学生答出分类讨论思想，大部分学生沉默。

无疑，学生的预学效果不理想，或者是根本没有按着要求去翻资料，看知识视频预习。

老师只好将自主学习的知识内容重新讲一遍。

完成新知讲授后，进入实践应用环节，又迎来了第二个烦恼。

师："请同学们尝试着利用我们减少条件后的办法，看看画出来的三角形是否全等。"

在任务完成过程中，学生们纷纷遇到了问题。

学生甲："老师，我画不出来啊！"

学生乙："老师，我画出来的两个三角形需要剪下来比较吗？"

学生丙："老师，我格尺上面的刻度看不清楚了，没法画出规定长度的线段。"

……

老师不停地在教室里穿梭指导，忙得满头大汗。幸好他经验丰富，中断了探究，针对共性问题进行了层层剖析和深入浅出的讲解，学生才理解了减少条件依然能够判定三角形全等的理论。

最后只好将三角形全等练习内容作为课后拓展练习作业布置给学生，却没想到第三个烦恼出现了。

第二天学生交上来的作业不是思维混乱、知识点混淆，就是判定条件缺失、无用条件随机罗列。这位老师百思不得其解，备课组内其他班级也都出现了类似的状况。调研后学生的反馈是：课上老师讲完例题，马上练习时头脑特别清晰，可回到家就找不到上课时的思路了。另外题型有所变化，看学习笔记有一种云里雾里的感觉，无论是预习还是作业，如果没有指导就无法顺利进行。课代表说，要是能把老师带回家就好了！

问题剖析

此案例反映出的问题，主要体现在学生课前、课中、课后自主学习环节中。

课前，老师布置的任务没能很好完成，自主学习的效果没能实现。通过调查了解发现，虽然老师课前发放了学习任务单，也为自主学习提供了相关预习资源，可教师提供的内容侧重知识的完整性，而概念性、原理性等内容在视频中全部以自主学习资源形式呈现，对于学习能力较强、自律性较高的学生是可以消化的。但是大部分学生认为自主学习视频内容枯燥，缺乏趣味性，包含信息量太大，在没有老师的指导下很难集中注意力投入学习。还有一小部分学生表示，由于概念与原理性知识较为抽象，独立学习时无法理解，而且视频知识点针对性不强，造成学习任务无法完成。

课中，学生"独立完成任务"环节失败。根源在于学生自主实践活动仅靠"教师"这一种学习资源是无法满足全体学生的需求的。没有足够学习资源支持的自主探究任务难以完成，从而导致课中自主学习活动被迫中断，并再次回到讲授状态，学生的自主学习能力无法得到有效的培养。

课后，课代表想要把老师带回家，是很多学生和家长的真实需求。究其原因是学生课后学习资源过于单一，缺乏创新性。首先，学生自身学习能力的强弱决定了学生的自主学习能力，以及学习笔记的质量。其次，课后作业是课上学习能力的提升与拓展，学生在课后独立完成作业的过程中，经常会通过"这个例题今天老师是怎么讲的"来进行知识回顾，然而这种回顾如果无法通过学习笔记实现，那么学生课后作业完成质量显然不会高。

通过上面的分析发现，目前关于自主学习资源的问题主要有以下两个方面：

一是自主学习资源内容方面。往往是就知识讲知识，或是对知识进行简单化趣味加工，却不重视情境资源元素内容的问题。

二是自主学习资源应用层面。其一，资源应用与学习目标以及学习需求不契合，无法满足学生不同学习阶段对自己学习资源的需求；其二，忽视自主学习资源满足学生个性化学习、支持教师分层教学、拓展学生学习空间、提升学生学习能力、促进学生自主建构的本质价值。

解决策略

从上面的案例问题分析中，我们发现学生对自主学习资源需求贯穿课前、课中、课后全过程。不同的学习活动阶段，学生对学习资源内容、应用方法、个性化需求不同，基于此我们提出了"先组后创"数字化的学习资源重构技术模型。

一、"先组后创"模型背景

要构建"先组后创"数字化的学习资源重构技术模型，有必要先厘清数字化资源重构与自主学习两者之间的关系。

1. 技术支持下的自主学习优势

自主学习的主要优势是学习者个人成为学习的主人。技术支持下的自主学习创新目标是为学习者提供多媒体内容，从而使学习更有吸引力，让学习者能在任何时候、任何地方解决问题。我们发现数字化资源重构是让学习更有吸引力的基础，是让学习者能够随时解决问题的基础保障。

2. 技术支持下的自主学习资源

自主学习主要是受学习动机支配的。学习动机是直接推动学生进行学习的一种内部动力，是激励和指引学生进行学习的一种需要。构成学习动机[①]的主要内容是学习兴趣、学习效能、成败归因、知识价值观。因此，技术支持下的自主学习资源要包含以下几种要素：

一是要满足学生成长各个阶段的不同需求。学生只有满足了各种不同的缺失性需要之后，获得满足感，才会不断进步，达到自我实现的终极目标。

二是不断丰富教学内容和积极调整教学手段，激发学生对学习的兴趣，

---

① 徐佳宁. 学习动机理论指导下的激发留学生汉语学习动机案例分析 [D]. 沈阳：辽宁大学，2016.

促使学生把更多的精力投入学习中，努力学习，让学生体验成功的快感，明确学习动机，增强学习的自信心。

三是不断引导学生树立科学合理的学习目标，使学生能够持续产生学习需要。

二、"先组后创"模型概念

"先组后创"数字化的学习资源重构技术模型，是基于最近发展区理论，借助信息技术工具，破解自主学习数字化资源重构问题的方法类模型。"先组后创"模型包含分解学习目标、选择资源类型、整合有效资源、进行资源创编四个步骤。

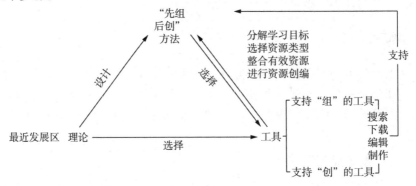

（一）理论依据

最近发展区理论是由苏联教育家维果茨基提出的儿童教育发展观。它是数字化学习资源重构技术模型的理论依据。最近发展区是教学发展的最佳期限，即发展教学最佳期限，在最佳期限内进行的教学是促进儿童发展最佳的教学[①]。

依据最近发展区理论提出的教学过程只有建立在那些尚未成熟的心理机能上，才能产生潜在水平和现有水平之间的矛盾，而这种矛盾又可引起儿童心理机能间的矛盾，从而推动儿童的发展。

（二）方法步骤

1."先组后创"方法

"先组"是指依据课前、课中、课后学生自主学习需求，用信息技术工具先下载、整理、组合已有资源。"后创"是指组合后不能满足自主学习目标达成的，选用极简技术工具，进行二次创编制作。

"先组后创"方法的核心是依据课前、课中、课后自主学习目标，采用极

---

① 王亚南."最近发展区"理论及其教学启示［J］.江苏教育，2021，（08）：42-43.

简技术，匹配适切资源，满足学生个性化学习需求，让每个学生学得有趣，学得有法，学得有效。

2."先组后创"步骤

"先组后创"包含分析学习目标、选择资源类型、整合有效资源、进行资源创编四个步骤。

步骤一：分析学习目标

依据苏联教育家维果茨基提出的儿童发展区理论，自主学习活动应着眼于学生的最近发展区，结合个性化学习需求为学生提供能够充分调动学习兴趣，带有恰当难度的学习内容，激发学生学习潜能，促使学生掌握知识与技能，促进学生自主学习能力提升。

——分析达成学习目标，需要设计接近学生最近发展区的内容元素。

自主学习贯彻学生课前、课中、课后全部学习活动过程中，不同学习阶段的学习目标不同，学习内容元素也不同。

课前的学习资源，侧重知识基础掌握。内容组织要有趣、要易学，符合学生认知能力、心理特点、学习经验，能够支持它独立完成这部分学习。

课上的学习资源侧重教学重难点。内容组织要指向问题的解决，要简单、形象，具有引导性，要关注分层教学，保证学习能力较强的学生吃得好，学习能力偏弱的学生吃得饱。

课后的学习资源侧重拓展能力提升。内容组织以课堂师生对重难点问题生成、解决资源的获取与加工为主。

——分析达成学习目标，需要设计趣味性强，激发学生潜能的内容元素。

例如：长春版五年级下册信息技术《给诗集配图》一课，设计在 word 中插入图片学习任务时，教师让学生了解设置大小位置、设置图片格式、设置环绕文字操作方法后，引导学生应用这些方法去解决一个生活实际问题，培养学生综合运用方法解决问题的能力。基于上面的学习目标，可以设计三个支持任务完成的帮助性学习资源：一是基础帮助性学习资源，插入图片并调整位置；二是进阶帮助性学习资源，图片格式设置小技巧；三是高阶帮助性学习资源，图文混排技巧我知道。

——分析达成学习目标，需要设计引导学生思维、具有恰当挑战性的内容元素。

例如：人教版八年级英语语法教学资源重构。学习目标是掌握现在完成时语法的基本概念、结构、句型转换、关键词等。通过对学习目标的分析，老师设计了三大内容元素。首先，重温故知。学生已经掌握一般过去时的知识，通过回顾该时态与现在完成时相关的知识点，为新语法学习提供知识储备基础。其次，迁移总结。类比于一般过去时的时态结构，引导学生探索并总结现在完成时的概念、结构、句型转换、关键词等基本知识内容，锻炼学生发散思维和举一反三的能力。最后，练习提升。为检测学生的学习效果，运用技术工具的课堂互动功能，设计了一个现在完成时态语法知识掌握情况的课堂游戏，让学生在有趣的游戏中自我检测学习效果，以达到知识内化并简单应用的目标。微课的结尾加入有助于能力提升的拓展思考题，既培养学生的探索精神，也为进一步的课堂学习做铺垫。

步骤二：选择资源类型

根据分解出的内容元素，匹配支持内容表达的理想学习资源类型，满足学生个性化学习需求。

例如：人教版八年级英语语法教学资源重构中，"重温故知"内容应用了思维导图类型填空方式，引导学生回忆一般过去时态的知识架构，改变了过去填空题的形式，引导学生建立知识间的关联。"迁移总结"内容设计了一个现在完成时态的应用场景，利用文本、动画、图片等素材辅助完成新知识的传授，将枯燥的知识赋以生活场景，变得生动有趣，调动了学生学习的积极性。对于"练习提升"内容教师利用一起中学 App 习题库，为学生选取难度适宜的练习题，丰富习题的演练方式，助力学生知识的掌握，形成能力，使得教师第一时间了解学生学习情况。

再如：华师版八年级数学《全等三角形判定》的课后自主学习资源重构，应用师生课堂学习过程中生成性资源元素组合，运用真实课堂教学重现的方式将重难点讲解部分制作成微自主学习材料，实现学生"把老师带回家"的愿望。

项目实施进度管理

学习目标	内　容	类　型
全等三角形边角边和角边角判定定理实践应用。从已知条件中判断出应该使用哪一种判定定理。	温习知识点：结合纸质笔记通过观看课堂生成视频进行复习。	课堂教学生成采集例题 1例题 2综合练习 1—3
	针对性观看：根据布置作业中遇到的困难再次观看相对应的例题与重难点视频，强化理解。	
	利用思维导图收集整理二维码，巩固强化训练。	

步骤三：整合有效资源

按资源类型选择适切的工具搜索、获取、加工、组合相关的学习资源。常用的学习资源在这里我们大体将其分为：文本类，如 PPT 教学课件等；图形图像类，如思维导图、图片等；音频类，如听力、朗读、范读等；视频类，如微课、动画等。

——搜索获取有效资源元素

文本类资源：可以在国家教育资源公共服务平台、人民教育出版社等国家资源平台或者学科网站上搜索获取有效资源。

图形图像类资源：可以运用百度搜索引擎的以图搜图功能、设计师网址导航等工具获得有效的资源。

音频类资源：可以通过音频搜索引擎功能或是音频万能下载器等音频下载工具，获取音频资源。

视频类资源：可以通过网易公开课、优酷、TED、洋葱数学等视频网站客户端，进行视频下载，或是运用一些如硕鼠下载器等视频下载工具获取有效资源。

课堂生成资源：运用希沃白板录制功能、屏幕录制等工具，把课堂重点讲解过程采集和录制下来。

——组合有效资源元素

将获取的有效资源元素进行汇总整理，查看是否满足学习目标达成所需内容，如果不满足还需要加入哪些内容元素，确定加工创编方式方法。

例如：人教版八年级英语语法教学资源重构案例中，教师完成了学习内容的分解、资源的选择匹配后，列出了自己的内容清单。具体如下：

学习目标	内　容	类　型
掌握现在完成时语法的基本概念、结构、句型转换、关键词等。	重温故知：引导学生回忆一般过去时态的知识架构。	思维导图类型填空方式
	迁移总结：利用文本、动画、图片等素材辅助完成新知识的传授。	现在完成时态的应用场景视频资料
	练习提升：知识强化理解。	一起中学 App

通过这个清单，教师发现"迁移总结"视频需要录制补充完善一下生活情境来助力新知的学习，"练习提升"中如一起中学 App 习题，显然不能充分调动学生积极性，唤醒学生进行挑战性学习的动力，需要对原有文本进行趣味性加工处理。

步骤四：进行资源创编

资源创编是"先组后创"方法的最后一个步骤。重点体现"后创"，是在前面三个步骤"先组"完成后的数字化的学习资源集成。这里的"创"强调优化资源组合、创新资源组合，使其能够充分调动学生学习兴趣，激发学习潜能，满足不同层次学生的学习需求，促使学生掌握知识与技能，促进学生自主学习能力提升。创编资源，一是要以极简工具为先，二是要根据不同知识类型及学习目标选用适切的编辑方法。

——概念性知识。建议采用丰富的图片、视频、思维导图等素材进行资源组合，这类内容可使用剪辑师等工具进行编制。

——技能性知识。以录制实验操作过程为主，文本关键字提炼为辅的素材进行学习资源组合，可先用手机录制实践操作视频，然后使用剪辑师工具进行编辑组织。

——练习类知识。有两种简便易用的方法。

一是可以采用手写方式，对学习内容进行组合，这类内容语言的趣味性尤为重要。录制技术最为简单，我们使用手机的录像功能即可实现。

二是使用屏幕录制软件，将课堂教学活动中师生重难点问题生成性讲解与讨论资源进行录制，并对其简单编辑即可作为学生课后自主学习的有效资源。

（三）工具选择

这里的工具主要是指本模型中资源内容组织与资源应用创新要应用到的资源工具与方法工具。

1. 资源工具选择

按照极简好用原则，重点做好三个适切：一是资源工具与学习目标适切；二是资源工具与学生认知适切；三是资源工具与内容适切。

例如：长春版四年级信息技术《Word——插入图片》一课为达成课中自主学习目标的学习资源工具选择思路。

【实践任务】教师选用剪辑师工具，录制实践操作步骤讲解视频，帮助学生清晰实践操作的步骤、要点、易错点，支持学生解决情境任务问题。

【分享交流】教师选用思维导图工具，引导学生总结梳理技能技巧，迁移应用解决其他生活问题。

2. 方法工具应用

按照学生不同学习阶段自主学习需求，提供与之相匹配的课前自主学习任务单、课中自主学习引导单、课后自主学习作业单等方法工具。

（1）课前自主学习任务单

课前任务单以基础知识掌握为目标，共包括学习任务名称、学习达成目标、学习方法建议、课堂学习形式预告、学习任务布置五个部分。

例如：人教版初中英语八年级《现在完成时》语法教学课前自主学习设计。

一、自主学习任务单设计

1. 学习任务名称

人教版新目标八下 Unit 9 现在完成时语法基础知识。

2. 学习达成目标

（1）通过观看微课视频回顾一般过去时态知识，类比学习并理解现在完成时的概念，掌握其基本结构、句型转换和关键词等内容。

（2）通过自主习题检测了解自己的学习盲区，主动回看视频查缺补漏。

设计意图：通过观看课前自主学习视频、完成相关知识的练习、思考拓展问题等掌握现在完成时态的基本用法，通过类比、分辨等方式，从已知的一般过去时态过渡到现在完成时态的新知识学习。根据布鲁姆的教育目标分类，把学生能够通过自主学习完成的记忆、理解、应用部分放在课前学习中，为课上培养学生分析、评价、创造能力做好知识储备。

3. 学习方法建议

自学课前微课视频，可以一个人自主学习，也可以和学习伙伴一起探讨。自主选择学习时间和地点。学习环境可以选择家里能上网的电脑、手机、Pad、移动终端等，并且完成每一部分的相关习题。

设计意图：课前自主学习的时间和形式给学生充分的自由，学生通过视频中的思维导图、动画、教师讲解等能够学会并应用现在完成时态。

4. 课堂学习形式预告

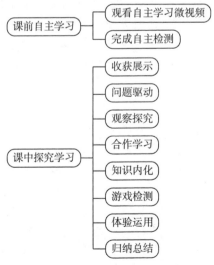

设计意图：将一般过去时态类比现在完成时态，最后学生能够独立完成

现在完成时态的基本练习。这样的设计体现课前学生自主学习的内容与课上能力进阶培养的高度关联，学生在学习过程中，通过视频中的重点能够清晰地明确本语法中需要掌握的目标内容，更能有利于课上进一步学习。

5. 学习任务

任务一：回忆一般过去时的基本知识。

（1）一位老人在回忆年轻时的事，并向大家讲述过去的故事，观看课件 P1。

（2）暂停视频，看图和汉语释义，将老人叙述的三句话在草纸上写出它们的英文翻译。

（3）继续播放 P2，与答案做对比。跟随老师的指导完成一般过去时知识的思维导图。

任务二：类比一般过去时，掌握现在完成时的必要基本知识。

（1）观看课件 P3—P6，类比理解现在完成时的概念，知道时态构成方式并判断现在完成时，能够进行句型转换，能够识别时态标志词。

（2）完成现在完成时态基本知识的思维导图。

任务三：检测学习效果，错题参考答案解释，知识参考自主学习视频。

（1）在"一起中学"软件中找到今日练习作业，并完成。

（2）思考现在完成时和一般过去时的区别是什么，for 和 since 的使用有什么区别。

设计意图：学生的课前自主学习包括学生个体的学习，师生的交互活动，以及学生对新知识应用能力的考查。这个设计针对学生现有的学习习惯、学习策略和学习方法，循序渐进地引导学生自主学习。设计上分层递进，把抽象的语法内容转化为学生熟悉的情景和话题表述，逐渐完成该语法的学习，为了能够体验学习后的成就感，学生可以用手机操作课件、体验答题，从而检验自己的学习效果。

（2）课中自主学习引导单

以学生课中解决疑难问题、促进个性发展为目标，共包括学习任务、学习指南、交流分享三个部分。

例如：长春版小学综合实践活动五年上《给诗集配图》课自主学习引导单设计。

（一）学习任务

任务背景：出版社想要出版一本诗集，文字部分已经全部完成，想请同学们帮助完成诗集配图工作，同学们愿意接受这个挑战吗？

设计意图：学习任务背景设计旨在为学生创设真实的学习情境，激发学生的学习兴趣，引导学生应用知识解决生活中的问题。

目标任务：

任务一：为文字配图

掌握图片样式的调整技巧，能结合诗文需要裁剪图片。

任务二：修饰美化图文

掌握图片位置设置技巧，能综合应用图片、文字实现最佳图文并茂效果。

任务三：创意编辑图文

在给诗集配图的过程中，发现问题，并能寻找多种方法解决问题，培养数字化表达能力、创新能力。

设计意图：达成目标设计旨在让每个学生在课堂中都能得到发展，从低到高，设计指向基础能力、应用能力、拓展能力三个层次目标，保证在课中自主学习中学习能力较强的吃得好，学习能力较弱的吃得饱，实现个性化学习。

（二）学习指南

1. 在完成任务过程中遇到问题时，你通过【插入图片小妙招】【调整图片样式小妙招】【设置图片位置小妙招】微视频资源自主学习得到完成任务的提示。

2. 所有同学必须完成"任务一"学习，然后可以根据自己的情况选择完成"任务二""任务三"。

3. 任务挑战完成时间为 10 分钟。

设计意图：本环节设计旨在通过学习资源的提供，让每个学生都有挑战任务的信心，每个学生都可以获得老师对他们进行的个性化指导，进一步培养自我发现和解决问题的能力。

（三）交流分享

当你完成任务后请思考以下问题，以便接下来与同伴讨论分享你的想法。

1. 在今天你学到的新技能中，哪个是最有用的？为什么？

2. 设计的诗集图文中，你最喜欢哪部分？为什么？

3. 你完成任务过程中遇到了什么困难？你是怎样解决的？

4. 在今天学到的技能中，哪些你以后还会再次用到？你会在哪些情况下用到这些技能？

设计意图：交流分享的设计旨在促进自主探究学习后的转化与提升，学生在自主探究后，梳理思考并分享自己的经验与问题，从而达到解决问题能力形成、创新思维培养的目标。

（3）课后自主学习作业单

课后自主学习作业单以学生课后拓展能力提升为目标，共包括学习指南、学习任务、困惑与建议三个部分。

例如：人教版初中生物《免疫与计划免疫》课后作业单设计

（一）学习指南

1. 作业名称

免疫与计划免疫拓展训练作业单

设计意图：让学生夯实基础，强化概念，拓展思考，深化对所学知识的理解与巩固，提高学习深度与广度。

2. 达成目标

运用免疫与计划免疫的相关知识，独立挑战完成下列习题训练，能根据课前、课中学习的特异性免疫和非特异性免疫、免疫的功能、计划免疫的意义等知识，独立描述人体的三道防线、免疫的功能，分析第三道免疫的机制，树立正确的免疫预防观念。

（1）人体免疫功能习题应用

（2）区别人体的特异性免疫和非特异性免疫习题应用

（3）完成第三道防线的组成和预防机理综合应用习题

通过上面的习题挑战总结整理与免疫和计划免疫相关的知识。

设计意图：让学生明确课后的拓展学习任务及要达到的目标和深度，提高学生学习成果的透彻性与学习思维的求变性、创新性，并且通过克服新问题增强学生解决困难的自信。

3. 学习方法建议

当你独立完成习题挑战遇阻时，可以使用以下方法解决：

（1）完成作业过程中，通过扫描作业相应试题配置的二维码观看微课视频，回顾课上师生共同实验探究，或共同探讨生成知识的过程，从中获得启发。

（2）完成作业后，可以根据十大主题或者按照章节整理老师所给的二维码，便于复习使用，并再次对有关新问题的相关生命现象、生命活动进行探究和整合，做到触类旁通。

（3）将你整理的知识点以思维导图的方式与学习伙伴或者家长一起探讨。

设计意图：通过回看重现唤醒遗忘的知识点，强化大脑对新知的认识理解。加深对课堂所学知识的理解程度，强化课上经历的知识点，并最终完成突破和能力的提升。

对课前、课中没有分析到的生活中的新问题进行再深化分析与辨别，培养学生的高阶思维、求异思维，以及解释生活中与生物有关的问题的综合能力。

（二）学习任务

【任务一】完成描述人体免疫功能习题应用

【任务二】完成区别人体的特异性免疫和非特异性免疫习题应用

【任务三】完成第三道防线的组成和预防机理综合应用习题

【任务四】通过上面的作业总结并整理相关知识体系

设计意图：

1. 通过扫描二维码观看对应习题视频，并结合纸质笔记和课上已做练习题巩固在校所学知识。

2. 有针对性地根据所做试题遇到的困难再次回看视频，并根据需要暂停。这期间可以和伙伴或者家长沟通，增强团结协作能力，通过沟通强化对知识的理解。

3. 完成作业单上布置的任务，并记录仍然存在的问题，以便寻求老师解决，对建立的知识网络进行查缺补漏。

4. 总结那些通过温习二维码视频才解决的问题，反思如何使用已有知识解释生活中的生命现象和生命活动，培养学会学习和科学思维的素养。

5. 收集整理二维码，可以按章节，也可以按生物十大主题分类整理收集以备以后使用，通过整理知识脉络和联系生活实际，有效突破重难点。

（三）困惑与建议

设计意图：让学生填写课后拓展自主学习过程中遇到的困难，以及给教师的教学建议，为下节课学习内容的导入创造条件。

三、"先组后创"模型应用

教师初尝试应用时，可以《"先组后创"数字资源重构模型设计表单》（见下表）为支架来设计自主学习资源。

"先组后创"数字资源重构模型设计表单

序号	学习目标	学习内容	资源类型	应用意图	工具选择

例如：人教版初中英语八年级现在完成时语法教学课前自主学习微视频

资源设计。

设计思路：利用"知识胶囊"开展课前自主学习，完成"掌握现在完成时态概念、句型、关键词"的学习目标。

序号	学习目标	学习内容	资源类型	应用意图	工具选择
1	掌握现在完成时的基本知识	一般过去时的基本知识	思维导图、图片	通过思维导图引导学生回顾已有知识储备。	EN5①、图片下载、学科网②、格式工厂、剪辑师
2		现在完成时的概念与结构	视频、文本、动画	利用生活视频让学生切实体会现在完成时的用法，利用动画创设情境，梳理文本知识脉络，帮助学生构建学习时态的语法体系。	
3		现在完成时的句型转换与关键词	视频	利用EN5的互动课件特点，录制视频时可以同时记录教师语音、手写句子变化和圈画重点强调内容。	
4		检测与思考	互动课件	编辑网络学科资源的合适习题，作为课件编辑活动的素材，录制成知识胶囊后，学生可以在观看的同时操作课件，完成检测习题。思考题的设置有利于锻炼学生的发散思维和主动探索的意识。	

在设计时要注意以下几项原则：

第一，数字资源重构要围绕学生自主学习目标达成以及自主学习能力培养。

---

① EN5是一款专门针对教学场景设计的互动课件工具，提供课件云同步、学科工具、思维导图、课堂活动、超级分类等多种备授课常用功能。

② 学科网是国内权威中小学教育资源门户网站，拥有试题试卷、课件、教案等教学资源1538多万套，内容涵盖K12领域小学、初中、高中全部学科学段。

第二，数字资源重构要服务于课堂教学的整体目标。

第三，数字资源重构技术工具选择要极简、易用，支持学生个性化学习。

第四，数字资源重构设计要对应课前、课中、课后学习需求匹配学习任务单。

样例展示

华师版初中数学八年级《全等三角形判定》自主学习设计。

本案例包含课前、课中、课后自主学习活动设计内容。根据学习目标的需求为学生配置相关教学资源，并根据学生的学情对资源进行科学的重构，以便更为有效地开展自主学习活动。根据学生课前、课中、课后的自主学习效果，把有效的学习资源重构，应用在学习任务单上，配以合理的引导，学生逐步完成学习目标。

第一部分　课前自主学习设计

课前自主学习任务单	
学习任务名称	华师版初中数学八上第十三章《全等三角形判定》
学习达成目标	（1）通过观看知识胶囊微课回顾什么是全等图形，会用平移、旋转、翻折等方法判定两个图形是否全等。知道全等三角形的有关概念，能在全等三角形中正确地找出对应顶点、对应边、对应角。 （2）通过自主习题复习以往学过的知识，为接下来要学的内容做好铺垫。主动回看视频查缺补漏。
	设计意图：通过观看课前自主学习视频、完成相关知识的练习，复习全等三角形有关概念，提高学生数学概念的辨析能力。练习中通过找出全等三角形的对应元素，培养学生的识图能力。由于三角形是最基本的几何图形之一，所以理解和掌握全等三角形的有关概念可以为接下来达成全等三角形的判定和应用的教学目标做好铺垫。

	课前自主学习任务单
学习方法建议	自学课前教师创编微课视频资源。学生可以一个人自主学习，也可以和学习伙伴一起探讨。学生自主选择学习时间和地点，学习环境可以选择家里能上网的电脑、手机、Pad 移动终端等，并且完成每一部分的相关习题。
	设计意图：课前自主学习的时间和形式给学生充分的自由，通过视频中的实际问题学生产生求知欲，继而想要对问题的本质追根溯源，并通过思维导图、动画、老师讲解对三角形全等相关知识加深理解。
课堂学习形式预告	课前自主学习 —— 观看自主学习微视频 课前自主学习 —— 完成自主检测 课中探究学习 —— 收获展示 课中探究学习 —— 问题驱动 课中探究学习 —— 观察探究 课中探究学习 —— 合作学习 课中探究学习 —— 知识内化 课中探究学习 —— 游戏检测 课中探究学习 —— 体验运用 课中探究学习 —— 归纳总结
	设计意图：通过各种真实、贴近生活的素材和问题情境，激发学生学习数学的热情和兴趣，培养学生勇于创新的精神和多方位审视问题的创造技巧。使学生在生活中观察发现全等三角形，在探究和运用全等三角形知识的过程中感受教学活动的乐趣。

课前自主学习任务单

	任务一：回顾全等三角形的概念 （1）根据知识胶囊、洋葱数学复习课程以及给出动画（三组三角形），通过直观判断以及动手测量判断它们之间的关系。 （2）暂停视频，说说你是如何判断出它们的关系的。 （3）完成任务单上的问题，什么是全等三角形，全等三角形具有哪些性质以及判定依据。 任务二：观察并找到全等三角形的对应边和对应角。 （1）自行观察视频截图，并在任务单上标注全等三角形的对应边和对应角。 （2）操作课件对其中一个三角形进行平移、旋转等变换，并找到变化之后的全等三角形的对应边和对应角。 任务三：检测学习效果，错题参考答案解释，知识参考自主学习视频。 （1）在"洋葱数学"软件中找到今日练习作业，并完成。 （2）思考全等三角形的判定是否可以简化条件。
学习任务	
	设计意图：本节课是在学生掌握了三角形有关知识，以及全等三角形的有关概念、表示方法及对应部分的关系的基础上展开学习的。由于三角形是最基本的几何图形之一，所以理解和掌握全等三角形的有关概念不仅是学习全等三角形的判定和应用的预备知识，还是证明角相等、线段相等的主要途径，因此要在课前任务训练中对已有知识进行强化并灵活掌握，而知识胶囊就是过去上课录制的讲解视频，便于快速唤醒学生记忆。

课前自主学习微视频资源设计

续　表

序号	学习目标	学习内容	资源类型	应用意图	工具选择
1	掌握全等三角形的基本知识	全等三角形的基本知识	洋葱数学、知识胶囊、图片	通过微课视频让学生有针对性地快速回顾已有知识。	洋葱数学①、EN5②、图片下载、学科网③、格式工厂、剪辑师
2		全等三角形对应边、对应角辨别	视频、文本、动画	利用可操作动画视频让学生通过观察、动手操作测量等方法切实体会全等三角形边角的关系。	
3		检测与思考	洋葱数学视频	利用洋葱数学微课搭配的课时训练，检测学生复习效果，并通过视频破镜重圆引发学生兴趣，为新授课做铺垫。	

　　注：合理搭配"知识胶囊④"和洋葱数学微课涉及的知识点开展课前自主学习，整合后的资源更容易被学生掌握理解，能够有效地帮助学生复习全等三角形的概念，使学生会用平移、旋转、翻折等方法判定两个图形是否全等，能在全等三角形中正确地找出对应顶点、对应边、对应角。

---

　　①　洋葱数学是可供中小学生随时随地在线学习的数学平台。
　　②　EN5是一款专门针对教学场景设计的互动课件工具，提供课件云同步、学科工具、思维导图、课堂活动、超级分类等多种备授课常用功能。
　　③　学科网是国内权威中小学教育资源门户网站，拥有试题试卷、课件、教案等教学资源1538多万套，内容涵盖K12领域小学、初中、高中全部学科学段。
　　④　知识胶囊是EN5软件中的一个可以制作互动微课的工具，可以随时录制课上讲解声频以及板书操作保存在云端，该工具可以自动生成二维码，通过微信扫描二维码即可学习。

第二部分　课中自主学习设计

		课中自主学习任务单
学习任务	任务背景	小明有一块三角形玻璃被摔成了两块。需要照原样再配一块一模一样的，是不是一定要把两块碎片都带到玻璃店去？请同学们想办法帮助一下小明。
		设计意图：学习任务背景设计旨在为学生创设真实的学习情境，激发学生的学习兴趣，将教学目标融入实际问题中，引导学生应用知识解决生活中的问题，体会数学源于生活、寓于生活、用于生活。
	目标任务	任务一：动手操作 借助几何画板，启发学生数学思维，完成利用已知线段和角画三角形的任务。 任务二：归纳总结 借助几何画板工具，采用叠合法验证所画的两个三角形的关系，并绘制思维导图总结得到的两种方法。 任务三：活学活用 借助洋葱数学微课视频总结归纳的知识点解决相关习题。
		设计意图：通过自主操作、自主探究，使学生明确要判断两个三角形全等必须具备三个元素，学生通过自己探究理解边角边、角边角两种判定方法。在以后教学中应多培养、多锻炼学生自主操作、自主探究，这样才能让更多的学生参与到课堂教学之中，教学效果必然会得到提升。
学习指南		1. 在完成任务过程中遇到问题时，通过洋葱数学微课以及课前自主学习内容得到完成任务的提示。 2. "任务一"利用平板电脑拼装三角形的操作体验是关键。 3. 总结归纳要利用好"任务一"中所给的条件。
		设计意图：本环节设计旨在强化和培养学生自主学习的能力、文字理解的能力以及动手实操的能力。总结归纳后，让学生深刻理解实践出真知的道理。
		课中自主学习资源设计

课中自主学习任务单					
序号	学习目标	学习内容	资源类型	应用意图	工具选择
1	全等三角形判定	利用已知的角和边绘制两个对应关系相等的三角形	数学软件、实践操作、视频、思维导图	在自主探究和分组讨论的过程中体会成功的快乐，提高协作能力和创新意识. 在分类探究中体会数学的严谨性，养成全面严谨的学习习惯。	几何画板①、洋葱数学
2		通过平移、旋转等方式验证三角形关系			
3		总结归纳边角边、角边角两种判定条件			
4		自学微课验证结论并完成相关练习	洋葱数学	验证结论、当堂检测	

① 几何画板是一款适用于数学，如平面几何、函数作图、物理矢量分析的动态几何工具，支持画线画圆，图形变化，测量和计算等功能！

第三部分　课后自主学习设计

		课后自主学习作业单
学习指南	作业名称	全等三角形的判定应用拓展训练作业单
		设计意图：让学生夯实基础，强化概念，拓展思考，深化对所学知识的理解与巩固，提高学习深度与广度。
	达成目标	运用判断三角形全等的方法，独立挑战完成下列习题训练，能根据课前、课中学习的判断三角形全等方法证明三角形的全等，并且能够从已知条件中判断出应该使用哪一种基本事实作为判定依据，提升知识的创新应用能力。 （1）全等三角形边角边判定习题应用 （2）全等三角形角边角判定习题应用 （3）全等三角形边角边、角边角综合应用习题 通过上面的习题挑战总结整理与全等三角形相关的知识。
		设计意图：让学生明确课后的拓展学习任务及要达到的目标和深度，提高学生学习成果的透彻性与学习思维的求变性、创新性，并且通过克服新问题增强学生解决困难的自信。
	学习方法建议	当你独立完成习题挑战遇阻时，可以使用以下方法解决： （1）完成作业过程中，通过扫描作业相应试题配置的二维码观看微课视频，回顾课上师生共同演绎推理生成知识的过程，从中获得启发。 （2）完成作业后，可以根据知识点或者按照章节整理老师所给的二维码，便于复习，使用并再次对有关新情境的相关类型题解法进行探究和整合，做到触类旁通。 （3）将你整理的知识点与学习伙伴或者家长一起探讨。
		设计意图：通过回看当时授课的情景重现唤醒遗忘的知识点，强化大脑对新知的认识理解程度。加深对课堂所学知识的理解程度，强化课上经历的知识点，并最终完成突破和能力的提升。对课前、课中没有分析到的新情境下的类型题进行再深化分析与辨别，培养学生的高阶思维、求异思维以及解决新问题的综合能力。

课后自主学习作业单	
	任务一：完成全等三角形边角边判定习题应用 任务二：完成全等三角形角边角判定习题应用 任务三：完成全等三角形边角边、角边角综合应用习题 任务四：通过上面的作业总结并整理相关知识体系
学习任务	设计意图： 1. 通过扫描二维码观看对应习题视频，并结合纸质笔记和课上已做练习题巩固在校所学知识。 2. 有针对性地根据所做试题遇到的困难再次回看视频，并根据需要暂停。这期间可以和伙伴或者家长沟通，增强团结协作能力，通过沟通强化知识的理解。 3. 完成作业单上布置的任务，并记录仍然存在的问题以便寻求老师解决，对知识的完整性进行查缺补漏。 4. 总结那些通过温习二维码视频才解决的问题，反思自己上课是否能抓住重难点听课，以及自身存在的对一些难点理解能力上的欠缺，以便以后不断加强相关方向的锻炼。 5. 收集整理二维码，可以按章节，也可以按几何代数类别分类整理收集以备以后使用，通过整理知识脉络，有效突破重点难点。
困惑与建议	让学生填写课后拓展自主学习过程中遇到的困难，以及给教师的教学建议，为下节课学习内容的导入创造条件。

续　表

课后自主学习作业单				
1	全等三角形的判定应用拓展	边角边判定例题解析	课堂教学生成讲解视频	通过回看当时的授课情景重现唤醒遗忘的知识点，强化大脑对新知的认识理解程度。加深对课堂所学知识的理解，强化课上经历的知识点，并最终完成突破和能力的提升。	EN5①、知识胶囊②
2		角边角判定例题解析		对课前、课中没有分析到的新情境下的类型题进行再深化分析与辨别。培养学生的高阶思维、求异思维，以及解决新问题的综合能力。	
3		边角边、角边角判定使用辨析			
4		作业总结并整理相关知识体系	思维导图	收集整理二维码，可以按章节，也可以按几何代数类别分类整理收集以备以后使用，通过整理知识脉络，有效突破重点难点。	

注：可利用录屏视频采集与处理、二维码生成等软件工具对有效资源进行再次加工生成高效资源，将创编后的资源制作成二维码，分类放置在课后拓展作业中，为学生拓展练习提供学习帮助，完成全等三角形的判定应用拓展训练学习目标。

【样例评析】

案例中课前、课中、课后自主学习设计紧扣课程标准，注重信息技术支持下的学习方式的变革与创新，关注常态下制约自主学习效果的学习资源问题的解决。

---

① EN5 是一款专门针对教学场景设计的互动课件工具，提供课件云同步、学科工具、思维导图、课堂活动、超级分类等多种备授课常用功能。

② 知识胶囊是 EN5 互动课件工具中的一个子工具，具有微课录制、屏幕录制、自动生成二维码、记录学习数据等功能。

第一，学习任务单与学习资源设计有效黏合，实现学得有法。

从学生自主学习需求角度出发，针对不同情境的学习需求将学习任务单与学习资源设计有效黏合，向学生提供任务目标要求、学习任务活动、学习方法和建议等引导性学习资源，方便学生有目的、有准备地开展自主学习活动。

第二，技术整合，资源多样，实现学习效果最优化。

依据学习动机理论，从学习兴趣出发，案例中的自主学习资源充分发挥数字资源多样的特点，为学生的学习提供丰富的学习资源。例如课前学习资源设计充分发挥了 EN5、剪辑师等工具极简优势，综合洋葱数学等学习资源优势，将原本抽象的全等三角形边角概念性知识利用动画视频让学生通过观察、动手操作测量等方法切实体会，从而实现理解全等三角形边角关系的学习目标。

与【案例启思】中的教学案例对比，样例中的自主学习资源设计借助了知识胶囊与洋葱数学这两个功能，充分发挥其互动功能，让学生直接动手操作体验三角形平移、旋转等变换过程，并找到变化之后的全等三角形的对应边和对应角。知识胶囊互动学习功能，激发了学生学习兴趣，还能够寓教于乐，提高学生练习的参与度，这个内容元素有利于培养学生的发散思维和提高探索新知的能力。

从样例展示的案例中不难发现师生的互动不仅仅是在课上，其实在自主学习中也可以实现。只要用好工具与资源，就可以用最简便方法，设计制作出能充分调动学生学习的积极性、寓教于乐、破解难点的优质自主学习资源。

第三，分层的学习资源支架，助力个性化学习的达成。

课中自主探究学习活动一直是课堂教学效率难点问题。一师多生，一师多问，老师在集中授课中难以分身进行个别指导，集中指导又不能满足不同层次学生的发展需求。课中自主学习支架性资源与引导性任务的设计则很好地破解了这一难题。在样例展示的案例中，老师借助自主学习资源从一师多生的窘境中解脱出来，实现一生一师。老师不仅可以有余力地进行针对性的指导，同时可以看到，由于学习资源的助力使得由低到高的分层教学得以实现，破解了学习能力强的学生吃不饱，学习能力偏弱的吃不好的教学难题。

第四，创新学习资源应用空间，实现把老师带回家的愿望。

案例中，教师"二维码自主学习资源"的推送破解了学生无法将老师带回家这一难题。教师通过班级的一体机，使用希沃白板 5 中的知识胶囊工具把知识留住。课上在讲解知识点前打开知识胶囊工具，白板上全部书写操作过程、教师讲解、学生互动的语音都将保存在云平台上，之后会自动生成一个可用的二维码，而且这种二维码方便易操作，不受空间以及硬件设备限制，形式多样化，解决综合问题的时候老师可以录制解题思路给予学生提示，学生会越用越灵活，从而实现"把老师带回家"的愿望。

第二节　技术支持下的自主学习检测

案例启思

　　案例1：某位年轻的初中生物老师在教学中非常注重讲练结合，在课前、课中、课后都会给学生布置自主学习任务，通过批改了解学生的阶段性学习效果。这位老师最近在讲解人教版生物七年级第二章第三节《开花和结果》一课时，遇到了一件力不从心的事。

　　课前，老师为学生们布置了纸质自主学习任务单，任务单考查学生对基本知识的掌握程度，还设计了六道测试题进行课前检测。

　　可第二天因为课节比较靠前，第二个班级的批改只完成了一半。于是老师在第二个班级上课时，只好用现场统计的方法了解学生们的答题状况。

　　老师："请全做对的同学举手……；请第一题做对的同学举手……；请第二题做对的同学举手……；请××同学说一说你做错的这题答案是什么？还有哪些同学和他错得一样？"

　　一位没被批改的学生："老师，第三题的答案能再重复一遍吗？"

　　一位已被批改的学生："老师，这道题批错了，我写的是……"

　　当老师对完答案并统计完答题情况后，时间已经过去了10分钟。老师备课的内容是以另一个班级的答题状况和自己的经验预设完成的，但在这个没批改完的班级，课上统计的过程中发现错题分布与另一个班级不一样。没有其他的辅助资源，老师只能口述解释答案。

　　老师花费将近半节课的时间解决课前遗留问题后才进入新授课环节。在课上练习过程中，老师遇到了第二个难题。学生在完成课上的学习检测时，老师在班级中走动批改，但是不能做到批改全覆盖，也很难统计答题准确率，所以老师在批改的几份卷子中找出共性的错误重点讲解……

　　老师："同学们，其他题还有问题吗？"

　　学生们陆续说出自己的问题，有的是共性问题，有的是个性问题……

　　下课后老师反思讲题过程，自己对于学生共性错误统计不准确，导致漏讲了部分习题，如果能及时掌握学生的学习情况，课堂效率会大大提高，还可以有更多的时间拓展知识，交流思想，实现深度学习。

案例2：某位英语老师为了纠正学生的语音、语调等错误，在平时教学中特意加入口语考查环节。（以下为英语老师课堂提问的汉语翻译）

老师："请A同学和B同学分角色朗读这段课文。"

老师："非常好，但是请A同学注意单词except的读音，B同学注意一般疑问句要用升调。"

老师随后又检查几组学生的朗读对话，出现了各种口语表达中常见的问题。

为了不影响课上教学进度，课后老师让学生们回家模仿课文录音。但是过了两周，老师在课堂上考查学生口语表达，发现学生们仍然存在各种口语问题。

课下，老师调查了几名同学回家后的口语练习情况，得到了如下反馈：

学生一："老师，我跟读了，但是我听不出自己哪里不对。"

学生二："老师，我回家给我妈读了，可是她听不懂。"

学生三："老师，有的单词读音我不确定。"

……

通过学生们的反馈，老师意识到学生回家之后的口语练习效率并不高，并且在没有专业老师的纠正情况下，学生很难改正自己的发音错误。老师在校期间很难做到听完并评估每个学生的口语表现。口语能力是一个日常积累的缓慢过程，学生从一点一滴中不断积累和纠正，一旦错误的表达形成习惯再改就更难了，为此老师非常苦恼。

问题剖析

生物老师的课程设计体现了"以学定教、先学后教"的教学理念，案例中的问题也反映出教师及时、准确掌握学生自主学习效果的重要性。虽然老师在课前、课中、课后都有意识跟踪学生的学习轨迹，但因缺少有效的辅助检测手段，导致不能客观、精准、及时地掌握学生的自主学习效果，调整自己的教学，使课堂留有遗憾。

在课前学习效果检测中，老师使用纸质学习检测单对学生进行考查。这种纸质任务单有一定的局限性。第一，纸质任务单只能考查部分技能理解类学习任务，对于文科中的朗读、背诵、听力等内容无法进行考查。第二，纸质任务单检测结果的反馈需要一定的时间，加上批改、统计、分析的时间，如果课前时间不充分，很难使课堂达到理想效果。第三，教师人工批改量大，存在误差，很难做到精准评估并关注学生的个体差异。

课中老师在新授课的环节中也加入了随堂检测，以提问、互动课件、纸质检测单的方式考查个别学生的掌握情况。点名、抽查都带有随机性，老师没有办法通过全班学生的作答情况给予相应的讲解和重点强调。课中使用习题检测单，老师只能通过流动批改、个别抽检以及经验预设来形成课上检测结果的讲解。其实还是由于人工批改的效率局限，教师没有办法更灵活地根据学生情况微调教学进度。

课后老师以微课和课后检测单的形式，对出现的问题再次进行巩固训练。针对本节课的内容，如果老师能够及时在上课前、上课时就充分了解学生的自主学习效果的话，有部分内容就可以在课上或者小组互助中解决，学生复习的压力就会减少很多。

英语老师的口语检测很难做到全面且准确，老师在课上考查学生记忆及口语表达的方式单一，通过个别抽查很难发现存在的问题。以学生为中心的教与学，不仅要求老师精准掌握学生的学习情况，学生也应该得到自己学习行为的及时反馈，得到自己学习效果的客观认识，进而促进学生主动解决问题。

而且，学生回家后的复习辅导资源有限，家长无法代替老师纠正学生的发音以及给出改善的意见。长期得不到纠正的错误会累积成错误的习惯，对日后的学习产生巨大的影响。

通过课前、课中、课后的自主学习任务检测分析，集中的问题主要有以下三个方面：

一是，自主学习任务的检测方式过于单一。一些学科知识点无法考查，检测形式只能以书写形式完成。

二是，检测结果反馈不及时。由于人工批改的时间具有局限性，尤其是课上教师很难获取全班学生的学习检测结果，从而无法精准地定位学生的学习盲区和知识漏洞，无法微调教学进度。

三是，检测结果数据不客观，分析数据费时费力。教师在批改时难免存在漏批、错批的现象，所获取的数据也需要老师每人、每题进行统计，这样不但增加了老师的备课任务量，而且数据不能保证精确性。

解决策略

从以上的案例中可以看出，教师对于学生的自主学习效果把握存在不及时、不全面、不客观等现象，无论课上与课下，精准的学情把控能为教师及时调整教学重点与进度提供方向性借鉴。学生的自主学习发生在预习、学习、复习的全过程中，为获取阶段性的检测数据，有效进行精准教学，我们构建了"基于数据模型的检测方法"。

一、"基于数据模型检测"建构背景

从教学目标出发，该模型设计的初衷是对学生学习跟踪数据的收集与应用。随着信息技术的发展，学生的学习方式发生了很大的改变，学习的空间由课内延展到课外，学习的时间由固定变为弹性。自主学习的多样性对老师跟踪学生的学习效果的检测方式提出了更高的要求。由于自主学习贯穿了课前、课中、课后全过程，数据化的学习检测分析为教师和学生提供了科学性、指导性的建议。所以为了让数据模型具有兼容性和实用性，我们要了解大数据支持下的检测数据方法的适用条件。

（一）外化内在学习行为

学生的自主学习的效果需要变得可观察、可评测。对于不同的学科、知识结构、知识内容，评测方式不尽相同，对于识记、技术类的知识可以通过简单的题型检测学生的学习效果。但是对于一些内在的综合能力的考查需要教师设计相应的考查方式使学生的隐性能力直观化。如英语的即兴演讲能力考查学生的综合语言运用能力，其中包括语音、语法、跨文化交际能力等。教师需要对评测内容制定考查各方面的评价标准，才能科学剖析学生的能力水平。只有将学生的学习效果完全外化为可视的元素，才能实现数据监测的准确性。

（二）监测方式多维可信

教师对学生学习效果的检测不能只停留在正确率上，应该针对不同的学习内容制定相对统一、多维的检测方式和标准。如学生的持续性学习状态是否能保持在基本稳定且稳步上升的状态，如果学生几次的检测成绩起伏较大，教师就应调整相应的学习内容，考虑学习内容的难度是否适合此类学习基础的学生，或者其他因素干扰影响检测结果。同样的检测内容学生是否利用相同的时间完成，如果相同结果的两名学生一个用了 10 分钟完成，另一个用了 30 分钟，虽然检测结果一样，但是两位学生的知识掌握程度并不相同。

二、"基于数据模型检测"技术模型概念

"基于数据模型检测"技术模型是基于奥苏贝尔的"认知—接受"学习理论，根据学科和知识特点，利用现代信息手段支持收集学生的自主学习效果

跟踪数据，从而破解检测方式单一、反馈不及时、数据不客观等问题的方法模型。该模型从明确检测目的、编制检测提纲、确定检测形式、数据统计与分析四个方面，精确、客观地利用大数据指导教师教学和学生学习。

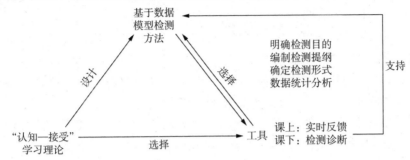

（一）理论依据

奥苏贝尔根据逐渐分化和整合协调的教学原则，提出了"先行组织者"这一具体的教学策略。教师在讲授新知识之前，先给学生提供一些包摄性较广的、概括水平较高的学习材料，用学习者能理解的语言和方式来表述，以便给学习者在学习新知识时提供较好的固定点，将它与原有知识结构联系起来。

新旧知识的衔接、课前自主学习与课上学习内容的衔接，需要教师根据学生的自学结果检测数据来判断学情，进而设计和组织教学活动。要完成学生知识链接的过程不仅需要老师根据教学内容、学习对象、学科特点设计合适的学习素材，还要有学生的学习过程和结果的数据支撑，才能合力指导教师教学和学生学习。

（二）方法步骤

1."基于数据模型检测"方法

基于数据模型检测要求学生在课前按照教师设计的预学要求完成指定的预学任务，并通过网络、软件平台反馈给教师；教师在课前及时通过网络检查学生的预学内容，了解学生对本节教学内容的理解程度和存在的问题，并根据学生的实际情况对本节的授课内容、方法策略和教学进度、教学设计进行调整，以适应不同学生的认知发展水平和认知发展特点的目标。

2."基于数据模型检测"步骤

步骤一：明确检测目的。

在建构主义学习环境中，因为注重学生为认知行为的主体，也是意义结构的建构者，在自主学习中，老师应该利用大数据分析学生的已有经验、学生的学习能力和心理接受能力，横向、纵向地比较课前、课中、课后学生的整个学习行为，收集形成性评价数据和总结性评价数据，进而有针对性地设计学习活动和内容。

从学生的角度来说，自主学习内容和老师的引导是建立新旧知识关系的过程，帮助学生明确各个阶段的知识体系，并能够将其内化为思想与能力，帮助学生继续提高认知水平和完善知识结构。所以及时的学习效果反馈有利于学生调整自己接受知识逻辑和整理知识体系。

检测数据的采集能反映学生的自主学习过程和结果，教师可借助相关的信息技术手段统计数据做出更科学、客观的教学决策。教师要认真研读学科课程标准，进行本节教学目标分析，确定实现教学目标所需完成的具体教学要求和教学步骤，即"子教学目标"，这是设计和编写检测内容的必要前提，之后确定具体的教学内容和知识点顺序。

例如：某位七年级的生物老师设计《开花和结果》这一课的教学目标如下：

知识目标：概述花的基本结构；概述传粉和受精的过程；阐明花与果实和种子的关系。

能力目标：通过对花的解剖观察，培养学生观察能力；通过描述传粉和受精的过程，培养学生口头表达能力。

情感态度与价值观：引导学生观赏花，了解花与果实形成的关系，适时进行爱护植物的情感教育。

开花之后会结出果实，这是学生司空见惯的现象，并不稀奇。但是对于由开花到结果的具体过程，中学生能了解多少，如花的结构、传粉方式或是子房中的发育过程，这就需要教师在课前进行一个精确的摸底分析。那么在课前这位老师需要通过了解学生对开花到结果的具体过程知道多少来完成《开花和结果》这节课的教学设计。为了能够精确了解学生的已有相关知识，该老师提前设计了六道选择题给学生。

步骤二：编制检测提纲。

建构主义学习理论认为，教师和外界环境的作用是为了帮助和促进学生的意义建构。学生通过多元自主学习资源的学习和效果检测结果，能够逐渐归纳出知识本身的内在关联，促进认知结构的更新。

检测提纲结合教学目标进行自主学习检测首先要设计自主检测提纲，自主检测提纲包含检测目标、检测内容及要求、检测试题三部分。三部分相辅相成，帮助学生完成整个自主学习的过程数据收集。下面就是针对《开花和结果》这节课课前检测所编制的检测提纲。

首先，检测目标。

考查学生对开花到结果的具体过程相关知识的了解程度。本课是这一章的最后一节，学生在前面两节课的学习中，通过探究实验、调查等活动，亲身体验了绿色植物从萌发到生长的过程，生动有趣。而本节课并没有安排探究实验，在日常生活中学生也很少有机会看到从开花到结果的全过程，理论知识较抽象，要调动学生的积极性。教师必须想方设法把抽象的知识形象化地展现在学生面前，而且要精心设计问题，让学生自己发现问题、提出问题，一步步探究出结论，从而解决问题，获得知识。那么对前面知识的掌握程度以及相关知识的了解程度的考查以及数据的收集就是此次检测的目标。

其次，检测内容及要求。

由于九年一贯制学校的特点，七年级学生绝大多数都是从小学直升初中的，科学课曾讲过有关种子和果实的内容，比较浅显并未涉及开花到结果的过程。因此老师通过问卷星课前设置的几道题来了解学生现有水平，通过数据进行分析：

第一题和第二题检测学生对于花的结构如花瓣、雄蕊、雌蕊、花柄以及雌蕊中的花柱和子房的掌握程度，内容相对基础。需要学生明确整体结构——花的11部分，重点区分雌蕊、雄蕊的组成。第三题考查学生对教材中玉米和鼠尾草的花的熟悉程度，要会辨别风媒花和虫媒花。第四题考查自花传粉和异花传粉相关概念。本节的难点是受精的过程及受精后子房的发育，这两部分内容都是微观的，学生在日常生活中是无法看到的，所以只设置了一道西瓜籽是从哪部分发育而来的题。第六题考查对人工辅助授粉的理解。

最后，检测试题。

亲爱的同学们：开花和结果是我们日常生活中常见的现象，那么你了解花的结构吗？它们的传粉方式怎样？子房中的发育过程又是如何的呢？请完成以下题目。

1. 花的结构有哪些？（　　　）

A. 花瓣 　　　B. 雄蕊 　　　C. 雌蕊 　　　D. 萼片 　　　E. 花托

F. 花柄 　　　G. 子房

2. 对绿色开花植物而言，一朵花中最重要的结构是（　　　）。

A. 雄蕊和雌蕊 　　　　　　　B. 雌蕊

C. 花柱 　　　　　　　　　　D. 雄蕊

3. 传粉需要一定的媒介，下列植物在自然情况下借助风媒传粉的是（　　　）。

A. 桃 　　　B. 玉米 　　　C. 鼠尾草 　　　D. 向日葵

4. 自然界中传粉的方式有哪些？（　　　）

A. 自花传粉 　　　B. 异花传粉 　　　C. 自花传粉和异花传粉

5. 炎热的夏季，人们吃西瓜时留下的西瓜籽是由花中的_____结构发育而来的。

A. 子房 　　　B. 胚珠 　　　C. 子房壁 　　　D. 花柱

6. 在种植蔬菜的塑料大棚里，人们常常放养很多蜜蜂。其主要目的是（　　　）。

A. 为了获得蜂蜜 　　　　　　B. 为了观赏

C. 为了帮蔬菜传粉 　　　　　D. 为了帮蔬菜传播种子

步骤三：确定检测形式。

针对不同的学科特点和知识多样性，设计不同形式的检测能够给学生带来不同的学习体验。在信息技术手段的辅助下，不同的题型如选择题、填空题、文本朗读、配音等形式，可以增加学生参与的兴趣。各种检测平台、软件所提供的数据既可以减轻教师的工作量，提高学习效果的反馈效率，也同时外化学生的学习行为。测试的形式要考虑以下几个方面：检测内容是否适合采用标准化的测试题，数据和结果的呈现是否直观，如何将不同的检测形式分类到不同的考查内容中。

比如为了及时、全面、客观地把握学生的自主学习效果，老师将课前检测利用问卷星软件制作出来，代替以往传统的纸质预学案。学生可以提前一天甚至只需在课前花几分钟的时间通过问卷形式回答几个问题，相关数据同步产生，解决了需要花费大量时间批改和统计的问题，提高了工作效率，同时省去了制作、印刷、下发、收取的过程。这种利用手机小程序或者 App 的方式设置的检测形式给老师和学生在空间和时间上都带来了极大的解放。教师的备课使用工具只需要一部手机，学生在家长的监督下随时随地就能够完成检测。而且问卷的形式又和现代社会的发展相契合，形式上更容易被现在的学生所接受。

步骤四：数据统计分析。

学生自主学习过程的数据可以为老师提供更加精准、客观的学情，能够体现为学生设置的自主学习内容是否符合学生的心理认知、学习能力等，不同学习习惯的学生是否能够适应这样的教学内容安排，是否需要老师给予学生更多的辅助学习资料与调整教学计划等。

该生物老师利用了问卷星的统计功能，我们看到了如下数据：

1. 花的结构有哪些？（　　）【多选题】

正确率：42.34%

选项：	小计：	比例
A.花瓣（答案）	105	94.59%
B.雄蕊（答案）	100	90.09%
C.雌蕊（答案）	97	87.39%
D.萼片（答案）	90	81.08%
E.花托（答案）	84	75.68%
F花柄（答案）	82	73.87%
G子房（答案）	76	68.47%

2. 对绿色开花植物而言，一朵花中最重要的结构是（　　）。【单选题】

正确率：91.87%

选项：	小计：	比例
A.雄蕊和雌蕊（答案）	113	91.87%
B.雄蕊	5	4.07%
C.花柱	2	1.63%
D..雄蕊	3	2.44%

3. 传粉需要一定的媒介，下列植物在自然情况下借助风媒传粉的是（　　）。【单选题】

正确率：34.23％

选项：	小计：	比例
A.桃	6	5.41%
B.玉米（答案）	38	34.23%
C.鼠尾草	49	44.14%
D..向日葵	18	16.22%

4. 自然界中传粉的方式有哪些？（　　）。【单选题】

正确率：83.78％

选项：	小计：	比例
A.自花传粉	8	7.21%
B.异花传粉	10	9.01%
C.自花传粉和异花传粉（答案）	93	83.78%

5. 炎热的夏季，人们吃西瓜时留下的西瓜籽是由花中的_____结构发育而来的。（　　）【单选题】

正确率：60.36％

选项：	小计：	比例
A.子房	29	26.13%
B.胚珠（答案）	67	60.36%
C.子房壁	9	8.11%
D.花柱	6	5.41%

6. 在种植蔬菜的塑料大棚里，人们常常放养很多蜜蜂。其主要目的是
（　　）【单选题】

正确率：73.87%

选项：	小计：	比例
A.为了获得蜂蜜	8	7.21%
B.为了观赏	3	2.7%
C.为了帮蔬菜传粉（答案）	82	73.87%
D.为了帮蔬菜传播种子	18	16.22%

从第一题和第二题的数据发现学生对于花的结构如花瓣、雄蕊、雌蕊、花柄的掌握还较清楚，对于雌蕊中的花柱和子房就比上面几个差一些，但总体上对于花的结构这部分内容学生有一定的基础，教学中教师需要明确整体结构——花的11部分，重点区分雌蕊，雄蕊的组成。第三题学生对教材中玉米和鼠尾草的花显得比较陌生，无法根据经验判断出哪一个属于风媒花，明显看出学生根据经验排除掉桃花和向日葵，能够从字面上理解风媒的意义，所以对于风媒花和虫媒花，以及像第四题自花传粉和异花传粉这样的概念学生是很容易掌握的，授课时给予适当的引导，学生就可以很轻松地掌握概念。本节的难点是受精的过程及受精后子房的发育，这两部分内容都是微观的，学生在日常生活中是无法看到的，所以只设置了一道西瓜籽是从哪部分发育而来的题，我们发现学生正确率能达到百分之六十，胚珠是从来没有涉及的内容，但是由于前面我们学习过种子的主要结构胚，所以在这里学生对知识产生了迁移。而实际上胚珠完成受精后就能够发育成种子。所以在授课时可以利用这一点，加深胚珠将来发育成种子这个概念。第六题对人工辅助授粉的理解，正确率达到百分之七十以上，所以人工辅助授粉不是难点，学生根据自己经验就可以判断，授课时加以解释即可。有了上述数据为依据，教师就能比较客观地进行本节课的教学设计。

(三) 工具选择

这里的工具主要是指本模型中确定检测形式中所要应用到的资源工具与方法工具，结合不同检测环节的需要，要选择适合的信息技术手段助力检测环节完成。

1. 工具分类原则

检测工具的选择在一定程度上受学科、内容、时间、地点、学情等多方

面因素影响。在选择适合的工具时，要充分考虑工具的使用是否真正提高了检测效率、获取了精准的学习数据，以及是否能够让老师和学生改善接下来的教学和学习路径。按照自主学习环境我们将工具划分为课下和课上两类。

课下：一起中学、洋葱数学、每日交作业、问卷星、希沃智能助教等。

课上：畅言智慧课堂、反馈器等。

2. 工具应用

根据所选方式的不同，各种工具在使用的过程中要深度挖掘每种信息技术在检测环节的应用，以不同的形式应用到课下与课上的自主学习检测之中。

（1）课下自主学习工具应用方法

课前自主学习的内容一般是老师根据学生的已有经验，找到新授课知识点中适合学生独立学习与完成检测的内容。如果学生能够实现在家中用手机终端辅助学习与检测的话，技术工具就可以辅助教师收集学生的学习过程数据，可以利用类似"洋葱数学""一起中学"等软件完成课前自主学习任务与检测。

例如：初中七年级的某英语教师使用"一起中学"完成学生口语能力考查的目的。结合英语课程标准中口语三级的要求，教师将每个单元的话题分解成口语训练的小目标，通过"一起中学"软件推送给学生进行课前自主学习。

学生使用手机终端，可以在家中练习跟读单词、动画配音等。比如，在"一起中学"软件的动画配音资源库里，老师根据学生的英语基础为学生推送难度、长度适宜的动画配音片段。学生在观看、跟读、练习之后，看画面和字幕配音，完成的作品保存在自己的账号中，系统根据学生配音的口语表达准确程度打分。学生不仅可以回看自己的配音成果，也可以看到其他同学的作品。

教师使用手机移动终端查看全班学生的完成情况，立即获取学生的口语评测结果，并在查看学生配音片段中找出语音等方面的不足，从而进一步制定课上指导计划和个别学生的辅导安排。对于班级的学生口语状况，教师通过反复回看与分析，准确地掌握了每个学生的口语问题，班级学生的口语表达能力也日益提高。

工具使用意图："一起中学"软件是一种适用于远程学习与检测的英语软件，教师通过软件中听力、口语、语法、阅读、写作等检测内容得到学生学习过程的数据，如：每题的准确率、每个学生完成检测的时间、班级范围内阶段性的高频错题等数据，直观且客观的数据是教师进行下一步学习指导的重要依据。工具减少了人工批改和统计的误差，提高了数据收集的效率，学生通过形式各异的检测环节也可以清楚地知道在学习过程中出现的哪种问题，及时调整学习策略。

　　课后的复习与巩固是新授课之后的必备环节，课后的巩固可以为纸质的识记或者基础练习，也可以是通过移动终端完成的在线练习。教师可以根据不同的内容，将课后的复习与巩固与新授课的课前自主学习相关联，引导学生建立新旧知识的联系，促进学生形成完整的知识架构。对于一些需要学生上传文本、图片的开放性问题，检测方式可以选择微信软件中的"每日交作业"小程序。小程序会统计本班学生完成情况，教师利用手机终端可以随时随地查看学生的作业完成情况。

　　工具使用意图：每个信息技术工具都具有自己独特的优势，挖掘每个工具的适用范围能够有效助力教师和学生课下的联系。在"每日交作业"小程序中，教师既可以对学生上交的作业进行批改、打分、文字和语音反馈，也可以利用小程序的提醒功能督促学生养成好的预习和巩固的学习习惯。这样有针对性的指导更能辅助学生完成这一阶段的学习，以便进入下一个发展区，完成更高阶能力的任务。

　　（2）课上自主学习检测工具的选择

　　课中的检测需要学校具备智慧环境或者配套的硬件、软件设施，所以课上收集全班的检测数据有一定的环境限制。但是具备智慧环境的学校可以充分利用平板电脑、反馈器等设备完成精准数据的收集。

　　例如：在学校的智慧教室里，老师利用平板电脑做技术支撑，讲解风媒花和虫媒花这部分内容。介绍完传粉方式之后，在屏幕上展示出一朵玉米花和一朵鼠尾草花，然后利用智慧课堂软件的随机选人功能，随机选出几名学生，如果你是小蜜蜂会选择哪朵花？学生会说出选择鼠尾草花的理由。老师通过活动的方式区分风媒花和虫媒花，之后又设计了一个分类活动进行区分风媒花和虫媒花的检测。

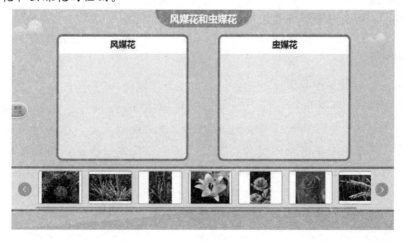

学生在平板上可以自行将答案拖动到方框里，教师可以实时看到答题的正确率，和学生一起找出典型进行纠错。这样的小检测可以快速、高效、及时地为教师提供学生对知识的掌握情况，为教学提供有利的抓手。

在子房发育成果实这一过程中，教师先播放了一段视频，将抽象的内容形象生动地展示给学生，然后又设计了一个分类活动，用以检测学生观看完视频后，是否掌握了视频中的要点。

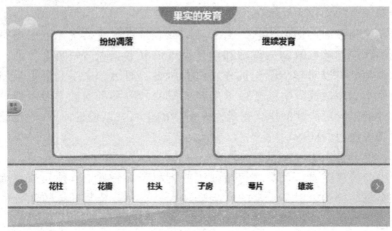

新课结束后，为了检测学生本节课的学习效果，老师利用智慧课堂发起了在线作业，学生在平板上作答完后，教师能够在大屏幕上的教师端看到完成情况和每道题的正确率，进而有针对性地进行详细讲解。

工具使用意图：智慧环境下的师生平板电脑互联增强了学生的参与性，对于每一次的检测，学生都可以通过手中的平板电脑向老师反馈学习结果。平板电脑操作简易、实用性强、涉及面广，有利于老师及时获取学生学习过程数据，从而微调上课进度和重难点倾向。

样例展示

华师版初中数学七年级上《角》自主学习检测设计。

本案例内容包含课下、课上自主学习检测设计以及学生、教师的课后反思总结。教师首先根据教学目标与课程标准确定检测目的，根据学生基本认知与自主学习能力编制检测提纲，制作自主学习检测任务单，通过极简信息技术形式收集数据并给出相应的分析。

第一部分 课下自主学习检测设计

课下自主学习检测	
学习任务名称	华师版初中数学七上第四章《角》
技术手段工具	洋葱数学——洋葱数学依据国家课程标准和教材，自主研发了超过2000个富有创意的动画视频课程，并配有在线课程学习检测功能。学生可以利用App在移动客户端或者台式电脑使用。 希沃易课堂——希沃易课堂是一款常态化智慧课堂应用工具，覆盖课前、课中、课后全教学流程，用简单实用的工具改变传统教学方式，打造全员参与、互动生成的智慧课堂。 微信群——课下分组讨论集中场所，分享心得体会，彼此评价学习成果，互帮互助。
检测达成目标	1. 本节课要求学生掌握角的不同表示方法，会度量角、用角表示方位；会比较两个角的大小，会计算两个角的和差；会计算有关余角、补角的简单问题；在理解角的有关概念的基础上，会进行图形语言和符号语言的转化。 2. 通过自主学习新的知识，为接下来要学的内容做好铺垫并初步整理本节课的思维导图。小组上传分享思维导图并统一汇报观看视频收获。 3. 通过重复观看课前自主学习视频，完成相关知识的对应练习，强化巩固角的有关概念，提高学生数学概念的辨析能力。通过微课预习数据反馈，教师可以调整上课节奏。
检测提纲设置	本节在学生原有角的概念的基础上，通过丰富的实例，使学生进一步认识角，认识和角有关的各种基本概念与关系。教材按照"角的表示和度量，角的比较和计算以及特殊角关系的角"的顺序呈现相关内容，在带领学生探索概念和性质的过程中，进一步发展学生的空间观念，所以，本节内容无论是在知识、数学方法还是对学生能力的培养方面都是非常重要的，所以需要设置多样的测试与练习形式，如选择题、填空题、匹配题、问答题等，并按照以基础题为主提升题为辅的结构设置自主学习检测单。

续 表

课下自主学习检测	
检测手段方法	1. 在洋葱学院教师端选择对应教材版本，找到《角》的对应课节。 2. 使用配套课件一键生成预学资源。系统会自动将微课植入课件，并配置相应的习题供学生自己检验预学效果，并第一时间将数据同步到教师移动终端。 3. 教师通过学生预学情况的相应数据，了解知识点掌握程度以及哪些问题是普发的，哪些是个例，然后继续推送资源。资源包含微课重点片段的回看，以及错误习题的同类型试题训练。 4. 系统自动生成易错问题资源库用于强化训练和纠错训练。 5. 教师结合分析学生的答题情况与检测目的从而调整第二天的教学策略，对学生没有完全掌握的薄弱知识点进行重点讲解，对重点同学进行及时关注，实现有效预习，及时诊断，提高统计效率与反馈速度获得可视化结果。
课下学习 效果反馈	
	洋葱数学 App 会对每位学生观看微课视频是否认真进行反馈，学生的答题情况也能进行迅速准确的数据呈现，针对不同层次的学生，教师也可布置差异化作业，进行差异化教学。

课下自主学习检测	
课前检测任务	任务一：学习角的相关概念 (1) 通过洋葱数学学习新课程，学习角的动态定义和静态定义，以及角的分类。 (2) 暂停视频，回答视频中的相关知识点问题。 (3) 完成后台智能系统自动生成和教师根据反馈情况推送的在线检测习题。 任务二：自主学习后，与小组成员进行交流 (1) 交流自己的困惑与收获。 (2) 分配第二天课上小组成员的汇报任务。
课后检测任务	1. 将本节课所学内容梳理清晰后利用思维导图整理出来，与同学们分享并形成资源保留。 技术支持：Xmind 思维导图呈现知识脉络 2. 整理测验与练习生成的资源库。

第二部分　课上自主学习检测资源设计

序号	目标	学习内容	资源类型	应用意图	工具选择
1 讲	角的表示方法	结合具体例题，强调角的表示注意事项	智慧课堂 iPad 视频	教师通过讲、练、考巩固学生薄弱知识点，学生用智慧课堂 iPad 进行练习，对知识点情况进行当堂高效数据反馈，教师运用迁移规律教学，为学生搭建梯子，突破难点，提升学生思维品质。	洋葱数学 App 数据反馈
2 练		根据学习情况数据，有针对性地进行提问			希沃白板
3 考		精选练习对学习效果进行在线考核			希沃易课堂

【样例评析】

案例中教师课下检测准备充分，检测目的明确，检测形式符合学情，学生从自学到自测，从自批到自改的课前学习检测，真正实现了自主检测。教师技术应用合理，学生突破重难点水到渠成。课后教师善于总结反思，形成自己的信息化教学策略。

第一，优选的信息资源，丰富自主测验的活动形式。

初中数学中的几何学基础课程趣味性不强，知识背景匮乏，引课往往是生搬硬套，直接下定义做规定导致学生学起来兴趣不足，但是作为几何学基础课程又是非常重要的。本节课利用洋葱数学开发的微课作为预学视频资源，解决了上面的问题，妙趣横生的语言描述、合理风趣的背景植入，使死板的知识活跃起来，学生通过眼睛看、耳朵听得到的知识更容易接受，为后面开展自测打下了坚实的基础。

第二，及时评价，高效反馈，为教学策略调整和差异化学习支持提供依据。

教师把预设的测试问题推送到线上完成，提高了在校的工作效率，省去了排版、复印、分发、收取一系列的工作。而且可以随时发放调整，打破了时间、空间的制约。师生互动随时都可以建立起来，学生做完试题教师同步获得数据，学生同步得知对错。师评、自评的效率得到了最大优化，教师可以根据数据快速地对教学设计做出调整，掌握符合学情的知识重难点，了解学生个体差异，便于针对性教学。学生可以第一时间自检自查，通过对错知晓初步预学成果，对难点错点进行反复自学，既养成了独立思考解决问题的习惯，又提高了面对困难不屈不挠的意志品质。

第三，分析数据，掌握学情，自主检测学习提高学习兴趣与积极性。

教师通过对收集的数据进行有效的分析，掌握学生第一手学情从而设计出最为合理的教学设计。学生课上学习的效率以及接受的程度也会大大提升，并且通过个性化数据的分析，教师可以随时关注那些具有差异问题的学生，这样有利于课上单独设置一些问题。合理的教学设计、有温度的个性化问题会提升学生的参与度和求知欲，循序渐进地获得成功。

第四，总结反思，塑师成策，自主检测让师生都从中受益。

高效的优质备课、授课是教学相长的。自主学习检测本质就是要培养学生自我学习的能力，让学生做学习的主导者。进入信息技术 2.0 时代，信息化的学习方式往往更容易被现在的学生接受，互联网和移动设备的使用让知识更加生活化，学生的参与感更强，老师调动学生的积极性也相对容易。而不断的实践也会让教师对信息技术与教育教学的融合更加认可；方式方法的多样化，会让教师体会到信息技术与教育教学是相辅相成的，最终促使教师形成自己的教学策略。

第三节　大数据个性化学习指导应用

案例启思

　　某老师是一名刚刚参加工作的初中数学教师，只承担七年级一个班的教学工作。她每天认真备课，在教学中投入了百分之百的热情与精力。在讲授华师版七年级上《立体图形及其表面展开图》的单元学习课时，通过了解，她得知同学们在小学阶段已学过相关知识，而且掌握得都不错。于是，老师设计了这节课的预学案，采用自主学习的方法，把学习的主动权交给学生，并给学生布置了制作立体图形的手工实践作业。第二天上课，老师依次解决预学案上的问题。

　　老师："第一个问题，请说出常见的立体图形。"

　　学生甲："正方体、长方体、球体。"

学生乙："三角形、梯形、长方形、圆形、金字塔形。"

学生丙："三角体、圆体、椭圆体、圆锥体。"

学生丁："老师我忘了，没写，不，不是，我不会……"（声音越来越小）

老师越听心越乱，不是学过吗？怎么会答成这样?!

学生们对立体图形分类混乱，老师只能暂时往下进行。预学案的第二个作业，制作一些常见的几何体。老师想，名称叫不准可以重新记忆，立体图形会制作就能够掌握结构特点，那么初中部分的重难点就不难突破。

老师："同学们，昨天老师布置了手工制作的作业，请拿出你做的作品，让老师检查一下。"

不一会儿学生们的桌面上都摆出了各自的"作品"，不过也有几名同学桌子上什么都没有，有的低头，有的目光闪烁。老师皱了皱眉，走向有作品的学生进行检查。看了几名同学的"作品"，老师刚燃起的希望又破灭了。预想着学生会拿来一个完整的可以随时打开闭合的立体图形。可大部分学生拿来的都是一片一片的侧面，很难拼接在一起，而且通过观察发现，即便是用透明胶带固定各个部分，很多也都是不匹配的，甚至有的拼接之后还出现了不足或者多余的情况。老师万分焦急，泪水在眼眶中不住地打着转，只能发一张复习试卷先让学生们做题，课后再想办法去解决出现的问题。

问题剖析

该教师设计课前预学案的想法是好的，想要帮助学生回顾小学学过的立体图形相关知识，并且用问题做牵引为新授课做准备。但是实际上课堂得到的反馈效果却和教师的预设差距很大，不但没有起到作用，还打乱了教师原本的授课计划。

我们可以通过课上学生回答问题的情况来帮助该教师分析原因。

第一，教师不能及时得到学生自主学习情况的反馈结果。她想帮助学生们复习小学学过的立体图形知识，但对于长时间不接触的知识，学生自然会出现遗忘和混淆的情况。比如：立体图形和平面图形的区别，教师不能在授课前得到有效数据，就不能适时调整教学指导策略。

第二，对学生自主学习出现的问题，不能精准诊断，很难实现个性化教育。在自主学习过程中一些不愿意、不认真完成预学案的学生，教师不能精准诊断他们出现的问题，不能进行一对一个性化指导。要改变这部分学生的学习态度等一系列的问题，我们需要对每一个学生的情况有一个更深层次的了解，从整体到个体，甚至是小的细节都不能忽视。那么就应该采集相关数据并根据数据情况给出正确的对策，从而指导学生高效、合理地个性化学习。

第三，自主学习任务的难度不能合理控制，不宜制定个性化学习任务清单。通过课上学生糟糕的手工作品的反馈可知，每位学生原有的认知水平参差不齐，教师没能充分了解学情，课前布置的手工作业难度有点大，如果课前她能及时获知学生制作过程中出现的问题，并及时给予针对性指导，布置分层任务，课堂效率就会大大提高。

解决策略

在上述案例中，我们在获取检测结果后，从指导过程中发现，在学生自主学习的每个阶段都对应着该学习阶段的指导与评价。通过理论和以往经验的指导，自主学习阶段出现的共性和个性问题，我们总结出了"分层—推送—指导"的方法。

一、"分层—推送—指导"模型背景

由于每个学生的元认知不同，对于共性问题和个性问题的指导方法就会有所差异，为不同学习能力层级的学生推送合适的指导资源和个性化指导，能有效地让学生们从初步自主学习，进阶到深度学习，进而提高到能力应用的层面。

二、"分层—推送—指导"技术模型概念

信息时代教育以差异化学习为基本特征，学习方式也从标准化"班级授课制"向"差异化和个性化学习"过渡。在基于第二节技术支持下的自主学习检测中，按照学生的自主学习效果分层，为其推送合适的学习指导资源，辅助学生自发调整学习策略，针对学生的共性和特殊问题，老师给予进一步的学习指导。该模型是可以解决能力分层、资源推送、学生自查、老师补充指导的方法模型。

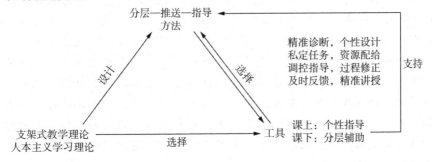

（一）理论依据

支架式教学是在苏联心理学家维果茨基"最近发展区"理论基础上发展而来的教学方法。维果茨基提出辅助学习的概念，认为人的高级心理技能，如对注意力的调节以及符号思维等，在最初往往受到外在因素的调节、辅助，而后才逐渐内化为学习者的心理工具。适合的支架能够帮助学生一步步整合所学的知识，并建立起阶梯目标，从知识的认知、建构，到最后内化为自己的能力和思维，从外界干预指导逐步自我约束评价向更高一层目标努力。

罗杰斯的人本主义学习理论认为教学的目的在于培养"全面发展的人"，罗杰斯强调"以学生为中心"，但是并没有明确规定教学的程序，但是提出了有利于学生自主学习的教学措施，如：让学生对自己的学习进行自我评价，教师和其他同学对学生的自我评价给予反馈。前期的学习与学生对自己学习结果的评估，加上老师和其他同学在整个学习过程中的辅导、启发，才能使自主学习的整个过程形成闭环，并且良性循环助力学生下一阶层的学习。

（二）方法步骤

步骤一：精准诊断，个性设计。

对于学生的学情精准诊断，主要是以数据为参考的以学生为中心的评价。在学生的学习轨迹和行为数据中，动态地调整教学方式和教学计划，能够实现学生个性发展与能力的全面提高。在现代信息技术支持的数字化学习环境下，学生的学习方式发生了巨大的变化，学生的学习内容变为正式与非正式相结合的模式，学习空间也不仅局限于课堂。这要求对学生学习过程数据的收集、分析方式更加多元化，才能全面且精准地给予学生有针对性的指导。

根据学生自主学习的数据分析，对学生的前置学习效果进行分层，对测试题进行分类，为不同学习基础的学生进行个性化学习指导设计。

例如：某中学道德与法治老师在指导学生课前自主学习的时候，利用UMU互动平台App，将学生加入相应的班级后，推送前置性学习任务。将学生本课问题按照由易到难发布到UMU群中。学生完成的检测结果由平台统计，老师通过后台了解学生答题情况。对于简单问题，班级学生的准确率很高；对于稍难的题部分学生答不出来或者回答不全面；非共性问题在群里其他同学的帮助下基本都能解决；对于"预防犯罪的原因"等思维能力考查的问题，同学们往往会给出不同答案。老师利用平台大数据的反馈，初步掌握了学生对知识的理解情况，再结合本节课的目标和重难点设计课堂上的活动就更有针对性了。

步骤二：私定任务，资源配给。

老师在指导学生完成自主学习任务时，要选择好不同基础的学生的学习支点，靠近学生的"最近发展区"。无论是课上还是课下的自主学习过程都会有与老师预设不同的动态生成，这就要求老师在设计评价标准的时候要兼顾不同学习能力的学生的接受能力，为不同的学生提供个性化指导。为了更好地监控学生的学习过程，老师可以设计评价量表，包含学生自主学习的表现，对问题的理解和思考深度，与老师和同学的互动与合作程度，学习任务的评估等。信息技术的介入，可以深入学生学习的过程，发挥评价对学生的促进作用，为不同学习经验和基础的学生设计不同层次的学习目标，不断完善老师的教学设计，以便更好地适应学生的发展，根据学生继续学习的分层需要，为学生推送合适的资源和学习任务。

步骤三：调控指导，过程修正。

斯金纳的操作主义认为学习实际是一种操作性行为，是基于外部强化或自我强化而做出的一种应答性反应。调控是为了促进学生养成自主意识，老师应该在任务布置上引导学生完成自我检查、措施强化等过程。指导是基于学生的自我调控，老师进行个性化指导。首先，自我监督。自我监督是学生在自主学习之后，对自己的学习行为进行回顾并改进，比如自主学习的时间分配是否合理，自主学习过程是否遇到了新的困难等问题的反馈。其次，自我评价。在学习行为出现问题时，学生参考自主学习的目标找出自己出现的问题和偏差，如果与目标达成差距过大，要追究原因，是自己的学习方式的问题还是目标制定不合理。最后进行自我调整。自我调整包括两个方面：一是如果自主学习结果与目标要求差距过大，要在反思的基础上根据自身的学习习惯、学习能力等特点，找出适合自己的调整方案；二是如果自主学习结果与目标要求相近，要为自己设立更高的目标。

罗杰斯认为，教师的任务不是教学生知识，也不是教学生如何学习知识，而是要为学生提供学习的手段。至于如何学习应当由学生自己决定。教师的角色应当是学生学习的"促进者"，应该根据学生的能力差异给予个性化指导意见，辅助学生的各阶段学习过程。

例如：某初中英语老师利用"一起中学"软件给学生推送配音、跟读等口语作业，学生可以反复跟读示范或原声，完成自己满意的录音作品后提交作业。软件系统根据学生的语音、语调等自动给出分数，老师可以查看每个同学的完成时间、口语作业、分数等数据，掌握学生们阶段性的口语水平。并且老师让学生们借鉴其他同学提交的口语作业，比较后列举自己和这个同学的优点和缺点，以便反省提升，也通过这样的方式增强师生互动与生生互动。老师在观察学生的口语作业后，总结学生的共性和典型问题，强调高频语音错误等，让学生通过软件的效果反馈和老师的干预，意识到口语的薄弱点，明确提升目标。

步骤四：及时反馈，精准讲授。

对于大数据提供的学生学习效果和老师教学效果的反馈，及时与准确是保证其评价有效的重要前提。及时的反馈与评价有利于学生快速纠正自己的方法和发现自身存在的问题，老师也可以根据反馈数据，有针对性地设计讲授内容，为学生提供精准的学习指导。

例如，某语文老师利用"每日交作业"小程序考查学生的预习朗读情况，学生们用手机录制自己的朗读视频，上传后可以看到老师对自己的评价与建议，也可以学习其他学生的朗读作品，通过在小程序上的互动，学生们可以第一时间得到来自老师和同学的反馈。老师可以随时随地打开学生的朗读作业，找到共性和个别问题，留言或者在群里讨论。小程序的运用既可以让学生们及时发现问题，在学习新课之前通过刻意练习，纠正自己的错误；也有利于老师掌握每个学生的学习情况，并给予有针对性的评价指导。老师选择优秀作业作为样例，带领学生找到自己的不足之处，在课上给学生提出改正的意见和提升的目标。

（三）工具选择

工具主要是指本模型中评价学生学习效果和学习指导的工具。在不同的教学和学习阶段，现代信息技术辅助外化学生的自主学习行为，能够为老师和学生提供更客观、及时的指导。

无论是课上还是课下，我们既要发挥老师在学生自主学习阶段的主导作用，也要充分体现"主导—主体"相结合的学生主体地位。在信息化、数字化的教学环境中，老师更能够利用平台软件、反馈数据、过程记录等获取学生的学习效果以给予精准评价。

在评价过程中，文科和理科的评价工具不尽相同，相比来说对于基础知识的评价，文科的评价维度更广、人为干预更强，理科的评价结果更直观、客观。但无论是文科还是理科，都有其学科的特殊性，也都有对于学生思维和创造等抽象能力的考查。信息技术提供了认知与评价的工具，也提供了师生互动与生生互动的平台，学生所获取的评价信息一部分来自大数据的客观反馈，还有一部分来自互动中的师生反馈，主客观的结合评价更有利于学生自省与规划。

1. 课下自主学习评价工具的选择。

课下自主学习受到距离和时间的制约，学习异步导致老师没有办法一直在线给予学生反馈，更有一部分地区的学生无法做到信息化网络全覆盖。对于这样的两种情况，老师可以选择合适的评价方案。

首先，以手机为载体的学习评价。

对于可以实现网络覆盖和移动终端使用的地区，老师可以选择合适的手机软件实现自主学习评价。

例如：某学校的数学老师使用"洋葱数学"软件作为学生课前自主学习效果评价的工具。老师将需要学习的资源及检测习题通过软件推送到学生的移动终端，学生在完成检测习题后，软件直接自动批改客观题，并显示正确答案和答案释义，并给出学习建议和高频错题统计。老师通过软件的教师端看到学生的答题状况后，掌握整体反馈信息并对个别学生的学习留言提出建议。

工具使用意图：系统在学生作答后瞬时显示检测效果和答案解释，这是对学生自主学习的最有效反馈。学生通过软件的批改和答案释义，在课前就可以独立解决大部分的学习问题。老师在自主学习环节也远程通过软件随时掌握学生的学习情况，并且用留言、语音等方式与学生互动，提出改善建议。

朱熹曾说"师友之功，但能示之于始，而正之于终尔"，意思是在学习的初期，老师要给学生指示学习的方向和方法；在学习告一段落时，要给予指正和批评。该信息技术工具的使用，打破了时间和空间的限制，使老师的指导更具有时效性，评价方式也从课上的个别抽查指导变成了个性化指导，师生的互动方式也从课堂扩展到校外，这样既能保证学生的自主学习效果，也能为老师下一步的教学计划提供参考。

其次，纸质形式的学习评价。

对于无法实现上网自由的地方，虽然时效性略显滞后，但是通过"希沃智能助教"软件平台实现纸质检测任务单自动批阅和数据指导方案，也能获取足够的客观数据作为评价依据。

例如：老师可以使用电脑端登录"希沃智能助教"的网站，在网站中按要求制作自主学习检测的答题卡，并打印成试卷，连同学习资料在课前发给学生。学生在完成自主学习内容后手写完成纸质的自主学习检测单，在课前上交给老师。老师收齐后，将学生的检测试卷用扫描仪扫描上传到"希沃智能助教"平台，平台自动批阅后形成班级答题数据，老师根据平台所提供的柱状图、蜘蛛网图、线形图等数据，合理设计下一节课的重难点，并将高频错题变成典型题，配以相同知识点的习题，设计到课堂活动中。

该老师所在的英语组在进行教学研讨时，同组的其他英语老师高度认可这位老师的教学方法。这种方法不仅节省了批改的时间和精力，减少了人工批改的误差，更重要的是，在网络等硬件条件不允许的条件下，虽然学生只能通过手写检测试卷，但是老师仍然高效地获取了学生的学情检测数据并服务于教学设计。在这位老师的常态化应用和坚持下，她所教的班级英语成绩也名列前茅。

工具使用意图：以学生为中心就要真正从学情出发，教师所得到的指导评价依据精准、全面。虽然这所学校学生回家之后不能普遍性地使用手机完成自主学习，但是老师因地制宜地使用纸质化学习任务单，最大化地利用智能技术服务于教学决策，既减少了学生的网络使用压力，也能在有限的条件内提高自己的工作效率。从这位老师的教学效果来看，信息技术工具的使用起到了明显的作用。

2. 课中自主学习评价工具的选择。

课中老师根据教学内容设定不同形式的自主学习活动。在传统课堂中，由于没有掌握全班学生的学习情况，老师提出的问题和学生对知识的认识可能没有停留在一个阶层，导致老师凭经验指导缺乏针对性。师生之间缺乏有效的交流评价，不利于接下来有针对性地实施有效的教学活动，这也是大部分教师面临的问题。利用信息工具在课上掌握学生最详准的信息并遵循教育教学原则，才能在大数据支持下真正做到因材施教，实施个性化教学。

首先，智慧环境下的课堂评价。

在智慧环境中，教与学活动通过平板电脑实现学生的学习过程数据收集，老师在课上就能针对学生学习过程中的问题微调教学进度和练习强度。

例如：某小学科学老师以一个小实验让学生们感受科学技术带给生活的便捷。老师在课前为学生布置了实验任务、实验报告、相关知识练习。课上通过"畅言晓学"平台，为每个学生推送优秀作业和前置自主学习的问题，让每个学生点评其他同学的实验片段哪里做得好，哪里还需要完善。课上老师引导学生用"首先、及其、然后"等连词描述实验过程，并用关键词画出流程图。学生在规定时间内利用"畅言晓学"中的拍照上传功能，提交自己的流程图。老师选择了两个有代表性的成果，通过屏幕分享，鼓励学生互评互助，实现重点知识的内化。老师充分调动学生的学习热情，推送生动有趣的实验视频，并提醒学生关注视频中的语言描述，加入自己的心理状态和感受，并总结如何能把实验过程描述得清楚又生动。这一次老师给学生们提出了一个更高的要求，让学生用自己的语言把实验过程描述出来，通过"全班作答"功能收集学生的作品。所有同学都在自己的基本表达中提高了能力。老师最后为学生们推送了几道相关知识的选择题，每位学生在平板电脑上作答后，老师根据系统自动统计各题准确率和每位学生的答题状况，给予相应的讲解和点评。

工具使用意图：老师的自主学习活动设计有层次且环环相扣。老师借助"畅言晓学"软件以及平板电脑的推送和拍照提交功能，使学生们可以直观地感受榜样的力量和自身的问题，以促进学生自省和主动学习。在课堂活动中不同学习基础的学生都能参与其中，找到自己的"最近发展区"，来自老师和同学的鼓励与建议，能增强学生的成就感和自信心。学生们使用平板电脑作答的活动充分体现了信息技术在课堂教学反馈与评价中起到的重要作用，老师从客观的数据中发现问题，进行针对性指导，这样的课堂更高效。

其次，多媒体环境下的课堂评价。

多媒体环境下的教学，老师可以使用手机移动终端和班级电脑屏幕实现小组作品、个人展示、实验演示等，比如"希沃移动助手"可以使学习成果直观化，评价更加精细化。

例如，初中老师在一节作文课上，让学生仿写一段作文。在布置任务后，各小组成员共同商议并完成作文片段仿写，老师用手机将各组的作文拍照，用"希沃移动助手"上传到屏幕上，老师通过放大局部、手写批注等功能，将这一篇仿写作文的优缺点全部直观地展示出来，并给出了中肯的修改意见，老师也鼓励学生对于其中的仿写内容提出更好的写法，学生们各抒己见。

工具使用意图：在传统课堂中，很多语文老师朗读范文，学生靠听觉来接受和评价，但是老师使用"希沃移动助手"将课上学生的大篇幅文章任务直观地展示在全班学生面前，充分调动了学生的感官，学生对于视觉的印象要比听觉记忆更深，所以一个手机软件的使用，就轻松地实现了课上生生互评、师生互评。

样例展示

本案例通过课前预学活动和在线自主检测让学生了解自己相关知识掌握程度，反馈数据，帮助教师把握班级整体学情以及学生个体的详细数据。教师可以根据整体情况及时调整教学设计以及资源配置，并根据个人数据分层设置个性化任务，即时跟进指导。学生可以通过不断的自评和互评完善自己的知识漏洞，便于教师通过对多层次的反馈数据的解析对学生做出精准讲授，完成教学目标。

课程基本信息				
课题	单元学习课程《立体图形及其表面展开图》			
学科	数学	课型：单元型新授课	年级	七年级
技术手段	UMU 互动、App 微信群、希沃易课堂、微视频等多种信息技术使用			
教材	书名：数学七年级上册 出版社：华东师范大学出版社			

教学背景分析

课标分析

　　让学生认识立体图形与平面图形的关系，了解立体图形可以由平面图形围成。使他们学会根据表面展开图辨别简单的立体图形，根据简单的立体图形判别表面展开图。通过直观感知和动手操作，学生对生活中常见的立体图形进行实验、观察、猜想、探究学习，形成经验和知识体系，感悟知识的生成、发展与变化的过程。

　　教材分析

　　本节课在学习中起着承上启下的作用，是非常重要的一个知识点，需要回顾小学学过的立体图形，以此为基础自主探索与合作交流，从立体图形过渡到平面图形，要求让学生经历数学知识的形成与发展过程。

　　学生分析

　　本班学生基础一般，小学学习立体图形相关知识时间距离现在比较久远，知识可能存在遗失或者概念模糊的状况。而且多数学生潜意识里就畏惧数学学科，认为学科知识难，自己努力也学不好，学习态度消极。

教学目标

教学目标：通过观察与动手操作，经历和体验图形的变化过程。了解立体图形与平面图形之间的关系，培养学生主动研究、敢于实践、合作探究的优秀品质。

教学重点：了解基本几何体与展开图之间的关系，明确一个立体图形按不同的方式展开可得到不同的表面展开图。

教学难点：正确判断哪些平面图形可折叠为立体图形，某个立体图形的表面展开图可以是哪些平面图形。

自主学习课前教学活动设计

步骤	学习目标	学习内容	学习活动	应用意图	资源工具
1. 情感预设	激发学生好奇心，增加数学学科亲和度	直观感受含有立体图形的视频图片素材	观看教师编辑的视频素材，并写出心里主观感受。让学生自主提取素材中感兴趣的与立体图形相关的实物	帮助学生从心理层面接受下面的课程做铺垫，照顾到所有类型的学生，增加参与度，激发兴趣	UMU互动平台、剪辑师、素材网站
2. 回顾复习	找到生活中常见的立体图形	回顾常见的立体图形	制作自己在素材上找到的立体图形模型，并在家长的帮助下录一段小视频上传到班级共享群，简单描述立体图形及其表面展开图的特点	学生不自觉地展开自主学习	截图工具
3. 预学引入	明确立体图形类别，观察图形特点，感受立体图形与平面图形关系	了解不同立体图形的特点，以及对应的展开图的特点，感受相互间的转化	强化激发兴趣，让每个人参与到新课程中，培养动手能力，实现家校合作教育，亲情化教育。并通过班级共享群互相借鉴评价		录像、搜索引擎、网络群
4. 自主检测	初步掌握立体图形与其表面展开图的关系	预学基础知识应用	在线答题自评自改	检验自学效果，收集预学数据，为接下来整体调控、个性化教学做准备	在线答题相关App（易课堂等）

老师规定了时间，让学生自主学习课前教学活动，到截止时间后老师打开程序后台，通过自主检测答卷的整体统计数据了解班级共性问题，为接下

来的教学设计指明思路与方向。老师同时关注到了一些原来课程上出现但又不能及时解决的问题，比如有学生错误率很高，依然掌握得不是很好；还有个别同学答题不认真敷衍了事没有完成所有的预学活动；甚至有一名同学没有参与整个教学活动。老师做了一对一的留言讲解，对于不认真参与的同学在系统平台上予以扣分并做出记录便于后续跟踪指导。对于没有参与的孩子，老师与家长进行了沟通。教师可以得心应手地对教学资源和学生学习内容做出宏观和微观的调控，学生也在调整中提升了自己的相关知识。

个性化评价方案

序号	评价目标	评价任务	评价标准	评价方式
1. 初始感性诊断	体验生活中的数学	观看教师编辑的视频素材，并写出心里主观感受	能表达出真情实感，主动参与课程活动	利用 UMU 调查问卷
2. 初步理解活动	找到生活中常见的立体图形，并能准确描述	说出看到哪些立体图形并给予简单描述	介绍准确名称以及构造特点	在线学案
3. 探究性理解活动	感受立体图形类别，观察图形特点，感受立体图形与平面图形关系	能够通过观察到的立体图形的特点制作出对应的表面展开图	会制作常见的立体图形的表面展开图	通过共享视频展开小组评比、教师评价、自我评价
4. 自主检测验证自学效果	初步掌握立体图形与其表面展开图关系	解答相关习题	能够正确解答相关习题	在线测试

通过分析诊断上面的个性化评价方案得到各类数据，才能真正做到遵循教育教学原则进行因材施教、个性化教学，并形成对教学决策的指导和分析预测。通过对情感、性格、主观能动力等非智力因素的分析，再加上智力因素的综合考量，以及认知情况、课堂观察、学业反馈等的直观呈现，针对每一个学生出具一套适合自己的学习方案，并据此给予个性化的指导。后面的课堂教学可以综合利用性格差异、学识差异基础上的小组合作、优势互补原则，通过合理有机分配成员，实现分工合作、小组讨论、组内自评互评，不断完善学生的核心知识。

评价型自主学习课中教学活动设计

步骤	教学环节	学习活动	评价目标	评价等级	教辅资源
1	情景引课	一起观看教师收集编制的学生上传的立体图形视频	为学生心理上接受下面的课程做铺垫，照顾到所有类型的学生，增强学生参与度，引发兴趣	A. 积极参与 B. 能参与 C. 被动参与或不愿参与	剪辑师、seewo、白板
2	小组合作	小组内部组员之间互相识别彼此的表面展开图	能够准确说出彼此之间展示的平面图形是何种立体图形	A. 能够自主准确说出名称，并且乐于帮助组内掌握不好的成员 B. 掌握有所欠缺但是愿意接受指导帮助 C. 被动接受	自制磨具、seewo、展开图工具
3	小组竞赛	小组分别选出代表展示不同平面展开图（包含不同的正方形表面展开图），并指派其他组员回答，其余小组评价回答正确与否	增强竞争意识，强化答题速度	A. 被选组全员过关 B. 组内协助过关 C. 没有体现小组团结协作精神	直播平台
4	个性化任务推送	智慧平台根据学生预学数据的分析自动推送给每人私教式习题，教师根据具体学情处理后课上推送给学生进行自主学习检测	能够解决预学时候的疑问，并将本节课的重点难点突破	A. 融会贯通本课知识点，并自行归纳总结一些新的问题 B. 掌握大部分知识并能把要点表达出来 C. 不能很好地解决问题，对知识仍然有畏难情绪	智慧学习平台

【样例评析】

《立体图形及其表面展开图》这节课的学习，采取了体验探究与课堂翻转相结合的教学模式。教师在课前预学上花了很大的功夫，并注意到了情感教育，考虑到了各层次学生的心理因素，认真分析了教材，整合了教学资源辅助学生进行课前自主性学习，进行了各种形式的数据收集，不断分析数据调整教学策略以及知识点配置。在课堂教学中，首先由教师展示学生课前自学、自己动手操作、家长配合录制的成果，提出问题，调控课堂，做到有针对性精讲精练。小组合作的模式让学生通过观察、折叠、组合去验证结论，使学生自始至终感悟、体验、尝试到了知识的生成过程，品尝着成功后带来的乐趣。这使学生不仅学到获取知识的方法，也体会到在解决问题的过程中与他人合作的重要性，而且为今后获取知识以及探索、发现和创造打下良好的基础，更增强了学生敢于实践、勇于探索、不断创新和努力学习数学知识的信心和勇气。

第一，以学生为本，分析学情，设置有效问题，收集数据。

教师在大数据背景下设计个性化学习，由传统的任务导向转变为数据导向。即传统常规的学习由具体的教学任务构成，教学资源、教学设计、教学形式都围绕着教学任务，但本质上是要为学生本体服务。大数据支持下的个性化学习用量化的数据来监测学习者的状态、能力，由个性化的数据来驱动教学内容、教学方案和教学资源的运用。教师首先需要了解学生的情感态度，学习意愿程度，然后才是知识层面的掌握程度。问题设置合理，为下面的学习提供有效数据。

第二，基于数据设计个性化学习方案。

通过整体数据分析既能全面了解整体学情又能进行个性化教学，教师通过被细化分类数据的综合性学习，分析了解到学生的思想状况、学习平台的活跃程度、个性见解、学习意愿、认知程度、作业完成情况、心理状况甚至睡眠情况以及精神状态等，从而有针对性地指导和教育。与【案例启思】中教学案例对比，教师通过预学平台反馈，得到的数据设计的课程要比自己主观意识凭借经验设计的课程科学得多，并且使教师在知识的准确把握上更有抓手。

第三，结合自评、互评、师评让学生通过评价进行自主性学习。

课前、课中的每一个环节，都融入了个性化评价方案来辅助学生自主性学习。课堂教学体现充分的开放性，学生学习充分体现自由性。在教学中，教师鼓励学生参与问题的研讨，本着相信学生、鼓励学生的原则，让学生根据评价标准进行自我评价，培养其在自然生活、现实社会中积极思考、主动探究的能力，在小组活动中与他人充分合作。在此过程中学生既能通过社交软件充分互动，又可以在课上面对面地交流，让知识碰撞出火花，在互助与竞争下不断进步。

第四，通过多层反馈进行精准讲授。

教师运用智能导学平台宏观把控学习进度。平台时时收集整理和反馈信息，根据学习者认知特点智能推送，更方便教师根据后台数据解析给予学生精准有效的个性化指导，布置设置个性化的习题与作业，这种人文化的分层教学能够最大限度地激发每个孩子的学习能动力，符合最近发展区理论。在这样的学习环境下，学生的整体素质会不断地提高。

第三章
解码： 合作学习方式问题

开篇小语

　　学会合作是面向 21 世纪的四大教育支柱之一，合作学习也是我国新一轮课程改革倡导的一种重要学习方式。合作学习方式是在长期的实践中探索发现的，它可以提高学生的学习能力和合作交流能力。但在具体的合作学习中却存在诸多的问题，尤其是合作学习在小组分工时应准确掌握学生的不同成长背景、价值观和认知方式所表现出来的差异性，确保实现组内异质、组间同质的学生分组。同时，合作学习的评价体系仍不能达到系统化。不同的实施策略中，学生合作方式不同，评价方式也会随之改变。因此，信息技术支持下的课堂教学合作学习仍需要中小学教师不断探究和实验。

　　本章主要从合作学习中学习小组组织与管理策略、信息技术支持下的学习小组展示交流策略、大数据支持下的自评与互评的组织策略三个方面推介相应的实施策略和案例展示。

第一节　学习小组组织与管理策略

案例启思

李老师是一名刚刚参加工作三年的年轻教师，在新课改的要求下，如何突出学生的主体地位已成为李老师教学工作中的必修课题。《凡尔赛条约》和《九国公约》这一知识内容探究性极强，一战后世界格局的建立和影响是本节课的难点，适合开展合作式学习，因而李老师准备以小组合作的形式完成本节课的讲授。然而，在进行试讲的过程中，李老师遇到很多课前没预判到的问题。为了让学生扩充知识储备，李老师课前发布了让学生查找相关资料的学习任务，并按照座位进行了小组划分。上课刚一开始，李老师就遇到了小尴尬。

师："我们先来观察一下美国国旗的变化，大家从美国的第一幅国旗能看出哪个国家的影子？"

第一小组："英国。"

第二小组："由英国国旗和十三个星星组成。"

第三小组："……"

第四小组："……"

李老师发现座位靠后，成绩稍弱的第三小组和第四小组没有参与到课堂活动中来。第一轮的小组合作学习进展得并不顺利。李老师只能把美国独立战争的背景重新梳理讲解。

课后调研时，师："学生甲、乙、丙为什么没回答问题？是没有进行课前资料查找吗？"

学生甲："李老师，您的那个任务我不太理解需要做什么。"

学生乙："李老师，您的那个题目我不感兴趣，不是我想收集的资料。"

学生丙："李老师，我们小组并没有人和我分享课前收集的资料，我收集的内容别的同学说过。"

李老师注意到分组的同时需要把学生的分工也确定下来。

进入新课讲授时，李老师请同学们讨论为什么弱小的美国能战胜英国？由于这个问题需要学生的发散思维，不能直接从课本中找到答案，所以李老师给予同学们讨论时间，可是在讨论的过程中又出现了新问题。

第一小组："老师，我认为是战争的性质决定的。"

第二小组："老师，是他国的帮助。"

第三小组："老师，是将领指挥得当。"

第四小组："老师，我认为是英国国力下降。"

李老师发现回答问题的永远是那几个同学。由于学生们课前的预习环节完成得并不完善，李老师不了解学生课前预习的状态，所以将这样的问题放在课堂讨论，学生思考的深度和广度明显不够。学生的分工不明确，合作学习没有发挥良好的效果，李老师只好重新开始分析战争的过程及战争的性质，小组合作学习停留在表面。虽然李老师从独立战争反抗的对象上的分析，引导学生得出独立战争既是一场资产阶级革命又是一次民族解放战争，但是学生没有学会知识迁移，不能把这个方法用在思考英国资产阶级革命和法国大革命的探究上，也不能探究出《独立宣言》和1787年宪法对今天美国的影响，不能认识到历史是过去的现实，现实是历史的延伸，可以用历史来解决今天的问题。

在合作成果展现的过程中，李老师发现学生的作业完成情况一片混乱，思维导图的设计内容缺失，甚至还有未完成作业的情况。这引起了李老师的思考：为什么采取小组合作学习，老师还是主导者的身份？为什么小组合作学习学生之间的合作体现不出来？通过小组合作学习，教学效果甚至不如传统的讲授法教学效果好。学生纷纷表示：老师，这种课堂我们一点儿也不喜欢。

问题剖析

李老师的小组合作学习课堂的问题集中表现在课前、课中、课后三个环节。

合作学习准备阶段环节，李老师按照座位进行小组划分，没有考虑成绩较弱的小组在合作学习中会没有参与感。李老师并不了解学生课前预习完成的程度，无法适度地在课堂上进行延展。

合作学习的课堂环节，由于没有分层设计教学问题，在问题驱动部分，一部分同学体会不到获得知识的快乐，进而放弃学习。老师没有明确小组的任务和分工，也没向学生解释成功的标准，学生没有信念感也没有学习的目标，这些都不利于学生准确把控教学任务。

合作学习的成果展示环节，由于小组之间交流不到位，很多同学的思维导图有重叠的部分，而作业完成情况较好的同学，也无法和同学们进行交流与分享。在课后习题讲解过程中，大部分同学只能从课本出发思考问题，不能转换思维，因而应该在课后习题讲解部分开发小组合作探究。

解决策略

上面案例所反映出的问题，让我们重新认识到合作学习不同于探究式学习，更需要老师和学生的分工合作。在合作学习过程中，合作前准备工作、合作课堂教学环节、合作成果展示环节形成一个闭环，才能让合作学习发挥到最佳效果。由此我们设计了"分组联动"技术模型，来实现合作学习教学。

一、"分组联动"技术模型背景

"分组联动"技术模型在实现组内异质、组间同质的标准分组基础上提出，该模型中信息技术主要为"合作学习强调行动研究、扩大参与者范围"两大问题的解决提供有效支撑的思路与方法。

（一）明确合作目标

合作目标是贯穿合作过程始终的核心指向，师生在合作前明确合作目标，有助于增强合作动机，有效规划合作内容，提高合作进度和效率。因此，教师需要扭转"为了合作而合作"的形式观念，依据教学目标，有目的、有计划、有组织地规划好合作目标，并让每位学生和合作小组明确与理解目标的具体指向和任务分工。

（二）注重合作管理

合作学习过程中的科学管理，是保证合作学习有效开展的必要保障。目前合作过程中存在的主要问题在于参与成员以"优等生"和"活跃学生"为主，大部分学生处于"游离""消极等待"状态，处于无效参与状态。"分组联动"模型有效应用的前提是教师利用科学的合作管理模式，基于全班学生的已有基础、能力、潜力，根据合作目标和内容进行同质分组、异质分组，以发挥每位学生的"多元智能"，均衡小组成员内的认知、能力与情感，充分调动每位学生的参与动机，促使合作能力最大化，实现最优质合作。

二、"分组联动"技术模型概念

"分组联动"技术模型是基于苏联教育界革新家雷先科娃、阿莫纳什维利等提出的"合作教育学"的观点，借助信息技术工具，构建的包含确定共同愿景、设计合作内容、引导合作交流三个步骤的学习小组组织与管理问题的解决方法。

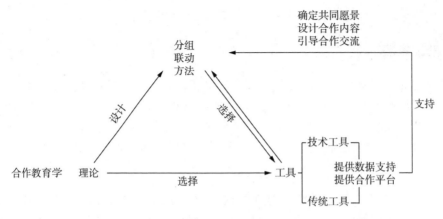

"分组联动"技术模型

（一）理论依据

苏联教育界革新家雷先科娃、阿莫纳什维利等提出了"合作教育学"的观点。在他们看来："人道、合作与发展是教育的三大核心问题，如果教师可以将儿童的发展问题放在首位，那么人道与合作便也可以渗入课堂。"合作学习对于学习成绩的影响在很大程度上是以社会凝聚力为媒介的。实质上，学生们在学习上互相帮助是因为他们相互关心并希望彼此都获得成功。这种观点与动机观的相近之处就是它强调从动机而不是从认知上解释合作学习的教学效果。

（二）方法步骤

1. "分组联动"方法

"分组"是指小组构建时要秉持着组内异质、组间同质的原则，借助信息技术工具实时对学情进行分析，在尊重学生个人意愿的基础上，保证每个合作学习小组内的成员有性别差异性、成绩差异性、性格差异性，实现每个小组的组员构成大致相同，每个小组的人员构成情况基本均衡，每个小组的综合实力水平基本均衡。

"联动"是指小组内为完成一个共同目标，借助信息技术工具形成一个即有角色分工又有联合行动的合作关系。

2. "分组联动"的步骤

步骤一：确立共同愿景

合作学习是一种目标导向活动。由于合作学习强调动态因素之间的合作性互动，并借此提高学生的学业成绩，培养学生良好的非认知品质，因而这种教学理论较之传统的教学理论更具情感色彩。当然，合作学习在突出达成情感领域的教学目标的同时，也非常重视其他各类教学目标的达成。正如合作学习的研究者们所讲的那样："在学习目标上，注重突出教学的情意功能，追求教学在认知、情感和技能目标上的均衡达成。"所以在开展合作学习之前，学生要明确一个清晰的共同愿景。

例如：丁老师执教初中地理《台湾》一课时，她先抛出合作任务要求：关于台湾问题，在 Pad 上选择一个你喜欢的内容，选择相同内容的同学组成小组，依据老师提供的材料合作学习。

1. 海陆位置
2. 纬度位置
3. 自然环境
4. 经济特点

学生选择后，教师结合学生选择的情况，在确保组内异质、组间同质的原则下建立合作学习小组，使每个学生带着共同愿景走进合作。

步骤二：设计合作内容

合作学习从学生主体的认识特点出发，巧妙地运用了生生之间的互动，把"导"与"演"进行了分离与分工，把大量的课堂时间留给了学生，使他们有机会进行相互切磋，共同提高。在选择教材内容时需要老师来把关，以确保合作学习能深入课堂，适合小组合作开展。因此，设计合作内容是"联动"的前提保障。

例如：李老师在上九年级化学专题复习《物质的检验》一课时，以"反应后溶液中溶质成分的检验"作为本节复习课的核心。学生学习过的在溶液中进行的化学反应有很多，教师确定以"稀盐酸与氢氧化钠溶液混合后溶质成分检验"作为合作学习的内容。稀盐酸、氢氧化钠溶液是初中学生非常熟悉和常见的酸和碱，将二者作为合作学习的内容，容易让学生接受，也利于学生之间的交流互动。学生通过小组内的讨论交流、合作实验，更加全面归纳总结出对氢离子和氢氧根离子的检验方法。

步骤三：引导合作交流

合作学习宗旨是让每个成员最大限度地参与到合作学习中来，最大限度地保证学生的学习权。每一个学生都是合作学习共同体的主体，彼此之间地位平等，学习机会平等，表达机会平等。因此，引导合作交流是"联动"的关键。

第一，详细说明合作学习活动目标。

明确合作学习活动的教学目标，可以有效地提升学生在学习活动中的目

103

标性和方向感，便于学生取得阶段性的学习成果，有利于增强学生的信心和能动性。

例如：刘老师教授九年级下册《金属的化学性质》一课的内容时，为了让学生掌握金属与某些盐溶液能发生反应这个知识点，将全班同学分成了六个合作小组，让同学们提前在课下进行探究活动。

为了让学生的探究活动能够顺利进行，老师给学生提供了相关的化学药品：锌片、铁片、铜片、氯化锌溶液、硫酸铜溶液、硝酸银溶液。同时为学生提供了一些简单的实验仪器：镊子、试管夹、试管、小烧杯等。教师利用班级优化大师点名的方式，让小组领取学习任务，并对任务进行了详细说明：同学 1 用试管或小烧杯取相应的盐溶液；同学 2 取相应金属片，用砂纸打磨光亮，然后用细线系紧；同学 3 将金属片放入盐溶液中，其余同学认真观察实验现象（金属表面是否有明显变化；溶液的颜色是否发生明显变化）；同学 4 记录实验现象并填写表格。最后小组归纳总结，通过实验能否发生反应来确定常见金属的活动性顺序（活动性强的金属能把活动性弱的金属从盐溶液中置换出来）。

序　号	药　品	现　象	结　论
1	铁片、氯化锌溶液		
2	铁片、硫酸铜溶液		
3	铁片、硝酸银溶液		
4	铜片、氯化锌溶液		
5	铜片、硝酸银溶液		
6	锌片、硫酸铜溶液		

刘老师给学生提供了相关药品和仪器，让学生以小组为单位，相互协作进行探究。最终合作学习小组间通过猜想→探究→交流→分析归纳→小结，通过实验现象，判断金属是否能与盐溶液反应，从而得出常见金属活动性顺序。学生感觉是自己发现了规律，既有所获，又体验了成功所带来的喜悦之感。

第二，向学生解释任务结构和成功标准

由于中学生独立性较强，思维也比较活跃，因而必须要有正确的引导和明确的任务结构解读才能让每个学习个体的思维参与到学习中来，形成推动小组合作学习合力，达到整体大于个体之和的学习效益。

如：九年级历史的《凡尔赛条约》和《九国公约》内容，探究《凡尔赛条约》的影响是重难点。首先李老师出示《凡尔赛条约》的表格，请同学们阅读教材，完成表格的填写。随后李老师分析条约内容，得出《凡尔赛条约》具有分赃性质这一结论，最后分析条约签订的影响。

师：请各组派代表到讲台前抽取你们组的身份信息。

生1：我抽到的是战胜国英、法。

生2：我抽到的是战败国德国。

生3：我抽到的是战胜国美国和意大利。

生4：我抽到的是中国。

师：同学们都抽到了自己的身份，请大家小组合作讨论：你对于《凡尔赛条约》是否满意？为什么？

生1：我非常满意，因为我得到了土地和大量的赔款。

生2：我感到非常无助和不满，因为我丧失了国土和金钱。

生3：我不满意，作为战胜国我什么都没有得到。

生4：我感到非常愤怒，我们山东的领土从德国的手中又去了日本的手中，太没有尊严了。

师：大家给出的理由都很充分，可以看出《凡尔赛条约》签订后，战胜国和战胜国之间存在矛盾，战败国与战胜国之间存在矛盾，战胜国和殖民地国家之间同样存在矛盾，最终为二战的爆发埋下了伏笔。

李老师明确了小组合作学习要解决的问题是《凡尔赛条约》的影响，同学们根据李老师设问的引导，成功完成了探究《凡尔赛条约》影响的学习任务。

第三，构建个体责任，促进信任的建立

小组合作学习要提高组内成员思想交流质量，相互从对方身上受到启示、帮助，产生思想碰撞或合力来完成某一学习任务。首先，要不断强化问题意识，把握学习任务，明确小组分工的个人学习任务和集体学习目标，一旦发现学习小组成员有思维游走，就及时提醒。其次，要调动学生情感，让其产生团队荣誉意识，积极投入合作学习。

如：于老师在讲解七年级地理下册《东南亚》这一节课时，为了让学生能够进入情景学习，她下载了相关的视频资源，并利用软件剪辑了新加坡、马来西亚、印度尼西亚、泰国、越南、菲律宾、缅甸、柬埔寨等国家的视频素材，自然地将学生带入各个国家的场景。学生在上课之前按照自己的喜好选择2个最喜欢的国家，形成自然分组，老师在考虑到学生的性格差异和学习成绩的不同后，再次进行宏观调控分组。课前合作活动，小组成员通过阅读教材、查看地理图册和网络检索等途径，在 UMU 平台上建构这两个国家的资料库，最后简化为这两个国家的思维导图。课堂小组合作活动，组内同学讨论、归纳总结，老师利用班级优化大师随机点名提问，完成对合作内容的回答：①南亚的地理位置，②人口特点，③气候特点，④农作物特点。随机点名提问可以让每个学生都有"危机"意识，主动参与到小组合作学习中，学困生也能主动向学优生请教问题，参与到交流活动中。在同学回答汇报后，老师可以利用班级优化大师对学生适时给予鼓励评价。最后小组汇报，"你选择的国家有哪些特别之处"。在小组汇报时，其他小组可以对其汇报的内容进行补充介绍、质疑勘误，教师可以及时点评和引导。本节课课堂氛围活跃，学生的参与度较高。

第四，监控学生互动，适时适当适度地介入。

合作学习也需要适时调整。任何事物都是发展变化的，合作学习小组同样适用于这条事物发展规律。随着合作学习的开展，每个小组和每个成员的表现不尽相同，也是在不断发展变化的，如果有的小组或者组员之间的差异过大，这时候教师要做适当的调整，以保证小组内和小组间的均衡性。

例如：九年的刘老师，在进行《质量守恒定律》这一课的讲授时，将同学分为六组，通过组内决议，选择实验任务：①铁钉和硫酸铜溶液反应，②稀盐酸和碳酸钠粉末反应，③镁条燃烧。6 个小组完成 3 个验证实验活动，2 组完成相同的实验，这样既保证了小组活动的差异性，也保证了每组验证实验活动的对比性，科学严谨，让每组同学都能充分发挥自己在课堂上的主体地位。由于小组间的实验内容不同，在课堂中具有一定的独特性，这极大地提高了学生的兴趣。而两个小组完成相同的验证实验活动，可以让两个小组在动手实验操作过程中，相互比对，相互交流。在小组汇报过程中，另一组的同学可以补充说明或者质疑互动。刘老师的教学设计既符合学生的心理又很好地把控了实验的过程，充分发挥了教师在合作学习中的引领作用。

(三) 工具选择

这里的工具主要是指本模型中小组组建与管理创新要应用的工具软件与应用方法。

1. 工具选择

第一，小组组织建立工具

小组组建工具主要围绕组内异质和组间同质两条原则，可选用问卷星、班级优化大师的随机分组，微信小程序中的抽奖等小工具。

例如：七年级英语学科徐老师为提升合作学习效率，组建高效的学习小组，采取问卷星调研方式，通过数据反馈按照"同组异质"的原则将学生分成了 6 个学习小组，实现了科学规划学习小组。

第二，小组学习协作工具

协作工具是落实小组"联动"方法的重要技术保障，可以选用互动平台工具或是智慧课堂来支持小组协作学习，例如：UMU、Zoho、Groove、有道云笔记等。

例如：九年级化学许老师在《溶液的形成》一课，借助 UMU 互动平台设置了六个实验任务，学生结合自己的兴趣选择任务，组建小组，全组完成家庭实验任务后，将实验的小视频或者图片上传到小组的学习群里，组员互评讨论，完成了学习"溶液""悬浊液"和"乳浊液"三种不同的混合物的合作任务。

第三，小组学习管理工具

合作学习过程中，如何让各学习小组成员都能积极交流、深入思考、认真研讨、提高课堂上合作学习的效率，一直是合作学习的难题。为此可以选用一些计时工具、随机点名工具等，培养学生在规定的时间内完成规定任务的良好习惯，督促学生有危机意识，提升团队协作能力。

样例展示

初中历史九年级《美国的独立》小组合作学习设计

一、设计背景思考

1. 知识目标与重难点

了解英属北美的社会经济状况，认识美国建立的历史背景、原因和历史必然性；了解美国建立中的重大事件，认识其建立过程，理解其资产阶级革命的性质。本节课的重点为让学生从资产阶级革命的角度，理解早期资产阶级革命对世界旧秩序的冲击，引导学生合理看待中美关系，帮助学生树立民族自尊心、自信心和责任感。

2. 教学问题

设置小组分工，确保合作学习小组是在组内异质、组间同质的原则下建立的，发挥教师在小组合作学习中的管理作用，避免使小组合作学习陷入无序、费时、低效状态。要确保每个学生都能明确理解学习目标的具体指向和任务分工，使其在合作学习中获得自我效能感。

3. 教学问题解决思考

思考一：如何设置共同愿景

从了解学情入手。合作学习适合解决教学重难点问题，由于学生个体差异，对统一问题往往有不同的看法，学生不同的思考也是一种教学资源，要把不同的见解、不同的思维同放一处展开争鸣，碰撞出强烈的认知动机和丰富的创造力。因而教师可以通过设置问题，引发学生思考和讨论，随后根据各自的愿景初步建立合作学习小组。

思考二：如何设计合作内容

设置问题时，应选择开放性的问题，在解决开放性的问题时，往往需要开阔的视野和广博的知识以及多角度、多技巧的思维应用，只有汇集群体智慧和力量，才能更好地解决问题。

思考三：如何引导合作交流

教师应积极引导合作交流，首先要注意优化合作流程。一般合作学习的流程为自主学习→合作交流→成果呈现。针对课前精心设计的问题或课中生成的有价值的问题组织合作学习时，应先进行自主学习，再将学习认知与同伴进行讨论，最后在教师引导下开展组内或小组之间的交流。合作学习的生命力在于它是动态的环境和条件，整个流程中学生的活动主要是自学质疑、思考探究、倾听释疑、多向交流、展示运用，教师的观察力必须高度集中，要关注每个目标的达成度，关注每个步骤的推进力，关注每个成员和每个小组的表现，还要根据需要创设情境，进行启发引导、点拨解惑、调整程序、反馈评价。

二、小组组织与管理设计

1. 小组组织

（1）教师根据组内异质、组间同质原则，通过三次历史测试成绩的平均分，以及班级男女生人数，按照测试成绩均衡、男女生占比均衡的原则，进行初次分组。

	第一组	第二组	第三组	第四组
历史测试平均分	42.5	42.2	42.3	42.4
男、女生人数比	5：5	6：5	5：5	6：5

（2）利用微信小程序一起来抓阄实现小组分组。可分为信息收集组、历史人物探究组、疑问收集组、思维导图绘制组。

	历史人物探究组	信息收集组	思维导图绘制组	疑问收集组
历史测试平均分	42.5	42.2	42.3	42.4
男、女生人数比	5：5	6：5	5：5	6：5

（3）教师根据每一组同学的个性和特长，确定学习小组成员的分工：组织协调能力强的同学做组长，责任心强、学习态度认真的同学做副组长，语言组织能力和表达能力强的做汇报员，互联网应用能力强的做信息员。

	历史人物探究组	信息收集组	思维导图绘制组	疑问收集组
历史测试平均分	42.5	42.2	42.3	42.4
男、女生人数比	5∶5	6∶5	5∶5	6∶5
组长	刘洪嘉	丛丽莹	车茜然	侯静怡
副组长	姜琳琳	侯伊楠	韩佳琪	姜茗
信息员	于浩	刘博文	张哲铭	王迦勒
汇报员	牟涵	毕芸升	黄金秋	魏宇欣

（4）利用问卷星[①]发布问卷信息，完成关于美国的独立这一课课堂知识的扩充并引导学生的预习方向，让学生了解美国独立战争爆发的原因、战争进程，掌握《独立宣言》的重要意义，了解"1787年宪法"的重要内容及其意义，理解美国独立战争的性质。根据问卷调查的结果，对小组的成员进行微调，确定最终分组。

	历史人物探究组	信息收集组	思维导图绘制组	疑问收集组
历史测试平均分	42.2	42.3	42.4	42.3
男、女生人数比	6∶5	5∶5	5∶5	6∶5
组长	刘洪嘉	丛丽莹	车茜然	侯静怡
副组长	姜琳琳	侯伊楠	韩佳琪	姜茗

---

① 在线考试、测评、投票平台。

	历史人物探究组	信息收集组	思维导图绘制组	疑问收集组
信息员	于浩	刘博文	张哲铭	王迦勒
汇报员	牟涵	毕芸升	黄金秋	魏宇欣

2. 小组管理

（1）新课导入

【教师活动】展示美国最初的国旗，提问从这个国旗上能够看出哪个国家的影子，为什么美国国旗会有英国国旗的图案，英国在进行殖民扩张的过程中先后打败了哪些国家。

【活动管理】教师利用班级优化大师对各组成员随机点名提问，当该同学回答得不全面或思路不正确时，小组内的其他成员可以补充答案或纠错。通过提问和组内互助，可以树立组员的"危机"意识，培养小组的团队精神。

【设计意图】帮助学生理解美国独立战争的背景。猜国旗可以调动学生的好奇心，也能从国旗的变化看出英美在独立战争中的关系以及美国独立战争的进程，见微知著，帮助学生生成历史思维。

（2）新知建构

【小组活动】任务一：阅读史料

阅读场景一和场景二得出英国殖民统治严重阻碍北美殖民地资本主义的发展，北美人民要求经济上的独立的结论。

【活动管理】由没有回答问题的一组，指派一名组员阅读史料信息。

【小组活动】任务二：阅读教材回答问题

找到美国独立战争的开始、建军、建国、转折、胜利的时间和标志。

【活动管理】教师通过 EN5 倒计时插件，设置阅读教材和问题讨论时间为 5 分钟，让小组成员在规定的时间内进行有效的阅读和高效的讨论。组长组织组员进行讨论，副组长负责记录经过讨论达成一致的问题答案，最后由汇报员汇报。教师在小组讨论时，要走下讲台，走进学习小组，关注各组问题讨论的情况，及时地提出建议和意见。小组讨论时间结束，教师通过班级优化大师，对各小组进行随机点名，由小组的汇报员就相应问题进行汇报，在汇报结束后，其他小组可以进行补充汇报或纠正答案，教师可以进行归纳点评，并通过班级优化大师进行即时的评价和表扬。

【小组活动】任务三：问题探究

（1）弱小的美国为什么能打败强大的英国？

（2）深入拓展，法国因为七年战争败给英国，在独立战争中看到了复仇英国的希望，所以出兵帮助美国，那么历史上英法一直是敌人吗？它们之间有没有过合作。

（3）美国通过什么手段巩固了革命成果？

（4）美国独立战争的性质。

【活动管理】教师通过 EN5 倒计时插件，设置阅读教材和问题讨论时间为 5 分钟，让小组成员在规定的时间内进行积极思考和讨论。教师在小组讨论时，及时走进学习小组，通过倾听讨论的内容，适时地给予思考方向的引导。小组讨论时间结束，教师通过班级优化大师，对各小组进行随机点名，由小组的汇报员就相应问题进行汇报，在汇报结束后，其他小组可以进行补充汇报或纠正答案，教师可以进行归纳点评，并通过班级优化大师进行即时的评价和表扬。为了检测小组阶段性合作学习的成果，李老师利用 Pad 设置了问题。

师：美国通过什么手段巩固革命成果？

A. 对外战争　　　B. 团结四邻　　　C. 颁布法律文件　　　D. 和英国建交

生用 pad 作答。

师：现在统计已完成人数 32 人，其中第 2 组完成情况不好，要给每个小组成员减分。

【小组活动】任务四：以史为鉴——想一想美国和中国的民族政策有何差别？

【活动管理】教师通过 EN5 倒计时插件，设置阅读教材和问题讨论时间为 5 分钟，让小组成员在规定的时间内，进行积极思考和讨论。要求每一组都要进行简要的汇报，引导学生树立"道路自信"和"文化自信"。

【设计意图】学生通过自主阅读、独立思考和交流讨论，熟悉教材内容，并通过问题探究了解到战争的性质往往能决定战争的胜负，通过探究英法关系，了解到国家之间的对抗与合作都源自国家的利益。合作学习中，通过希沃课堂活动来完成探究任务，培养了学生的合作意识和探究能力，确保了学生在课堂中的主体地位，也锻炼了学生的创新思维和逻辑思维，使学生将历史和现实结合起来，以史为鉴。

【课堂教学合作环节设计】

序号	学习目标	学习内容	资源类型	应用意图	工具选择
1	掌握独立战争的过程、性质、法律文件	知道独立战争的过程	交互式白板软件、史料、视频、思维导图	在小组合作学习和自主探究的过程中体会获取知识的幸福，提高学生的创新意识和学科思维能力	EN5、视频播放器
2		通过独立战争的背景和反抗对象分析独立战争的性质			
3		知道巩固美国独立战争成果的两部法律文件及其影响			
4		对比中美两国民族政策			

（3）巩固延伸，导图强化

【教师活动】布置课后作业

1. 各小组建构美国独立战争的思维导图，并通过幕布分享给老师和同学。

2. 完成美国独立战争的课后试题，并由各组录制"知识胶囊"并发布。

【小组活动】小组同学通过 UMU 平台，交流讨论，汇总整理答案；利用幕布建构本节课的思维导图；利用 EN5 的知识胶囊插件录制课后试题答案讲解。

【活动管理】教师关注各小组作业的完成情况，适时给予学习方法的指导。当学生独立完成习题挑战遇阻时，可以使用以下方法解决：（1）梳理教材知识，初步了解战争的历史意义。（2）使用全历史 App 中的关系图谱，查找相关资料。（3）与学习伙伴或者家长一起探讨整理的知识点。教师对小组建构的思维导图要及时地给予建议和正向积极评价。

【设计意图】让学生学会评价历史人物，通过对比分析知道历史人物在历史事件中的重要作用以及历史人物和时代之间存在怎样的关系。课后拓展的内容可以锻炼学生的历史思维，有助于形成历史核心素养。学生在幕布 App 上完成本节课最终的思维导图，然后分享给自己所在的小组成员，并交流设计意图以及查缺补漏。这种设计既强化了大脑对新知的认识理解程度，又做到了对思维和能力的锻炼，最终达到让学生夯实基础，强化概念，拓展思维，深化对所学知识的理解与巩固，提高学习深度与广度的目标。

【课后合作学习环节设计】

利用全历史、知识胶囊等软件工具，帮助学生锻炼高级思维能力和表达能力。小组分工录制课后习题讲解的知识胶囊，为学生拓展练习提供学习帮助，完成资产阶级革命知识的迁移。

序号	学习目标	学习内容	资源类型	应用意图	工具选择
1	美国独立战争拓展	评价华盛顿	全历史知识胶囊	学会评价历史人物是历史课标中的要求，知道历史人物在历史事件中的作用。对比分析这种能力的锻炼，能更好地提高解决新问题的综合能力	EN5知识胶囊①、全历史②、幕布③
2		录制课后习题的知识胶囊		换个角度看待问题、解决问题，可以培养学生的创新思维。由学生分组录制讲解课后习题的知识胶囊，可以锻炼学生的表达能力	
3		完善思维导图		通过课堂学习，完善课前制作的思维导图，并通过幕布分享给小组成员	

【样例评析】

本样例是统编版教材九年级上册第18课《美国的独立》的教学情况，根据《义务教育课程标准（2011版）》的要求，需要通过华盛顿、《独立宣言》和1787宪法，理解美国独立战争对美国历史发展的影响。案例中，李老师通过课前、课中、课后自主学习设计，紧扣课标，面向全体学生，实现了信息技术支持下的学习方式的变革与创新，激发了学生的学习兴趣，保证了全体学生在合作学习中的公平性。

第一，合作学习准备环节设计，重在"准"。

李老师利用微信小程序，准确掌握了学生成长背景、人格特征、价值观、

---

① 知识胶囊是EN5互动课件工具中的一个子工具，具有微课录制、屏幕录制、自动生成二维码、记录学习数据等功能。

② 以AI知识图谱为核心引擎，通过高度时空化、关联化数据的方式构造及展现知识的平台。

③ 幕布是一款生成思维导图的软件。

情绪情感需求和认知方式的不同，完成了组内异质、组间同质的学生分组。通过利用问卷星，发布问卷信息，李老师准确了解了学生关于本科教学的"最邻近发展区"，安排了信息收集组、历史人物探究组、疑问收集组、思维导图绘制任务小组。精准定位提供学习资源，制定学习目标要求，明确学习活动、学习方法等便利了学生有目的、有准备地开展自主学习活动。

第二，合作学习课堂环节设计，赢在"导"。

导趣，兴趣是入门的动力。只有激发学生的学习兴趣，学生的思维活动才会积极展开，李老师通过美国最初的国旗和现今国旗观察对比激发学生学习历史的热情和兴趣，使学生在轻松愉快中接受知识。

导向，使学生学有方向。李老师通过设计阅读史料、阅读教材回答问题、问题探究、以史为鉴四个任务和希沃课堂活动，引导学生自主阅读、自主探究，熟悉教材内容，并通过问题探究，落实教学重点——掌握独立战争爆发根本原因、《独立宣言》、1787宪法内容，培养了学生的合作意识和探究能力，确保了学生在课堂中的主体地位。

导疑，鼓励学生质疑问难。李老师采用了"学生质疑—老师引思—学生解疑"的方法。在小组合作学习中，学生对美国独立战争性质意见不一致时，李老师帮助学生梳理教材知识，提供全历史App中的关系图谱，引导学生相互解决疑问，突破了教学难点——理解独立战争的双重性质以及对美国的影响。

导法，教给学生学习的方法。李老师引导学生在小组学习的过程中逐步在幕布App上完成本节课最终的思维导图，然后分享给自己所在的小组成员，并交流设计意图以及查缺补漏。这种方法既强化了学生大脑对新知的认识理解程度，又做到了对学生思维和能力的锻炼。

第三，合作学习结果展示环节设计，胜在"新"。

内容新，评价华盛顿，在这一过程中"评价即对比"，学生学会评价历史人物方法的同时，提高了对比分析历史的能力。

形式新，知识胶囊的制作，拓展了学生的表达途径，培养了学生的动手能力和运用知识解决问题的能力。

能力新，学生在设计思维导图时，在对相关知识有明晰的了解的同时，已经融入了自己对教学内容个性化的思考、分析和理解，是自己对知识达成的新的意义建构。

这样，学生在"学"与"习"有规律的自然节奏变换中和谐发展，从而使教学进入有序有效的管理轨道。

第二节 学习小组展示交流策略

案例启思

赵老师是一名刚参加工作不久的青年教师，根据新课改要求，学生为主体已经成为教学工作中必不可少的一部分，《一次函数图像》这节课的开放性很强，题目的答案也并不唯一，适合通过合作学习后进行交流和呈现。因此，赵老师设计了以小组合作的形式完成本节课的教学。在讲解例题 $y=2x+3$ 后，赵老师按照座位对学生们进行了小组划分，并且布置了相应习题.

师："我们已经知道，一次函数的图像是一条直线，因此，画一次函数 $y=kx+b$ 的图像时，只要画出图像上的两个点，就可以画出这个一次函数的图像了，现在请以小组合作的方式完成下列习题：分别画出 $y=2x+3$；$y=-2x+3$；$y=0.5x+1$；$y=0.75x+2$ 的函数图像，再看看从中你能得到怎样的规律。"

第一小组："老师我画的是 $y=2x+3$，我发现它们经过的坐标象限不一样。"

第二小组："老师我画的是 $y=0.5x+1$，经过观察，我发现图像的增减性不同。"

第三小组："……"

第四小组："……"

这时赵老师发现座位靠后，成绩稍弱的第三小组和第四小组没有参与到课堂活动中来。第一轮的小组合作学习进展得并不顺利。课后调研时，师问学生甲、乙、丙为什么没有动手画图，是有什么问题吗？

学生甲："老师，您的那个题目我不怎么会画，他们都在做题，没有人教我。"

学生乙："老师，您的那个题目中我想画的图像已经被别人画了。"

学生丙："老师，我画图像的速度有些慢，没有画完。"

学生表述完毕后，赵老师意识到分组合作也需要把学生分工妥善，合理地搭配。

到了讲解一次函数应用时，赵老师请同学们计算一道有关沙尘暴风速 y（km/h)和时间 t（h）的变化图像的问题，可是在讨论的过程中又出现了新问题。

师："上述图像反映了从发生到结束的全过程，由四条线段组成，请结合题意说一说，四条线段分别代表沙尘暴处于哪个阶段？"

第一小组："老师，我认为 OA 表示沙尘暴的初期，AB 表示经过沙漠，CD 表示经过乡镇、防护林，直到消失。"

第二小组："老师，我认为 OA，AB 都是表示沙尘暴经过开阔的沙漠，因为它们都是加速状态。"

第三小组："老师，我也认为 OA 是沙尘暴的初期，AB 是经过沙漠。"

第四小组："老师，我觉得 BC 表示沙尘暴一直处于高速、匀速状态。"

赵老师发现回答问题的永远是那几个同学，展示交流环节所应起的作用并未得到充分体现，还存在着展示环节效率较低、对学生思维能力提升力度不够等问题。

在合作成果展现的过程中，学生的回答情况一片混乱，在具体的展示时，会出现要么意思重复，要么表述不完整的情况。这样不仅影响到交流展示的效果，还影响到学生交流展示效率。这引起了赵老师的思考：为什么进行交流展示时，小组合作学习学生之间的协作交流体现不出来？为什么通过小组合作学习，教学效果甚至不如传统的讲授效果明显？

问题剖析

赵老师的学习小组在展示环节反映出的问题有：

第一，分组情况不够科学合理。由于教师没有考虑到能力较弱的小组成员在交流展示中的参与程度，导致一些同学获得的参与感不强，甚至不愿参与，做一些其他与小组活动无关的事情。

第二，组内成员分工不够明确。由于教师没有帮助学生明确各自的职责，导致小组在交流、展示的过程中组员发言不积极、组内意见不一致、展示内容不全面等。

第三，展示汇报的程序不够明确。由于教师没有引导学生采用规范的汇报步骤，导致学生在展示汇报时盲目且随意，想到什么就说什么，没有得到统一，出现了意思重复和表述不完整的情况。

解决策略

上述课例所反映出的问题，让我们意识到在交流展示环节中学生的状态和协调配合是非常重要的，老师需要引导学生思考交流展示的分工和程序，让学生明白自己在交流展示中处于一个什么样的位置，职责是什么，自己应该做些什么，知道自己如何与小组其他成员进行协调与配合，因而我们设计了"协同展示"技术模型来实现有效交流与展示。

一、"协同展示"技术模型背景

为了更好地了解掌握"协同展示"技术模型，我们有必要引导学生全身心投入、相互配合，发挥"目标强化"和"情感融合"两大关键要素的作用。

（一）目标强化

帮助学生确立一个目标，随后教师要有意识地不断地强化这个目标。不仅要时时提醒学生关注自己的学习目标，还要提示学生学习目标的达成度。这样学生知道自己所在的小组要达到一个什么样的水平，需要从哪个方面去着手。目标明确，方向正确，努力准确，可以促使学生劲往一处使，力往一处出，有助于增强学生团队的凝聚力与向心力。

（二）情感融合

在学生进行交流展示时，要增强学生之间的情感，要让学生认识到：自己所在的小组就是一个团队，就是一个整体，自己就是整个团队的一分子。这样，学生就会产生归属感，就会从心理上、情感上融入这个小组当中，学生在学习中更容易走在一起，团结协作，共同完成学习任务。

二、"协同展示"技术模型概念

"协同展示"技术模型是基于沙伦、阿朗逊的凝聚力理论以及动机理论，借助信息技术工具构建的包含设计开放性问题、创建开放性环境、引导开放性讨论、鼓励集体智慧分享四个步骤的小组展示交流问题的解决方法。

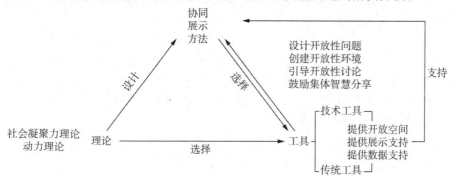

"协同展示"技术模型

117

（一）理论依据

沙伦与阿朗逊（Sharan，R.，Aronson，E.）等人的研究是以社会凝聚力理论为依据的。在其创设的学习小组交流展示中，学生都承担着一定的角色。实质上，这样做的目的就是要在小组合作交流中创造一种相互依赖性，不但可以使小组的成员协调工作，而且还使全班作为一个整体发挥整体功能。每个人不管其能力大小，都能给小组任务及全班任务的完成做出独特的贡献。

（二）方法步骤

1."协同展示"方法

"协同"是指依据小组合作任务及学习需求，设计开放性问题，创建开放性环境，引导开放性讨论，在信息技术支持下真正实现协同合作小组关系。

"展示"是指将小组协同合作的结论在信息技术支持下进行最大化的分享，以此促进学生的深度学习。

2."协同展示"步骤

步骤一：设计开放性问题

开放性问题的理解、解法是多种多样的，结果不唯一，能够吸引学生的注意力。同时，这样的问题学生往往考虑得不够全面，个人独立思考会有一定困难，急需与其他同学进行交流。合作学习给他们提供了一个展示自己、让别人了解自己的平台。在合作交流中，彼此观点不断碰撞，有争议的问题会变得明确，对知识的理解也会更加深刻。小组间的合作探究、思辨，既让学生在轻松和谐的气氛中巩固旧知识，又培养了他们创新思维能力。这种思维是根据已有信息，从不同角度、向不同方向思考，从多方面寻求多样性答案的一种开放性思维方式，当发散持续到一定的程度而产生质的飞跃时，发散就变成了创造，学生不依常规、寻求变异，从多角度、多方面思考，寻求解答方法，从而培养思维的流畅性、变通性和独创性。

例如：数学老师在讲解一次函数时，出了一道两个人在相同时间从不同地点出发，车速不同，计算出他们相遇时是否经过了某个地点的题。这道题有不同的解法，一种是当作应用题来做，另一种当作函数题来计算。不同的解法能够让学生从不同角度思考问题，运用不同方式解开问题，从而培养他们的发散性思维，异彩纷呈。

例如：七年级历史老师在讲解《唐朝对外关系》时，由于玄奘西行、鉴真东渡、遣唐使这三个资料史实大致相同，分析思路较为一致，历史老师便教授学生分析方法，再进行小组合作，并将合作学习分成了两个部分，其中一部分为复述史实，锻炼学生阅读教材、组合信息的能力和口头表达、团队合作的能力。

步骤二：创建开放性环境

创建开放式的教学环境能够让千姿百态的个性在合适的环境中得以发展，教师要营造一种"生生""师生"之间平等自由的氛围，通过学生之间的互相提问、互相帮助，让学生思考、讨论、展示，从而完成任务。班级里有些同学不善于表现，要多鼓励这部分同学，给他们展示的机会。对于学习有困难的同学，不要放弃，简单容易的部分让他们完成，多让他们发言，和优等生搭配，完成得不充分时，让优等生补充，这对他们也是一种很好的锻炼。对于一些任务，老师鼓励小组成员推荐不经常展示的同学完成任务。为了完成任务，大家互相帮助，让他们先在小组里展示，知道怎么展示后，然后当众展示。这部分同学展示时，组员可以一起辅助，起到现场助教的作用。这样就可以促使一部分不主动发言的同学积极主动，给他们创造锻炼的机会。

例如：八年级的侯老师在讲解《你怎么了》这一节课时，为了让学生能够进入学习情景，剪辑了感冒、发烧、咳嗽、牙疼等视频素材，将学生代入到询问"你怎么了"的情境中。学生在上课之前按照自己的表现能力选择要扮演的角色，形成自然分组，老师考虑到学生的性格差异和学习成绩的不同，再次进行宏观调控分组，本节课课堂氛围活跃，学生的参与度较高。

步骤三：引导开放性讨论

小组同学理解题意后，自行交流，对题目进行研究，讨论解题的方法。小组成员们在讨论时可以互相取长补短，未讲解的同学监督讲解的同学，讲解的同学有失误的地方，其他同学或小组成员可以主动做适当补充。小组成员可以轮流替换，从而更好地完成讨论的任务。教师站在后排监督课堂动态，对于讨论出现问题的小组给予一定的帮助，讨论完后要及时反馈，指出不足之处。教师要随时关注课堂上的每一个细节，遇到学生解决不了的问题，教师要尽职辅助，尽量做到少讲或不讲。

步骤四：鼓励集体智慧分享

在进行小组交流展示的过程中，如果只是一味地让某些学生展示自己的想法，渐渐地，其他的学生就失去了交流展示的兴趣。因此，在教学中不但要让学生敢于表达出自己的想法，还要让他们积极分享个人智慧与集体智慧的结晶，让他们在协作展示中获得个人成就感的同时，也能获得集体荣誉感。学生可以根据自己小组的情况，根据自己小组的成员能力来呈现展示的最终结果。比如在某一小组中，两名同学收集资料，一名同学做PPT，一名同学为全体同学讲解，学生对于自己擅长的领域有充分的把握，再把组内成员的所有长处加在一起，合作探究后的结果呈现会更好。这种集体的智慧结晶可以促进学生更加积极地去学习、去合作、去探究、去分享。

例如：七年级语文老师在讲《走进中秋》一课前，将学生分为"中秋来历小组"、"中秋习俗小组"和"中秋诗词小组"，经过半个月的搜集和整理，各小组分别准备好了PPT、手抄报、诗词竞赛等集体智慧结晶呈现在课堂上，学生乐于进行合作学习的交流展示。

（三）工具选择

工具选择在这里主要的目的是提升学生的小组合作参与度与积极性，拓展展示与交流的时间和空间，实时展示与分享过程性学习成果，实现基于成果的批判性思考和深度互动，推动过程性成果的沉淀与积累，具体可以从以下几个方面选择。

1. 课下小组协同展示交流工具

课下小组协作展示交流活动目的是让学生能够共同分担学习任务，促进学生积极参与，实时展示与分享过程性学习成果，推动过程性成果的沉淀与积累，从参与中获得知识与能力。在没有面对面交流的情况下实现这个目标，选择适切的信息技术工具尤为重要，常用的课下小组协同展示工具有：腾讯会议、钉钉、CCtalk、UMU互动平台、幕布、腾讯文档等。

例如：英语《皇帝的新衣》课前教师将故事中涉及的单词、重点句等基础内容作为课前小组合作预习的内容。组长通过钉钉软件提出问题，组员通过留言区实时发表自己的学习结果和想法，实现了实时交流和反馈，完成预习任务。由于这一节的课文是以戏剧对话的形式呈现的，所以老师留了一个课后作业是，小组分工分别通过扮演《皇帝的新衣》故事中的皇帝、大臣、小孩、平民等角色来重现课文场景，要求必须运用本课当中的重点单词和句型，但可以发挥想象再创作。学生在学校分配好角色，并且利用课下时间进行部分内容的修订和创造，但是放学前小组没有时间完成演练。组长们约定组员回家后练习自己的部分，然后线上演练。以其中一个小组的组长为例，组长将组员的对话以Word文本的形式上传到"钉钉"群里，在晚七点时邀请组员加入其中，这位组长同时邀请了老师进入在线演练中，在每个组员练习自己的对话内容和衔接配合后，老师给出了中肯的建议和纠正，组长再次组织组员二次修订，并在第二天展示出了他们的小组成果，受到了全班同学一致好评。

信息技术支持下的展示交流活动打破时间、空间的限制，使小组合作贯穿了学生课前预习和课后复习的始终。这种形式使学生在课后的学习中也能接受来自同学和老师的不同观点和意见，这样的平台在小组内和小组间产生了多层次、多角度的交流模式。老师需要根据本班学生的学情和学习内容把重点部分交给组长，过程中辅助完成小组协作，引导每组学生都参与到其中，及时地沟通和讨论，这样能够让学生们更加深入理解和应用学习的内容，使课下学习仍然具有和课上讨论一样的氛围和效果。

2. 课上协同展示交流工具

课上展示交流活动的目的更多指向拓展展示与交流的时间与空间、实时展示与分享过程性学习成果、实现基于成果的批判性思考和深度互动，从而实现引导学生深度学习的目标。常用的课上协同展示工具有：班级优化大师、投屏工具、教学助手、UMU 互动平台、思维导图、汗微互动教学软件、一体机手写功能等。

例如：地理老师在讲授行政区域划分内容时，要求小组合作将图册上的部分内容快速记忆并总结方法，分享交流。在这个环节中该老师运用了倒计时工具、随机点名工具、投屏工具。

首先，这位老师让组长带头巩固刚才的学习内容，然后组织小组背诵，互考互改。在这期间，老师打开 EN5 中的计时器功能，设计倒计时 3 分钟的时间，然后全屏限时，学生在倒计时的影响下，自觉集中精力，在倒计时之前完成这部分学习内容的内化，小组成员互考的过程对于记忆是有很大帮助的。

第二，为了检测小组学习成果，老师又利用弹幕工具，让学生将自己的方法投到屏幕上，拓展展示与交流的时间与空间，实时展示与分享过程性学习成果。

第三，为了培养学生基于成果的批判性思考和落实引导深度互动目标，老师又运用投屏工具，对比投出各小组总结的方法，进行评价交流。

样例展示

初中物理《质量》展示交流教学活动设计

一、设计背景

1. 知识目标与重难点

物理教学中概念教学《质量》一课知识目标包括初步认识质量的概念，知道质量单位，了解天平的构造，掌握天平的使用方法。其中教学重难点是质量的概念和天平的使用方法。

2. 影响重难点突破的因素

第一，由于课堂时间空间有限，小组成果展示广度深度不够。

第二，传统演示用实验器材太小，展示交流效果不佳。

第三，传统语言类型的交流方式缺少对学生讨论与学习过程的记录，不利于学生深度思考。

3. 问题解决思考

思考一：如何拓展时间和空间？

传统的实物展台只展示结果，投屏既可以拍摄图片又可以拍摄视频，让学生对视频的过程进行评析。

思考二：怎么提高学生的学习兴趣？

大屏幕上如果出现的是自己或者是同学，将大大提高课堂的参与度。

思考三：如何提高现有资源的利用效率，低成本高效率地帮助教师信息化教学，让学校资源产生价值？

思考四：能否把展示交流中有意义的图片或视频保存起来？课堂上展示点评的内容在以后学习中，如果再次遇到可以让同学们观看以加深印象。

4. 问题解决思路

设计开放性问题：小组合作总结质量单位的不同表达形式。小组合作探究使用天平的正确方法，如果物体和砝码放反了其结果会怎样？这节课你收获了什么？

创造开放性环境：选用汗微互动教学工具，通过投屏技术，实现走动加互动展示交流效果，助力问题解决。

二、展示环节设计

1. 合作自学展示设计

师：同学们课前已经自学了导学案的第一部分，包括物体的组成，质量的概念和单位，填写常见物体的质量单位。下面看看大家的学习成果，哪一组同学愿意和大家一起分享交流呢？

学生小组代表汇报。

组1：物体是由（物质）组成的。

组2：物体含有物质的多少叫（质量），用（m）表示。

组3：质量的国际单位是（千克），还有常用的（吨），（克），（毫克）。

组4：质量的国际单位是（kg），还有常用的（t），（g），（mg）。

教师将两组不同结果用手机拍下呈现在教室前方的屏幕上，学生对比、讨论、交流，得出最佳答案后将自己的答案进行补充完善。

组5：常见物体质量单位填空。一名中学生的质量约60（千克），一枚大头针的质量约80（克）。

组6：一枚大头针的质量约80（mg）。

当学生答案有分歧时，教师将手机固定在支架上，将汗微互动软件调整为直播模式，拿出课前准备好的标有质量的常见物品，并依次把物品标出的质量放在手机的摄像头前，学生们在大屏幕上就可以清晰地看到自己熟悉的物品的质量，一根马可波罗香肠的质量为60g，一瓶营养快线的质量为500g，一袋干脆面的质量为22g。

教师再次投屏组5和组6同学的不同答案，引导学生对比刚才见到的熟悉物品的质量，分析得出一枚大头针质量的正确答案。

物品质量平时生活接触较少，学生对于 1g、1mg 认识模糊，但是学生对于质量大和小有基本判断，利用直播技术将熟悉物品的质量依次呈现出来，让学生对质量大小有感性认知，直播的形式不仅增加了课堂的趣味性而且操作简单，最重要的是所有同学都能清晰地看见物品标注的质量。传统方法用实物投影进行展示交流，调试设备往往会耽误很多时间，如摆放的位置角度是否合适，大小比例能否让后排同学看清等。而教师使用投屏技术大大提升了展示交流的效率。在汇报时出现不同的答案，可以同屏展示，方便同学们对比和交流，教师可以在手机端及时有效地批注，让同学对知识点有更深一步的了解。

2. 合作实践展示设计

师：请组长拍下每个小组操作称量小石块的质量过程上传，我们一起来交流一下各小组操作的过程规范性。

生 1：不能用手直接触摸砝码。

生 2：在实验过程中动了平衡螺母。

生 3：物体和砝码放反了。

教师针对学生 3 提出的典型错误操作，再次在大屏幕上呈现一张正确的左物右码图片，教师追加提问，物体和砝码放反了，天平可以平衡吗？砝码和游码的读数两次相同吗？必须左物右码才能读出物体质量吗？

小组再次合作讨论上述问题。

小组 1：物体和砝码放反了天平依然可以平衡。

小组 2：不相同。

小组 3：我们小组发现读数之间存在一定的关系，当物体放左盘时，物体的质量等于砝码质量加上游码质量。当物体放右盘时，物体的质量等于砝码质量减去游码质量。

小组 4：不用必须左物右码，相反也可以计算物体质量，但是习惯上把物体放左盘，游码相当于右盘的小砝码。建议左物右码。

小组录制的称量小石块质量的视频，给学生带来直观生动的感受，投屏技术让实验细节清晰地展示在学生面前，当同学发现物体和砝码放反了这一典型问题时，教师抓住问题追加提问，引导学生集体讨论，教师适当地指导，得出结论。

3. 总结提升环节展示设计

教师在每个小组的桌面上准备了一张白纸和一盒彩笔，小组合作利用思维导图的形式，绘制出本节课的收获。计时 8 分钟，教师打开汗微软件中的计时器功能。

学生动手绘制思维导图。

教师在巡视过程中在大屏上直播小组的导图制作过程，供老师和同学们观看，小组作品完成后，拍照投到大屏上，同学们点评赏析。

教师将多组思维导图同时呈现在大屏上，同学们对比赏析。教师鼓励孩子们分享集体收获和智慧。

学生展示交流。

第2组内容不完整，缺少质量的概念。

教师在手机上根据学生的点评进行内容添加。

第3组思维导图中出现错别字，教师在手机屏幕上改正同步在大屏幕上。

第5组思维导图思路清楚、知识全面，图形美观，教师随即在手机上奖励第5组一枚贴纸。

【样例评析】

案例中的教师深知传统的实物展台只展示结果，而选择投屏既可以拍摄图片又可以拍摄视频，让学生对视频的过程进行评析，这样拓展了时间和空间，创建了良好的开放性环境。利用投屏和录制的方式让大屏幕上出现自己或者是同学，以学习小组为单位分别展示自己的研究成果，分享总结研究经验，有了这样的舞台更能提高学生的学习兴趣，锻炼学生团结协作能力，大大提高课堂的参与度和效率。简洁精致的开放性问题能够引导学生在组内共同完成教学目标，协同研究，互相补充，促进知识体系构建，掌握重点，攻破难点。小组讨论环节留给学生充分的自由度和展示空间。学习小组展示收获的形式让学生乐于参与，敢于分享，形成了良好的学习氛围和教学策略。

第一，创设良好的、开放的交流展示环境。

新课程把教学过程看成师生交往、积极互动、共同发展的过程，教师的行为决定了课堂教学的氛围，影响着整体教学的效果。教师使用投屏技术代替了原始的实物展台，将静态变为动态，使演绎的知识原理更加深刻透彻，同时大大提升了展示交流的效率，并且大屏幕上出现的是学生本身，也会大大提高课堂的参与度。

教师精心为课堂展示营造良好的氛围，努力创设一种轻松、愉快、平等、民主、和谐的学习环境，真诚地尊重学生的发现，巧妙地启迪学生的思维，使学生的心灵处于动态发展之中。

第二、用心选择"精品"型开放问题。

教师创建的开放性问题贵在"精"，必须是学生深入探究的问题，必须是能够迁移到本节课的教学目标的问题。教师设计了一个动手操作展示问题，并利用视频记录上传全班展示。"请组长拍下每个小组称量小石块质量的过程上传，我们一起来交流一下各小组操作的过程规范性。"这种需要人人参与的问题很自然地就让学生自动参与研究之中。这样，学生获得了精神上的自由，勇于表现的欲望被激发，有想法就能表达，有疑问就会提出，交流展示真正成为观点交流、智慧碰撞的舞台。

第三，引导开放性问题讨论要张弛有度。

教师通过拍摄一些有代表性的学生称量小石块质量的影像资料，针对其中的问题发问让学生进行讨论。这样的讨论无论是组内小展示还是班内大展示，都要明确展示是提升，绝不是各小组对导学案上问题答案的重复性讲解，统一答案。在实践教学中，有的老师在学生小组讨论、交流之后，就让学生分组或自荐按照顺序把学习任务中的内容逐个都展示出来，这样既浪费了时间，又不能抓住重难点；也有的老师只注重学习任务的展示，认为只要把学习任务中安排的内容完成，就达到了教学目标，忽略了课堂内容的适当拓展和延伸。教师引导下的讨论要能反映本学时的重点难点，展示组内或全班带有共性的问题、易错的问题，展示经过自己独特思考、发现的一些规律，包括学习方法总结，学习的新发现、新感悟等。

第四，集体的智慧使知识最大限度地被学生接受。

在总结提升环节展示设计中，老师在每个小组的桌面上准备了一张白纸和一盒彩笔，小组合作利用思维导图的形式，画出本节课的收获，并利用大屏幕分享自己的成果。这样可以培养学生良好的展示习惯，培养学生敢说的勇气，引导学生用标准的普通话进行表达，思路清晰，语句完整，语言精练且重点突出。学生要有个人的见解，要勇于展示自我，以在同学中表现自己为荣，不怕出错，就怕不说。要善于倾听：一听发言的大致过程，从总体上把握别人发言的要点；二听别人解答问题的思维策略、采用的思考方法；三听别人的观点与自己的想法有哪些不同，分析出其正确与错误、合理与不合理的地方，以便进行修正和补充。积极评价：一是评价别人的亮点，充分肯定别人；二是指出不足的地方；三是提出自己的观点或建议。在交流展示活动中，既不能成为旁听者，也不能只注重表达自己的见解，而忽略了别人有益的建议。要善于在别人的见解上完善自己的见解，在自己发言之后，收集有益的反馈信息。要将说与听有机结合起来，有所倾听，才能有所表达，有了听与说，才有对知识的理解。总之，交流分享展示是小组合作学习的核心环节，科学地指导学生有效地进行交流分享展示，便能在激发学生潜能的同时促使课堂教学更加高效。

第三节 自评与互评的组织策略

案例启思

  八年级历史的李老师，在讲授《香港和澳门的回归》一课时，在小组合作学习后，要求每个小组以思维导图的形式分享合作学习成果，再由其他小组进行评价和打分。

  师：首先请第三小组为我们介绍他们的思维导图。

  第三小组：我们以"一国两制"为中心建立思维导图，分别介绍了香港和澳门回归的背景、时间以及回归后香港和澳门的发展。

  生1：我很喜欢第三组的思维导图，因为他们在绘制思维导图的时候用了很多种颜色，很吸引人。

  生2：我认为第三组的思维导图画得非常好，不仅把香港和澳门回归的背景、时间、地点都标注出来了，还呈现了回归后的香港、澳门蓬勃发展的景象，知识点介绍得非常全面。

  生3：我觉得第三组的思维导图画得非常好，因为他们在思维导图中还画了香港的区旗和区徽，整个画面非常好看。

  在打分环节，李老师发现各小组的分数基本上没有太大差别，还出现了两个小组分数一样的情况，最关键的是学生只从片面评价优点，没有给出评价理由及展示作品存在的不足与建议。

  为了更好地完善合作学习中的评价环节，李老师在课后询问了同学们对于小组之间相互打分的看法。

  师：你给第三组思维导图打分时，主要依据什么？

  生1：我觉得思维导图清晰，内容全面就可以了。

  生2：我更喜欢色彩丰富的思维导图。

  生3：我觉得第三组的王同学学习很好，也乐于助人，所以我投他一票。

  李老师发现同学们评价的话语都是我觉得、我喜欢、我认为，在评价过程中都更倾向于个人的情感偏好和自己的经验判断。

问题剖析

  上面案例反映出来的问题突出表现在如下三个方面：

  从"生1：我很喜欢第三组的思维导图，因为他们在绘制思维导图的时候用了很多种颜色，很吸引人。"的评语中，可以看出学生的评价依照个人感觉进行判断，缺乏科学性和准确性，评价的着力点也经常发生偏移。

从"生2：我认为第三组的思维导图画得非常好，不仅把香港和澳门回归的背景、时间、地点都标注出来了，还呈现了回归后的香港、澳门蓬勃发展的景象，知识点介绍得非常全面。"的评语中，可以看出学生的评价是依照自身已有的经验来进行判断的，与课程标准存在一定的偏差。

从"生3：我觉得第三组的王同学学习很好，也乐于助人，所以我投他一票。"的评语中，可以看出学生的评价依照个人情感偏好，带有非常强烈的个人色彩，导致评价不具有客观性。

解决策略

有效的自评与互评是学会学习的重要内容，可以帮助学习者不断调整学习过程与学习策略，扩大学生之间相互学习与交流的范围和深度，提升学生参与的积极性，并为学生创造自我反思与自我认知的机会，提升学生的评价能力。信息技术支持下的评价工具，要推动学生深化对学习目标和学习内容的理解，以及帮助学生掌握科学有效的评价方法。因而我们设计了"制规定法"技术模型，来解决合作学习中的评价问题。

一、"制规定法"技术模型背景

要构建"制规定法"的技术模型，有必要先了解评价量规、评价方法和评价主体的概念。

1. 评价量规

评价工具的层级体系、结构分支、绘图数量和质量的变化，均可作为评价小组合作学习水平的评价指标。它将学生的认知发展与应用可视化工具过程中的非认知能力发展相统一，重视学生全面发展的评价，激发每个学生的主体性和个性潜能。

2. 评价方法

为深入了解合作学习过程的实质水平，应将定性和定量评价相互结合。可视化工具的应用，推动了师生注重量化和质性评价的双重结合，从全面宏观的角度考虑学生合作学习的程度，既从数量、可视化、具体显性维度评价其知识的掌握，又从内涵、隐形、抽象的维度评价其社会性和能力的发展。

3. 评价主体

为明确合作学习任务，加强学生和小组的自我监督、反馈与提升，在选择适宜的可视化工具后，学生自己、小组内、小组间以及教师可利用这一工具逐一进行评价。可视化工具以可视化、显性化的特点充当沟通和自我反思的有效桥梁，能够促进生生、师生之间有效沟通和评价，实现评价主体的一元向"二元""多元化"发展。

二、"制规定法"技术模型概念

"制规定法"技术模型是基于社会互赖论、社会建构主义理论，借助信息技术工具，破解自评与互评活动组织中学生凭感情评价、凭经验评价、凭感觉评价等问题的方法类模型。该模型包含制定评价量规、选定评价工具、设计评价流程三个步骤。

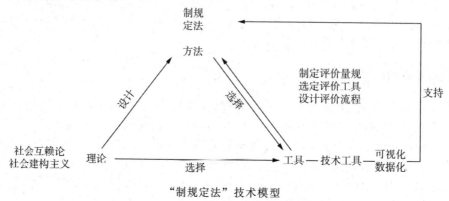

"制规定法"技术模型

（一）理论依据

"制规定法"技术模型的理论基础主要有社会建构主义理论和社会互赖理论。

1. 社会建构主义理论

社会建构主义理论强调学生的学习活动需要与任务相结合，以合作和竞争等形式探索问题来引导和驱动学习者的兴趣和动机。在讨论教师的职责角色时，社会建构主义理论认为教师要从对学习者传递知识的教学方式转变为引导学生探索、思考，平等参与知识建构的教学方式，并在建构过程中提供学习者需要的指导与帮助，与学习者形成合作的关系。

在讨论学习环境对学生学习的影响时，社会建构主义环境论指出物理学习环境、资源学习环境、技术学习环境和情感学习环境是个体获取知识的必备前提条件（David H Jonassen&Lucia Rohrer-Murphy，1999），他们认为环境本身并不对学习过程和学习结果真正起作用，而是学习者对学习环境的感知和利用（何克抗，1997）。因此，教师要充分利用多媒体技术提高教学环境的互动性和趣味性，营造轻松愉快的学习氛围，促进学习者能力和思维的发展。同时，教师要树立知识的群体性观念，发挥其主导作用，创设利于学生学习互动的环境，引导或安排学生在群体学习活动中组织和参与学习。

2. 社会互赖论

社会互赖理论（Social interdependence perspective）由约翰逊兄弟在德徐

(Desutsch，M）的合作与竞争的理论基础上拓展而来。社会互赖的结构方式决定着个体的互动方式，依次也决定着活动结构。约翰逊兄弟明确指出，教师在教学中可以构成三种目标相互依存的关系：合作的目标结构（目标之间是肯定的相互依存关系）、竞争的目标结构（目标之间是否定的相互依存关系）、个人主义的目标结构（目标之间无相互依存关系）。合作的目标结构是学生感到只有和自己有关的其他同学达到了目标时他自己的目标才能达到；竞争的目标结构就是学生感到只有和自己有关的其他同学不能达到目标时他自己的目标才能达到；个人主义的目标结构就是学生感到自己和其他同学在实现各自的目标上毫不相干（见下表）。社会互赖理论在肯定合作学习价值的前提下，高度强调了合作学习对于学生知识获得、问题解决、学习动机、自我反馈、自我效能感和沟通合作方面发展的优越性和重要意义。

不同目标下的学生之间的关系

合作的目标结构	竞争的目标结构	个人主义的目标结构
大量的相互作用	很少相互作用	
有效的意见沟通	没有意见沟通，或欺骗性威胁性沟通	
得到他人的帮助、指导，分享他人的成绩和来自同伴的有利于成就的影响	他人的成绩是自己的障碍，同伴的成就是不利的影响	
处理问题解决中的冲突，高度发散性思维和冒险性思维	处理"输—赢"冲突，低水平的发散性思维和冒险性思维	无相互作用
同伴之间高度信任	同伴之间低水平信任	
得到同伴高度承认和支持	很少得到同伴的承认和支持	
几乎全体学生都情绪高度投入学习并承担任务	有胜利希望的少数学生情绪高度投入学习并承担义务	
充分利用其他学生的聪明才智	不能利用其他学生的聪明才智	
可以进行分工	不可能进行分工	
减少对失败的恐惧	增加对失败的恐惧	

（二）方法步骤

1."制规定法"方法

"制规"是指以合作学习目标为核心，依据定量与定性相结合的原则，制定自评与互评的评价量规，为合作学习自评与互评提供标准。"定法"是指依据量规，借助信息技术支持选择适切的可视化工具、设计自评与互评流程，以此实现引导学生在合作学习中获得知识、解决问题、自我反馈，增强自我效能感和提升沟通合作的能力。

2."制规定法"步骤

"制规定法"共包含制定量规、选定工具、设计流程三个步骤。

步骤一：制定评价量规。

制定评价量规是"制规定法"的第一步。

评价量规是一种结构性的等级量化评分工具，这一评价工具可以用于形成性评价，也可以用于总结性评价。在以学生为中心的合作学习方式中，评价量规是一个非常有效的评价工具。

一个有效的评价量规能清晰定义出"什么是高质量的学习"，评价量规主要包括评价维度、评价等级、分级指标、评价权重四大部分。

一般来说，评价量规需要具备下列三大特点：

第一，评价维度能紧密结合学习目标，体现评价学习目标是否达成各方面要求。如给一个小组进行评价可以从认知水平、参与程度、组内氛围、学习成果等方面入手。

第二，针对具体的评价维度，尽可能等距离地设定评价等级，一般设置3—4个等级。

第三，用具体的、操作性的描述性语言清楚地说明分级指标，而不是抽象的、概念性的语言。通过分级指标，学生能轻松地判断出自己所处的等级以及如何做可以获得提高。

依据评价量规的特点，合作学习评价量规的制定需从自评和互评两个维度进行设计。

除了以上三点之外，评价量规中还可以设定每个评价维度的权重，也可以为每个等级赋予一个分数。当评价需要给定一个分数时，就可以使用具备权重和分数的评价量规，参看下面的样例：

探究学习自我评价量规

评价维度和权重 ＼ 评价等级		4	3	2	1
提出探究问题	0.2	能自己分析具体情境，提出并确定问题	给出主题后，能自己确定问题	能在教师的帮助下提出并确定问题	教师给出问题
设计探究方案	0.4	能针对探究目的和条件独立设计出科学的探究方案	能在教师的帮助下，自己设计出科学的探究方案	师生一起设计出科学的探究方案	使用教师提供的探究方案
分析探究结果	0.2	能综合分析探究过程中的信息，并得出自己的结论	能分析探究过程中获得的信息，并在教师的指导下得出自己的结论	在教师的指导下分析探究过程，并得出结论	简单复述探究的过程
展示探究结果	0.2	能有效地使用媒体，以多种方式展示探究结果，并发布在网上	能有效地使用媒体，以多种方式展示探究结果	以多种方式展示探究结果，但有些媒体使用不恰当	只能使用书面报告的形式呈现探究结果
学生自评得分					

　　在组织学生自评与学生互评时，要保证学生对其他小组成员和其他小组做出合理的评价，从评价中寻找反映学生个人和团队学习合作的真实情况和改进方法，以及小组学习状态、合作意识、学习能力和学习效果等。要积极引导学生参与合作学习，增强合作的意识，营造学生是学习主人的学习氛围，进而增强集体自尊心、使命感、荣誉感，提高学生分析问题、解决问题的能力。将评价量规可视化，可参照下面样表：

小组合作学习综合评价量规

评价内容		分值	自评	互评	师评
态度与兴趣	态度认真、兴趣浓厚，尽情发挥特长	5			
	态度认真，不主动参与讨论	3			
	态度敷衍，不配合分工	1			
协作和奉献精神	共建共享，无私奉献，尊重他人意见	5			
	虚心学习，能帮助配合团队成员	3			
	不能参与讨论和清晰描述自己的想法	1			
创新和实践意识	能力突出，不断创新	5			
	发挥个性，施展才能	3			
	缺乏好奇心和探究精神	1			
情感和能力提升	掌握新技能，有较强的集体荣誉感	5			
	突破自己，树立合作意识	3			
	没有突出能力，责任感不强	1			
作品评价	知识结构层次清晰，形式丰富	5			
	内容充实，效果较好	3			
	布局混乱，方式单一	1			
得分					

步骤二：选定评价工具

评定工具选择的主要依据为利用信息技术的支撑将自评与互评的过程及结果可视化，直观清晰地让学生参与到评价中来，提高学生的评价能力并通过评价来完善自身知识体系的构建和深化对知识的理解与探究，发挥小组合作学习的优势，提升课堂教学效益。

在工具的选择上面我们侧重开发社交工具、思维工具、调查工具、演示工具、网络储存工具与评价的结合与应用。

例如：小学 5 年级的王老师最近邀请同学们总结成语分类，并以合作学习的方式进行，第一小组通过幕布 App 合力完成了 5 年级人教版语文教材中关于描写人物成语的思维导图，并面向全班做了分享。第二小组利用 EXCEL 表格，梳理了 5 年级人教版语文教材中关于历史故事的成语。为了把握学生的掌握情况，王老师利用希沃白板 5 的云课堂和同学手中的 iPad 建立起了实时线上测试。

师：请同学们完成屏幕上的第一道题，从以下成语中选出描写人物情绪的成语：A. 能说会道　　B. 喜出望外　　C. 举一反三　　D. 望梅止渴

学生利用 iPad 回答测试题目。

师：这里显示已经有 38 名同学完成了任务，正确率高达 100%，说明我们第一组和第二组同学的分享非常成功，同学们掌握得很扎实。

步骤三：设计评价流程

1. 学生自评——首先参照评价标准表格进行自我评价，随后建立电子成长档案袋，形成人人参评的局面。

2. 组内互评——首先组内成员根据该同学在合作学习中的表现进行交流和讨论，随后参照评价标准表格进行组内互评。

3. 组间互评——首先认真观看小组成果展示，随后参照评价标准表格进行组间互评，还可借助问卷星、抖音、美篇等工具的技术支持，让评价主体更加多元。利用钉钉 App 进行线上互评，突破课堂上时间紧张的局限性，给予同学们更大的发挥空间。

4. 教师评价——首先观察学生在合作学习过程和成果展示环节的表现和参与程度，随后参照教师评价标准表格进行评价，教师的评价起到诊断课堂教学问题、促进学生发展的目的。

（三）工具的选择

1. 线上互评工具——钉钉[①]

利用钉钉软件组建班级管理群，邀请本班同学加入，老师可以利用钉钉软件组织线上组建互评，还可以建立学生的成长日记，让学生更好地看到自己的进步和不足。

---

① 沟通和协同的多端平台

例如：七年级的韩老师，在讲完《集体生活成就我》一课后，想要以此为主题开展班会，让大家互相评价合作学习的结果，也想让家长了解孩子在集体生活中的变化，帮助学生在集体生活中找到自己的定位。因而韩老师利用钉钉召开了线上班会。

师：同学们通过上一节课的学习，哪一小组评选的班级小英雄你最想点赞？

甲：第二小组评选出的王新同学我最想点赞，因为他总是帮助成绩落后的学生，利用课余时间为同学讲题，我觉得他就是我们身边的小老师。

师：那么请第二组同学分享一下，你们是怎么发现我们班级小英雄的？

第二组生1：我坐在王新同学的后边，经常向王新同学提问，王新每次都非常细心地帮我讲解试题。

第二组生2：个性和集体融合起来，不会失去个性，相反，只有在集体中，个性才能得到高度的觉醒和完善——［法］巴比塞。我觉得这句话很好地体现出了个人与集体的关系，因而这句话成了我们组分享的金句。

师：请其他小组根据第二组的汇报对第二组进行评价。

第一组：我觉得他小组成员都有分工，能够互相配合。

第三组：我们组认为第二组的同学乙并没有很好地参与其中。

第四组：我们组认为他们引用了名人名言，加深了我们对于主题的认识。

师：感谢大家的互相评价，我会将我的评价和同学们的评价写进成长日记中去，希望经过初中三年的积累，这个成长日记能成为你们美好的回忆和应对困难时的勇气。

2. 教师评价工具——班级优化大师①

《国务院关于基础教育改革与发展的决定》提出："鼓励合作学习，促进学生之间相互交流、共同发展，促进师生教学相长。"在制定评价标准时不能忽视个体之间的差异，要为学生、教师和学校的发展提供一定的空间、个性。我们要尊重青少年的发展规律，重视过程。班级优化大师中的班级管理功能，可以更好地见证学生的成长。

例如：八年级的刘老师，利用班级优化大师，为全班同学建立了学习积分大榜，会根据同学在课堂上的表现给予加分或减分，每周会进行一次统计并公布排名，每个月会选出学习小能手的每月之星，极大地激发了同学们的热情，也给予了那些慢热的孩子一个更广阔的成长空间，这样的评价方式更注重一个孩子的成长过程而不是每一次的考试结果。

---

① 智能管理班级工具

师：同学甲在本周的生物课上为大家介绍了传染病及其防治的知识，因而给他加上 3 分。

生：这样我的等级就可以提高了，我的头像可以从爬行动物升级为哺乳动物了。

师：同学乙本周的三次作业完成得都非常好，可以给他加上 2 分。

生：那我的积分排名也提高了，我可以从两栖动物进化为爬行动物了。

3. 自评与互评工具——问卷星①

利用问卷星的问卷调查功能和投票功能，发起线上投票，可以将学生合作学习的成果面向全社会分享，以此架起社会教育和学校教育之间的桥梁。

例如：舞蹈尹老师就利用问卷星的投票功能将四个小组的扇子舞表演视频上传到问卷星平台，并面向社会发起投票。根据最终的投票结果和学生平时上课表现打分，以此为学生舞蹈课的期末成绩。

样例展示

样例一：初中美术八年级《漂亮的灯饰》小组合作学习评价设计

一、设计背景思考

1. 知识目标与重难点

了解手工灯饰的制作方法，学习装饰灯饰的四种手法，设计制作一件有创意、富有美感的手工灯饰，为生活增添情趣。其中的重难点是让小组合作设计制作一件有创意、美观的手工灯饰。

2. 教学问题

如何让学生更深度地合作交流并赋予作品情感，以及借助信息技术工具，解决学生在自评与互评活动中凭感情评价、凭经验评价、凭感觉评价的问题。

3. 教学问题解决思考

思考一：如何确定评价量规？

以学生所要达到的学习目标为标准制定评价量规，规划评分细则。

思考二：如何依托信息技术选定评价工具？

评价工具的选定是为了将评价过程和结果可视化，我们利用钉钉等社交软件可以突破课堂对于评价的时空限制，利用问卷星等调查工具软件可以丰富评价主体，利用幕布，POWERPOINT 等工具软件，可以呈现合作学习的成果。

---

① 线上问卷调查、考试、测试、投票平台

思考三：如何设计评价流程才能促进学生深化合作成果？

评价流程要清晰直观，可操作性强，形成人人参评的局面，教师通过引导学生开展自评和互评，提高学生的语言表达和分析问题的能力，帮助学生分辨、发展、构建，最终深化学习内容，从而帮助学生提高核心素养综合能力。

二、评价环节设计

1. 自我评价环节设计

师：同学们，通过学习大家已经掌握了装饰灯饰的四种方法。下面请以小组为单位为学校的报告厅设计灯饰，在合作学习之前，请大家默读一下合作自评评价量规。（出示自学评价量规）老师希望大家合作学习过程中，按照量规要求，每个人能达到等级"4"标准。

自我评价量规

评价维度和权重 \ 评价等级		4	3	2	1
提出设计思路	0.25	对比现代灯饰与古代灯饰在装饰上的不同，提出想法。	从现代灯饰的材料、功能、装饰角度提出想法	归纳一下现代灯饰的特点，提出设计想法	提出生活中最常见的灯饰图案
制定设计方案	0.5	能针对学校特色和条件独立设计方案	利用网络资源查找资料，在教师的帮助下设计方案	小组设计商定方案后教师给出修改意见	使用教师提供的设计方案
分析设计成果	0.5	能综合分析设计过程中的信息，并得出自己的创意	能分析设计过程中获得的信息，并在教师的指导下得出自己的想法	在教师的指导下分析设计过程，并得出结论	简单复述设计的过程
学生自评得分					

学生小组合作设计灯饰。

师：设计时间到，为了检测同学们合作效果，请大家打开Pad，对自己刚刚合作学习情况进行自评。

学生利用 Pad 快速自评。

师：老师发现有 50％的同学在设计方案和分析成果方面对自己的评价都是 2 分，那再给各小组五分钟时间，请组长引导没有发表建议组员针对小组成品进行讨论。

2. 互评环节评价设计

师：各小组自我评价二次创作后，一定对自己精心设计的灯饰很满意吧，下面就请每个小组来介绍小组作品的灵感来源、作品的设计意图以及适用范围，随后请其他小组成员介绍自己的任务分工以及完成情况。

在其中一个小组介绍时，其他小组同学认真倾听并依据小组互评评价量规对展示小组进行评价。

互评评价量规

指标项目		等级标准			
一级指标	二级指标	优秀	良好	一般	差
作品评价	主题鲜明				
	阐述清晰				
	创意新颖				
	材料环保				
	造型美观				
	原创设计				
	内容丰富				
	制作精细				
	颜色得当				
	实用性强				

指标项目		等级标准			
协作关系	工作态度认真				
	顾及他人感受				
	个人任务完成情况				
	认真履行个人在小组中的职责				
	主动参与交流、进行沟通				
	个人见解的表达能力				
	在合作过程中发挥的创造力				
协作效果	资料收集的丰富性				
	内容选材的精确性				
	分工明确、效率高				
	按期完成小组任务				

师：（第 1 展示小组展示结束）哪个小组愿意分享一下你对这个小组作品的评价？（提示学生用量规的标准来进行评价）建议大家在评价时，先评价从对方的作品和小组合作关系与效果中学到了什么，以及对这个作品还有哪些建议？

生：第一小组的设计主题非常鲜明，而且用到的都是可再生的环保材料，如芦苇秆的使用，整个作品制作得较为精细，造型精美。在介绍小组分工的时候，每个同学都能各司其职，团队效率很高。

师：哪个小组还能从其他的角度来评价一下这个小组的作品。

生：我认为在选择灯饰材质的时候，要考虑它的实用性和耐用程度以及是否符合本学校的装修风格。芦苇秆的耐用程度较弱，建议更换制作材料。

师：大家提出的意见都很有建设性，说明我们对于灯饰的设计都进行了认真的学习和实践，而小组合作学习更是体现了集体的智慧和力量，老师为你们感到骄傲。

师：下面我们进行成果最终投票环节。

学生 Pad 投票打分。

师：本次最美灯饰评选中，获得最多投票的是第二小组的作品，他们利用鸡蛋壳、麻绳以及蛋糕纸设计了一排可爱的鸽子，又将设计的鸽子悬挂在灯的下面，光影结合，这一排小鸟栩栩如生。

丁老师结合小组成员得分情况以及投票的结果，在八年二班的班级优化大师美术积分榜中为每名同学相应地加减分，评选出了美术新星、美术大师等优秀学生。

课后丁老师利用美篇将每组同学的作品都进行了宣传，并取得了良好的效果。

【样例评析】

本节课教师大胆放手把课堂还给学生，满足他们好奇、好动、好说的特点，引导他们发现美、认识美，继而创造美，培养学生形成设计意识和提高动手能力。

漂亮的手工灯饰是生活中既实用又美观的日用品，是科技与艺术审美的巧妙结合，体现了感性与理性相辅相成的实践过程。灯饰不仅仅是一件日用品，它还被赋予了更多的文化内涵，传达着人们对精神生活的向往。教师引导学生利用环保材料，进行立体组合设计，制作具有现代感、造型美观新颖、色彩搭配和谐的手工灯饰。

第一，制定评价量规，助推学生发展

本节课的亮点为课后评价环节，对于学生美术作业的评价，可以用评语、分数或等级形式，这就需要为学生制定评价量规。评价量规是对学生作品、成果、表现进行评价或评定等级的标准，是一种非常有效的教学工具，是连接教学与评价之间的纽带。丁老师依据教学目标与美术作业要求制定学生评价量规，有效提升学生的学习效率，很好地点燃了学生学习美术的热情。

第二，优选评价工具，提高课堂效能

在评价工具的选择上，丁老师运用了爱剪辑、美图秀秀、问卷星、班级优化大师等工具，打破了以往课后评价在时间上和空间上的限制，充分给予了同学们展示自我的空间和舞台，同时致力于构建家校共建，合力育人的教育体系，并能够积极发挥社会资源育人功能。

第三，明晰评价流程，深化合作成果

在评价流程和方式上，丁老师采取了教师评价、组内互评、组间互评、个人自评相结合的方式。自评与互评相结合的教学评价，有助于将美术教学提供的价值内化成学生的情感认知，从而促进学生美术核心素养的培养。互评往往运用在学生探究学习、合作学习、交流学习的过程中。在评价过程中，丁老师把小组学习成果和学生的个人发展紧密结合，通过多样的教学评价，培养学生的团结合作精神，让学生学会自主学习、自主成长，从而促进学生全面发展。如，丁老师在组织小组进行成果展示时，请小组成员介绍作品的灵感来源，作品的设计意图以及适用范围，从学生的自评中，可以看到作品从创作构思、表现形式到完成作品的整个过程；在互评中，学生会按照所学知识和对作品的理解，阐述其他学生的作品特点，指出其优点和不足。这样就可以有效发挥学生的合作学习潜能，产生集体智慧的硕果。丁老师利用班级优化大师中的学习积分榜功能，充分地发挥了教师评价的激励和反馈作用。

依托教学三维目标开展合作学习，建立合理的评价量规可以高效地解决合作学习中存在的学生参与程度不高、学习效率低下的问题，清晰的评价流程和有效的评价工具则可以助推学生深化合作学习的成果，增强团队合作的意识。

第四章
解码： 探究学习方式问题

开 篇 小 语

　　我国新一轮基础教育课程改革将探究学习作为突破口，倡导学生主动参与的探究学习，主张学生通过实践，增强探究和创新意识，学习探究研究的方法，发展综合运用知识的能力。教育部颁发的各学科课程标准中也要求开展以探究为核心的教学。新课程注重探究学习，并不是忽视基础知识和技能，而是改变普遍存在的学生被动接受知识的学习方式，以此为基础发展学生更高层次的思维能力，使学生学会探索知识和解决问题。

　　本章将从创造真实学习情境、创新解决问题的方法、支持学生创造性学习与表达三个维度推介相应解决策略。

第一节　创造真实学习情境策略

案例启思

　　某老师是一位有着多年教学经验的数学教师，所教的学生成绩始终排在年级前列。随着新课改的不断深入，学校大力倡导教师们要将自主、合作、探究的学习方式有效运用到课堂中来，该老师也在积极努力尝试着。那天，她上了一节小学北师版数学四年级《三角形内角和》的课，课前她认真备了课，准备了相关课件、教具，也让学生准备了学具，课上让学生开展了动手操作、合作探究等活动。老师想在教学方式和学习方式上有所突破，但一节课下来，学生的学习兴趣和热情远不如想象中浓厚，学习效果也不理想。老师百思不得其解。我们一起来看看她这节课。

　　课堂伊始，老师揭示了本节课的学习内容：探究三角形内角和。首先，老师借助一个三角形带领学生们明确了什么叫作内角，什么是内角和。然后老师提出问题：这个三角形的内角和可能是多少度呢？有的学生说是 100 度，有的学生说是 200 度，也有的学生说是 360 度，很多学生根据已有经验或是前期学习说出是 180 度。根据大多数学生的意见，老师提出猜想：那三角形的内角和会不会就是 180 度呢？接下来她让同学们开展探究活动，利用手中的学具，用自己喜欢的方式进行验证，并在小组内说一说，时间 5 分钟。此时老师满心欢喜地期待着同学们的各种操作和精彩发言，但大多数同学由于以往已经习惯了老师让做什么就做什么，突然需要自己去探究一个问题，验证一个结论，一下子茫然不知所措。时间一分钟一分钟地过去了，看到同学们不知道如何探究，老师提示：可以借助手中的量角器量一量，也可以用以前学过的平角的知识迁移一下，用正方形或长方形的知识转化一下。听到这话，很多同学马上开始用量角器进行测量，但没有一个同学是利用以往学过的知识进行迁移转化的。此时距离探究活动开始已经过去了十多分钟，终于有一位学生说可以利用一个三角形纸片，把三个角剪下来，合在一起是一个平角，平角是 180 度，所以得出三角形内角和是 180 度。老师表扬了这位学生，然后让其他同学也试着操作一下。同学们听后，马上开始操作，但由于多数学生准备的三角形学具卡片比较小，剪前也没有标清楚原三角形的三个内角，结果剪下后，已经不知道哪个是原来的内角，所以得出三个角合在一起是一个平角的同学非常少，时间又过去了十分钟。老师发现了这个问题，马上喊停，让学生重新在作业本上剪一个三角形，标出三个内角再剪、再拼。当全班同学用这种方法验证成功后，离下课只剩两分钟了。为了节省时间，其他的几种方法（三角板验证法、正方形转化法、三边移动法等）老师只能用电脑课件演示了。一节课下来，老师和学生们忙得够呛，但学习结果却收效一般。

问题剖析

本节课从形式上看是一节以学生活动为主的探究课，但实质上仍是一节以教师为主的讲授课，虽有探究的学习活动设计，但学生的课堂四十分钟一直都是在教师的带领下被动接受知识，没有主动地去对知识和问题进行深入探寻与研究。

案例中的问题在于授课教师没有真正理解探究学习的本质，探究学习不是一种简单的学习方式，只需要教师提出一个问题，学生就能自主地积极开展学习活动。探究学习的开展需要有真实且具体的探究问题；有相应的时间、空间、氛围等；还要有丰富的材料、数据来源、网络资源等探究工具；同时应有适时的探究指导。

由于本节课的授课教师多年来一直习惯于传统的讲授式教学，认为学生只要最终学会了知识，会做题，就完成了教学任务，对于学生是否真正理解知识的来龙去脉，理解知识的产生和形成过程，从未过多去关注。教师自身更是鲜有对探究学习的实践和研究，所以导致整节课探究的问题无情境、探究的环境无体系、探究的工具不明确、缺少有效的探究指导，最终导致学生的探究受到极大的限制。本节课中学生的探究始于经验、基于经验、止于经验，没有真正经历知识形成的过程，也没有得到解决问题方法的积累，实际上是一次假探究。

解决策略

探究学习是通过学生解决问题来获取知识、提升能力与综合素养的一种学习方式。探究学习强调对所学知识、技能的实际运用，注重学习的过程和学生的实践与体验。从上面的案例问题分析中，我们发现一次好的探究学习，探究问题、探究环境、探究工具、探究指导缺一不可，这就需要教师为学生创造一个真实的学习情境，由此我们提出了"关联创设"技术模型。

一、"关联创设"技术模型背景

为理解和掌握"关联创设"技术模型，我们首先有必要了解探究学习的特征，理清情境与探究学习的关系。

（一）探究学习的特征

1. 问题性

问题是探究学习的起点，是学生学习和教师教学的根本出发点，是生成新思想、新知识、新方法的种子，是产生学习动机的根本原因。

2. 情境性

情境是探究学习的基础和条件。情境是根据学习内容、学习目标而定的，适合学习主体并作用于学习主体，能够使其积极主动地进行探究的具有学习背景、场景和活动条件的学习环境。

3. 自主性

自主是探究学习的核心与灵魂。[1] 自主性是学生在学习目标的引领下，在教师的指导下，根据自身条件和需要自由地选择学习方法并通过自我调控的学习活动完成具体学习目标的学习模式。

4. 协作性

协作是探究学习的重要组织形式。探究学习既可以是独立自主的，也可以是协同完成的。协作、沟通、交流等方式使探究过程更为快捷、准确，也便于纠正个人的错误观点，集集体智慧解决更为复杂的问题。

（二）情境与探究学习的关系

在探究学习的四个特征中，情境性具有非常重要的作用和意义，情境是有效开展探究性学习的基础和条件，是保证探究活动成功的关键之一，适切的情境能促进学生积极开展探究活动，提升他们的问题意识，发展他们有效解决问题的策略，从而真正提高他们解决问题的能力。

二、"关联创设"技术模型概念

"关联创设"技术模型是基于核心素养目标及建构主义理论，选择恰当的学习资源和平台技术，创设探究学习的情境和环境，将学习内容与现实生活关联、知识水平与达成目标关联、真实体验与虚拟体验关联，进而解决相关问题的一种学习方式。

---

[1] 徐学福. 探究学习教学策略 [M]. 北京：北京师范大学出版社，2010：2-5.

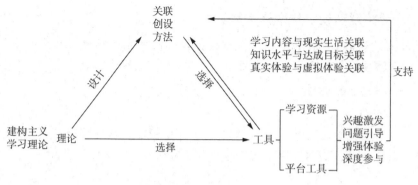

"关联创设"技术模型

（一）理论依据

1. 中国学生发展核心素养

"中国学生发展核心素养总体框架"，共分为三个方面，六大核心素养，十八个基本要点。在十八个要点中，勇于探究、问题解决、技术运用等都是对探究学习的目标要求，勇于探究的重点是：培养学生的好奇心和想象力；能不畏困难，有坚持不懈的探索精神；能大胆尝试，积极寻求有效的问题解决方法等。问题解决的重点是：引领学生善于发现和提出问题，有解决问题的兴趣和热情；能依据特定情境和具体条件，选择制订合理的解决方案；具有在复杂环境中行动的能力等。技术运用的重点是：帮助学生理解技术与人类文明的有机联系，具有学习掌握技术的兴趣和意愿；具有工程思维，能将创意和方案转化为有形物品或对已有物品进行改进与优化等。核心素养培养是"关联创设"技术模型的第一个理论依据。

2. 建构主义学习理论

建构主义认为，知识不是客观的东西，而是主体的经验、解释和假设。[①]在教学过程中，学生是一个积极的探究者，教师的作用在于创设有助于学生独立探究的情境，让学生自己思考问题，参与知识的获取过程，而不是给学生提供现成的知识。学生不是被动的、消极的知识接受者，而是主动的、积极的知识探究者。[②] 建构主义是"关联创设"技术模型的第二个理论依据。

---

① 刘儒德. 建构主义：知识观、学习观、教学观 [J]. 人民教育，2005（17）：9-11.
② 高文. 建构主义学习的特征 [J]. 外国教育资料，1999（1）：35-39.

（二）方法步骤

1."关联创设"方法

"关联创设"是指围绕"学习内容与现实生活、知识水平与达成目标、真实体验与虚拟体验"相结合创设探究学习情境，引导学生有效开展探究学习的方法。

（1）学习内容与现实生活关联

现实生活既是学生学习的起点，又是学习的归宿。以义务教育阶段数学学科为例，数学教学必须从学生熟悉的生活情景和感兴趣的事物出发，为他们提供观察和操作的机会，使学生走进生活学数学。在数学教学中，教师如果能够根据学生的认知特点，将数学知识与学生的生活实际紧密结合，那么在他们的眼里，数学将是一门看得见、摸得着、用得上的学科。这样，学生学起来自然感到亲切、真实，也有利于培养学生用数学眼光来观察周围事物的兴趣、态度和意识。因此，在教学中，要注重联系生活创设学习情境，使学生有更多的机会从身边熟悉的事物或情境中学习数学、理解数学，使学生感受到学习数学的乐趣与数学知识的作用。

例如：某老师教学北师版小学数学六年级《圆的认识》一课，在探究直径的特征时，给学生设计了如下的探究环节。

师：同学们都知道，圆形在我们生活中无处不在，它不仅具有美观性，而且还有很大的实用性。大家都见过井盖吧？为什么井盖要做成圆形的呢？

生1：美观。

生2：便于搬动。

生3：圆形的井盖不会掉下去。

……

师：其实这道题是有一年美国微软公司招聘的一个问题。其中有个重要的原因就是刚才一位同学说的：圆形的井盖不会掉下去。接下来我们就来研究一下，为什么圆形的井盖不会掉下去这个问题。

老师课前让同学们准备了一个小铁桶和一个圆形的盖代替生活中的井和井盖，让学生实际操作一下，转动井盖，看看发现了什么，小组同学互相说一说。学生们通过小组合作操作探究发现：圆形的井盖无论怎么转动，都会卡在井口上，一半在井口上，一半在井口下。

师：你能说说它卡在什么位置上了？

组1：一半的位置上。

组2：中间的位置上。

师：如果我在这个圆形的井盖卡住的位置画一条线段，这条线段有什么特点？你们继续探究。

组1：经过圆心。

组2：把圆平均分成两半。

组3：是圆上最长的线段。

组4：可以画出无数条这样的线段。

师：说得都对，这条神奇的线段还有一个名字。

生：直径。

师：对，这就是直径，你们刚才发现的特点就是直径的特征。现在你们能用我们刚才通过探究得到的直径的知识解释一下为什么圆形的井盖掉不下去这个问题吗？

生：因为圆形的井盖卡在了井口上。也就是卡在了直径的位置，所有的直径都相等，而且有无数条，所以无论怎样放，圆形的井盖都掉不下去。

师：对，其实我们生活中很多物品都是运用这一特征设计和制造的，比如茶杯盖，锅盖等。

这位老师在教学中，巧妙地将学习内容与现实生活关联，引导学生带着问题进行探究，学生最终学会了重要的数学知识，也解答了现实生活中的数学问题。

（2）知识水平与达成目标关联

探究学习是学生非常喜欢的一种学习形式，它是课堂教学中有效达成学习目标的手段和途径之一。在创设真实的学习情境中，教师一定要关注已有的知识水平和达成目标的关联，注重新、旧知识的关联，了解学生的年龄特征和认识水平，引导学生在已有经验和知识的基础上提出新的问题、引发新的思考，通过切实有效的探究活动产生新的认知。

例如：某老师在教学北师版小学数学三年级《同分母分数加减法》一课时，在引导学生探究同分母分数加法的算理时，设计了如下的教学环节。

师：同学们，你们吃过比萨吗？比萨中还隐藏着很多数学问题呢。

教师出示主题情境图。

师：说说你看到了哪些数学信息？

生1：我看到一张比萨被分成了8块，小明先吃了两块比萨，后来又吃了三块比萨。

生2：我看到小明先吃了这个比萨的2/8，后来又吃了这个比萨的3/8。

师：你能提出一个用分数解决的数学问题吗？

生：小明一共吃了这个比萨的几分之几？

师：你能猜测一下结果吗？

生1：5/8。

生2：5/16。

师：到底等于多少呢？下面请同学们利用手中的学具分一分、画一画、涂一涂，验证猜测的结果是否正确，验证后和组内的伙伴说一说你的想法。

生1：2块比萨加3块比萨是5块比萨，5块是8块的5/8，所以小明一共吃了这个比萨的5/8。

生2：2/8就是2个1/8，3/8就是3个1/8，2个1/8和3个1/8合在一起就是5个1/8，所以一共吃了这个比萨的5/8。

此时，所有的同学都同意5/8这个答案，原来那个认为是5/16的学生也改变了主意，同意5/8。

师继续追问：那为什么不是5/16呢？你们小组合作探究一下这个结果为什么不对？

同学们利用手中的学具，又开始认真探究。

组1发言：一个比萨被分成了8份，分母就应该是8。如果分母变成16，说明这个比萨被分成了16份，不符合题意。

组2发言：是一个比萨被分成了8份，先吃了2份，再吃了3份，吃的是8块中的5块，所以是5/8。如果是5/16，吃了一个比萨的2/8，又吃了另一个比萨的3/8，那总份数就不是8份了，而应该是16份了，题中问的是小明一共吃了这个比萨的几分之几，不是两个比萨的几分之几。

组3发言：开始是分8份，那份数单位就是1/8，无论吃几块，吃的都是8份里的，所以分数单位都应该是1/8。

组4发言：分的总份数始终没变，所以分母不变，实质上是分数单位不变，吃掉的份数增加了，所以分子变了，实质上是分数单位的个数增加了，同分母分数加法的本质其实就是分数单位相加。

发言越来越精彩，同学们的探究热情越来越高，老师的脸上露出了欣慰的笑容。

分数加法不同于整数和小数加法，比较抽象，老师将学生的知识水平与达成目标关联，让学生经历真实的操作探究活动，学生不仅得到了同分母分数的计算方法，更重要的是真切地理解了同分母分数加减法的本质，就是分数单位相加减。

（3）真实体验与虚拟体验关联

在创设真实的学习情境时，还需要教师将真实体验与虚拟体验相关联，有时真实具体的探究操作活动无法对某一知识进行系统且精准的解释与描述，这时就需要教师在学生实践操作体验后，借助虚拟的体验加深学生对知识的理解，将难以直接观察到的现象通过虚拟体验加以清晰呈现，提升感观体验，以激发学生的学习动机，增加学习者的参与感，也有利于将直观经验向抽象概念转化。

例如：某老师在教学北师版小学数学三年级《年、月、日》关于平年和闰年知识时，设计了如下的探究学习活动。

一、创设问题情境

师：同学们，今年你们几岁了？过了多少个生日？小明和你们年龄一样，但只过了三个生日，这是为什么呢？

生1：因为他忘记了。

生2：因为他的生日特殊。

……

师：这里涉及平年、闰年的知识，你们有兴趣研究一下吗？

二、探究学习任务1

师：请同学们利用手中不同年份的纸质年历、计算器、电子万年历等学习工具，对比不同年份二月份的天数，计算不同年份的全年天数。

学生通过身边的学习材料，通过系列观察、操作、对比活动，真实、直观地知道了平年全年365天，二月28天；闰年全年366天，二月29天。

但对于平年闰年产生的原因，学生却不太能表述明白。

三、探究学习任务2

师：请同学们利用微课视频、百度搜索等工具了解平年闰年产生原因。

学生借助网络资源，通过虚拟演示了解到：地球绕太阳运行周期为365天5小时48分46秒，按每年365天计算的话，四年就大约会多出一天，故第四年在2月里加1天，使当年的全年长度为366日，这一年就为闰年，其余三年为平年。平年、闰年产生的原因是为了弥补因人为历法规定造成的年度天数与地球实际公转周期的时间差。

四、探究学习任务3

师：用平年、闰年的知识解释小明为什么12岁只过了三个生日？

生：因为小明的生日是2月29日，所以每四年才能过一个生日。

在本节课的探究学习活动中，老师带领学生将真实体验与虚拟体验相结合，将难以直接观察到的现象通过虚拟体验加以清晰呈现，加深了学生对知识的系统理解。

2."关联创设"技术模型步骤

"关联创设"共包含分析探究目标、创设探究情境、建立探究环境三个步骤。

步骤一：分析探究目标

目标是探究活动的核心和基础，目标在活动中起着指导性的作用。目标具体、指向明确，才能使教师的提问具有指向性，引导学生逐步向探究原理迈进，最终获得关键经验。因此，在设计具体的探究活动内容之前，应确立适宜的活动目标，将目标细化、具体化，才能使各项活动围绕目标展开，活动过程中材料的选择、环境的创设以及教师在活动中的组织引领与目标之间也才能相辅相成。

例如在北师版小学四年级数学上册第八单元《摸球游戏》一课中，学习目标为：1. 通过摸球游戏的活动，体会有的摸球结果是必然现象，有的摸球结果是随机现象。2. 通过探索摸球所发生的结果，感受摸球的随机现象发生的可能性有大小，能对简单的随机现象的可能性大小做出定性描述，并进行交流。3. 在活动交流中培养合作学习的意识和能力，获得良好的情感体验。《摸球游戏》一课的教学目标明确指出了探究的活动是什么？——摸球游戏。探究活动要达到的目标是什么？——感受随机现象的可能性有大小。探究活动与目标之间的关系是什么？——通过活动现象探究背后的原理。这样学生的活动及教师的指导就有了明确的方向性，最终实现探究活动的真正价值。

步骤二：创设探究情境

在探究活动的过程中，教师创设什么样的探究情境，学生就会有什么样的探究表现。实践证明：良好的情境更能促进学生积极地开展操作猜想、推理等探究活动，更能激发学生的探究兴趣，让学生产生积极的情感体验，从而唤醒学生已有的经验和知识，提高学生解决问题的能力，让学生获得探究成功的体验，让学生更乐于参与到探究学习中。所以在教学时，教师要创设真实的学习情境，激发他们学习的原动力，唤醒他们的好奇心和求知欲。

——创设生活化的问题情境

学习来源于生活，最终回归生活。教师要从学生的生活经验和已有的知识出发，创设生活化问题情境，把生活经验问题化，学习问题生活化，让学生学会用科学的方法观察、分析、解决问题，培养自主探索、勇于创新的观念和意识。

例如：人教版小学数学五年级《烙饼问题》一课。本节课的内容与学生的生活实际有密切联系，日常生活中学生经常会遇到。本节课教师设计了生活化的问题情境：怎样烙饼最省时间？学生通过探究活动理解优化策略，体会运筹思想在解决生活问题中的作用，感受数学的魅力。

——创设矛盾化的问题情境

学生在探究新知时会遇到很多矛盾，如已有经验与新知识之间的矛盾、个人认识与他人理解之间的矛盾、现实生活与理想世界之间的矛盾等。教师在设计探究活动时要充分利用好这些矛盾，把矛盾呈现给学生，学生就会产生一个个问题，继而生成探究的欲望。

例如北师版小学数学三年级《年、月、日》一课，教师就借用学生已有知识与新知识之间的矛盾进行设疑："小明今年 12 岁了，却只过了 3 个生日，这是为什么？"学生学习和探究新知识的兴趣和欲望一下子就被激发起来。

——创设挑战性的问题情境

学生的数学学习应当是现实的，有意义的，富有挑战性的。这些内容要有利于学生主动地进行观察、实验、猜测、验证、推理等探究活动。所以教师要善于利用学生感兴趣的事物创设挑战性的情境。

例如北师版小学数学六年级在学生探究得出"圆柱体体积"计算公式后，教师又拿出一个土豆，问学生能否求出这个土豆的体积。由于学生通过刚才的探究只能够运用公式计算出标准圆柱体的体积，土豆不是标准的立体图形，怎么办？于是学生的挑战欲又一次被激发了，又积极地投入新一轮的探究中来。

——创设可操作的问题情境

实践证明，动手操作能将抽象的问题直观化、具体化。因此在教学中，教师要把抽象、难学的教学内容有效地创设成操作化的情境，直观地呈现给学生，让学生们在动手操作中去探究，使学生们对知识的理解更加深刻。有一句说得好：听过不如看过，看过不如做过。

例如小学一年级学生学习 9 加几的进位加法时，"凑十法"是一个难点，这时教师可以让学生借用学具小棒进行直观操作探究，学生发现 9 根小棒再加 1 根是 10 根，10 个单根可以捆成 1 捆，10 个 1 就是 1 个 10，这就很容易理解"满十进一"的道理了。

步骤三：建立探究环境

探究学习是学生在创设的情境中或现实的生活情境中，通过发现问题、调查研究、动手操作、表达与交流等活动，获得对某个知识的完整理解的学习方式和学习过程。从建构主义的观点来看，学生的学习是主动探索的过程，学习离不开特定的环境。因此，为学生探究性学习营造适宜的环境，是探究性学习顺利进行和取得良好效果的保证。

第一，良好的操作环境

构建一个良好的操作环境，能使学生全身心地投入探究过程，获得积极的探究体验。

——开阔的空间

学生进行操作探究，必须有一个足够的物理空间，开阔的空间可以支撑学生的探究操作，这个空间可以是教室内的，也可以是教室外的。教师需要根据探究的任务要求选择和布置空间，空间要有利于学生进行自主探究、合作探究、展示探究成果等活动。教室不是唯一的课堂，教师要努力整合学校、家庭、社会等多方资源，拓宽学生的学习空间。

例如北师版小学数学二年级《教室有多长》这节课，教学目标是让学生在生活中感受测量长度的必要性。教师设计了让学生选择身边喜欢的事物进行测量的探究活动。学生开始多是测量自己的书桌、椅子，后来又有学生走出了座位，去测量窗台、黑板、教室门等。在老师的鼓励下，又有学生去走廊测量了楼梯扶手、展示窗等。足够的空间，让学生们在实践操作中体验到了数学与生活的密切联系，感受到测量的意义和必要性。

——充足的时间

充足的时间是探究活动的根本保证。有了充足的时间，学生才会有充分的思考，才能设计出多样的探究方案，才能亲历探究的全过程，提升探究的效果，没有足够的时间做保证，探究活动只能是蜻蜓点水、浅尝辄止。

——开放的材料

探究活动必须有真实的探究学习活动材料作为支撑。教师要为学生的探究活动提供相应的材料。如：实验器材、相关学具、学习任务单等。材料要多元、开放，以培养学生思维的灵活性，促进学生的知识建构。

第二，和谐的人际环境

和谐的人际环境，可以为学生创造一种宽松愉快的学习氛围。师生、生生之间的合作、沟通、交流可以使探究活动更为顺畅、快捷、有效，便于发挥集体的智慧，让学生接受信息和处理信息的能力得到强化和巩固，从而促进学生在探究活动中主动发展。

第三，便捷的技术环境

探究学习的开展不仅有赖于操作环境的建立，也需要借助技术平台的支持。技术的支持与应用有利于学生经历问题解决的过程，尝试多种问题解决方法。技术环境也为整合资源、关联知识、创新方法策略、分享过程和结果提供了充分的条件。

（三）工具选择

这里的工具包括方法工具和资源工具。方法工具是指引导学生探究学习的方法（问题）支架。资源工具是指支持学生在探究学习情境创设过程中要用到的数字化资源（如：文字、图片、视频等）及探究工具（如：学科 App、几何画板、虚拟实验平台等软件工具）。

工具的选择与运用的几个原则：

第一，要围绕学生探究学习目标达成以及探究学习能力培养。

第二，要服务于课堂教学的整体目标。

第三，技术工具选择要极简、实用。

例如：

北师版小学数学一年级《整理房间》一课探究学习方法工具和资源工具设计。

序号	学习内容	学习目标	方法工具（问题支架）	资源工具	设计意图
1	分类的意义	通过对比观察，初步感知分类的意义。	认真观看视频，对比淘气和笑笑的房间，你有什么感受？	视频	教师利用视频播放两个不同的房间，创设丰富的生活情境，让学生在观察中初步体会分类的意义。
2	分类的含义	通过对比观察，感知分类的含义。	你喜欢谁的房间？为什么？	图片	通过图片的直观对比，让学生在已有经验的基础上充分表达自己的想法，初步体会分类的含义。
3	分类的方法	通过动手操作，经历分类的过程，能按给定的标准或自己选定的标准进行分类，体会分类标准的多样性。	出示探究学习任务单：利用手中的学具卡片或 iPad 上的学习 App，帮助淘气像笑笑那样整理房间。和小组内的同伴说一说你是按什么标准给淘气的房间分类的？小组内选出一个代表在全班展示。	Word 文本、iPad 上的 App 学习软件、希沃授课助手、手机录屏软件	1. 让学生通过学具或 App 学习软件动手操作，在收集、整理、分析信息的过程中，创建解决方案，经历分类的过程，探索分类的方法。2. 通过交流活动，让学生感受分类标准的多样性。3. 通过展示与评价活动，再次强化分类需要一定的标准，增强学生对本节课重、难点知识的掌握。

序号	学习内容	学习目标	方法工具（问题支架）	资源工具	设计意图
4	分类的价值	体会分类在生活中的必要性。	生活中还有哪些分类？	视频、图片、希沃白板	利用视频及图片的播放让学生直观感受分类的社会价值。
5	检测与思考	运用分类的方法，解决生活中相关的实际问题。	你能给下列物品按一定的标准分类吗？	希沃白板、Flash小游戏	学生通过 Flash 小游戏，完成检测任务。

样例展示

北师版小学数学五年级《包装中的学问》探究学习活动设计

学习目标：

1. 利用表面积等有关知识，探索多个相同长方体叠放后使其表面积最小的最优策略。

2. 体验解决问题的基本过程和方法，提高解决问题的能力。

3. 通过解决包装问题，体验策略的多样化，发展优化的思想。

学习重点：

体验解决问题的基本过程和方法。

探究学习活动设计：

活动一

探究活动名称	两盒糖果包成一包，怎样包最省包装纸？
学习目标	1. 利用表面积等有关知识，自主探究两个相同长方体叠放后表面积最小的最优策略。 2. 体验解决问题的基本过程和方法，提高解决问题的能力。

续　表

探究活动名称	两盒糖果包成一包，怎样包最省包装纸？
探究学习 活动设计	**学生任务：** 认真观看 Flash 动画视频《包糖果》，看看老师在生活中遇到了什么问题。 利用手中的长方形纸盒、计算器等工具，想一想、摆一摆、算一算，思考两盒糖果怎样包最省包装纸。 在全班展示交流自己的想法，比较一下谁的想法是最优的策略。
	设计意图： 1. 通过 Flash 动画视频《包糖果》，结合学生在生活中的真实场景创设探究的问题情境，激发学生的探究欲望。 2. 给学生提供相应的学习材料、工具，创造探究的环境。让学生运用转化、迁移等方法进行有效的探究，获取新知。 3. 在展示的过程中，感受解决问题方法的多样化。
	实施建议： 教师提前收集生活中的素材，录制好包装问题的 Flash 动画。 学生准备好相应的学习材料，多个相同大小的长方体盒子（标好长、宽、高）、计算器，为探究学习提供必要的材料支撑。 教师可以利用手机（iPad）的录像、拍照功能记录学生的探究过程，为接下来的学生汇报提供素材。 教师可利用班级优化大师对学生在探究过程中的表现进行评价。 教师要给予学生充足的探究时间，并关注每一个学生在探究活动中的投入和体验，适时给予指导。
预期学习效果	100％学生能发现生活中的数学问题。 90％的学生可以运用以前的学习知识（表面积的概念及计算）尝试解决问题。 在同伴交流中，100％的学生发现解决问题的关键：两个相同的长方体，大面重合，包装后的表面积小，省包装纸。

活动二

探究活动名称	探索多个相同长方体叠放后表面积最小的最优策略
学习目标	1. 利用两个相同长方体叠放后表面积最小的最优策略，结合生活实际，合作探究多个相同长方体叠放后表面积最小的最优策略。 2. 体验策略的多样性，发展优化的思想。
探究学习 活动设计	**学生任务：** 1. 回顾刚才解决两个相同长方体叠放后表面积最小的最优策略的探究方法。 2. 小组合作，共同探究三盒糖果怎样包最省包装纸。四盒呢？五盒呢？ 3. 将小组探究的结果，找代表进行汇报。 **设计意图：** 通过回顾活动一解决问题的基本过程和方法，培养学生掌握探究学习的方法。 由活动一的自主探究变为活动二的小组合作探究，不仅仅培养了学生的合作学习意识，同时将探究的问题继续深入。 通过组与组之间的相互交流，让学生逐步完善与提高自己对知识的认知和理解。 **实施建议：** 在学生回顾的基础上，教师用 PPT 课件出示活动一解决问题的基本过程和方法。 教师可以利用手机（iPad）的录像、拍照功能记录小组的探究过程，为接下来的小组汇报提供素材。 用希沃白板展示各小组的研究成果。 利用几何画板中的三视图功能向学生演示长方体重叠。
预期学习效果	1. 80％的学生掌握探究学习方法的操作过程。 2. 90％的同学在小组合作探究中，理解解决问题的关键：多个相同的长方体重叠的面积越大，包装后的表面积越小，越省包装纸。 3. 100％的学生在听取小组汇报后，加深了对知识的理解。

【样例评析】

　　案例中的探究学习活动设计充分体现出了中国学生核心素养目标及课程标准中对小学生在学习方面的要求，培养了学生在勇于探究、问题解决、技术运用方面的能力与素养，同时注重了信息技术支持下的学习方式的变革与创新。

与【案例启思】中教学案例对比，以下几个方面是值得我们借鉴和思考的：

第一，真实的问题情境，激发学生的探究欲望

知识源于生活又应用于生活。本案例中所要探究的问题，来源于老师生活中的真实事件，老师将它用视频的形式记录下来，带到课堂中，事件中的问题引发了学生的思考，一下子就激发了学生用数学知识来解决问题的强烈探究欲望，为接下来的探究学习做好了铺垫。

第二，良好的探究环境，实现真正的探究学习

学生探究学习的成效在很大程度上取决于教师是否为学生创设了良好的探究环境。在本案例中，老师无论是在时间的安排上，还是在空间的布置上，无论是在材料的准备上，还是在工具的选择上，都基于学生的探究学习做了充分的考虑，为学生的探究学习创造了条件，让学生在适宜的环境中产生相应的情感反应，实现真正的探究学习。

第三，恰当的技术工具，拓宽探究的深度与广度

在本案例中，老师在学习目标的引领下，将问题作为方法工具，建立起学习支架，将 PPT，Flash 动画，手机（iPad）的录像、拍照功能，计算器，希沃白板，班级优化大师等资源工具用于课堂教学中，拓宽了学生的学习路径，拓展了学习体验，使数学课堂的教学内容变得更加形象生动，学生探究更加方便快捷，师生互动更加充分有效，让学生能够更加直接地感知和理解数学内容，帮助学生更好地构建数学知识的结构。

第四，适时的探究指导，提升学生的探究成果

本案例采用的学习方式是探究式学习，老师并没有全盘放任让学生无目的、无任务、无方法地去探究，而是适时地在学生探究困难处加以指导，在学生探究关键处加以提升。实践证明，在教师指导下进行探究活动，学生不仅能获取数学知识，达到对知识的深层理解，而且在探究过程中能学会研究问题的方法，培养敢于探索、勇于创新的精神。

第二节　创新解决问题的方法策略

案例启思

某老师是一名年轻的数学老师，随着新课改的提出，老师逐渐认识到学

生主体性的作用，开始重视学生探究学习能力的培养，在课堂上积极尝试探究式教学方式。前些日子，这位老师上了一节人教版小学五年级数学课——《密铺》。课前他做了充分的准备，希望通过创设具体情境，让学生通过自己动手操作、动脑思考去探究哪些平面图形能进行密铺。但在课堂上学生所呈现的状态和最终的学习效果却不尽人意，我们一起来看看这节课问题出现在哪里。

导入新课。

师：听说我们班的小亮同学家在某小区买了房子，上个周末老师也去那儿参观了样板房，并拍了几张照片。这些是地面和墙面上的瓷砖，这些瓷砖上的图案是由哪些图形拼成的？这些图案又有什么共同特点？

学生甲：有正方形。

学生乙：有长方形。

……

学生丙：有很多这样的图形，铺得很满。

师：像这样把平面图形既无空隙，又不重叠地铺在平面上，这种铺法在数学上称为"密铺"。

师：说一说生活中你还见过哪些这样的密铺图案？

学生甲：地板。

学生乙：建筑。

……

师：密铺把我们的世界装点得丰富多彩，今天就让我们一起走进奇妙的图形密铺世界，接下来请同学们开始动手操作，体验关于密铺的知识。时间为 10 分钟。

老师巡视着同学们的各种操作，希望孩子们一会儿可以就自己的小发现侃侃而谈。但由于老师平时在班级里很少进行这样的探究活动，多是以讲授式教学为主，所以在实际探究过程中，很多学生不知道要做什么，也不知道怎么做。课前老师让学生们准备了一些图形卡片，但由于学生准备的相同图形的卡片数量不够，还有的学生课前准备的图形不够标准，导致多数学生并没有得出什么样的图形可以进行密铺的结论。还有的同学没有真正理解密铺的含义，将图形重叠放在一起，认为所有的图形都可以密铺。在操作过程中学生们也没有意识到可以与同伴进行交流、合作完成探究任务。随着时间的逐渐流逝，老师提醒学生可以小组内合作完成，但是由于学生们准备的图形大小不一，很多组不能摆出密铺图形，即使摆出了一部分，密铺图形也不完整，学生的交流也没有达到统一的认识。

10分钟很快就过去了，老师看学生们的探究活动没有什么进展，于是只好带领全班同学用教具卡片摆一摆，看一看三边形和四边形是否可以密铺。在教师的操作和讲解下，学生们明确了三边形和四边形都可以密铺。教师顺势追问"圆形、正五边形能不能密铺"。由于学生材料准备不充分，没有办法进行自主探究，教师就在幻灯片上把事先拼好的图形展示出来，让学生看看是不是密铺。学生通过观察老师的图片，发现圆形和正五边形排列的时候有空隙，所以不能密铺。教师又把两种图形重叠摆放在一起，追问学生，这样是密铺吗？学生有的说是，有的说不是。教师强调密铺要做到无缝隙、不重叠，所以圆形和正五边形不能密铺。

问题剖析

纵观本节课，我们不难发现，本节课教师看似创设了探究情境，学生进行了相关探究操作，小组也进行了互相交流，但实际并没有达到探究学习的要求，学生探究能力没有得到培养和发展。虽然老师的想法很好，但在实际操作中，教师只是机械地设计探究学习活动，安排探究路线，然后把学生直接引向所要获得的学习结果。这其中既没有学生对现象、事件和观点的质疑，对问题的自由性探索和观察实验的自主性设计，也缺少教师对学生探索过程中智慧性的启发和引导。这种探究无法使学生感受探究学习的乐趣，获得探究学习的体验。

细品这节课，我们又可以发现，教师在探究问题创设、探究活动设计、探究结果呈现等方面均存在一定的问题。首先在探究过程中，教师设计的问题不明确、不聚焦，无法达到启发和引导学生的作用，使得学生摸不到头脑，导致学生不能主动参与，不能主动提出问题，不能主动思考，不能主动探究问题。其次，教师没有给学生提供一个良好探究导向，同时为学生准备的材料比较单一，不够丰富，不能有效连接学生现有生活经验，无法引导学生提出数学问题，引发学生探究的欲望，无法把学生带入探究学习中。再次，在本节课中学生的主体地位也没有真正得到体现，虽然教师给了学生十分钟的探究时间，但这十分钟是低效的，而后的小组合作探究学习也流于形式，最终整个课堂教学还是以教师提问、讲解为主。

解决策略

　　上述问题是一线教师在开展教学活动中经常遇到的问题，看似开展了"探究学习"活动，但是并没有体现"探究学习"的核心特征，因此需要重构现有教师对"探究学习"的认识与理解。

　　早在1964年，芝加哥大学教育学教授施瓦布与纽约大学奥苏贝尔最先采用"探究学习"术语，施瓦布倡导的科学方法分为如下7个步骤：（1）形成问题；（2）搜集可能有助于问题解决的数据；（3）再形成问题；（4）决定问题解决所必需的数据；（5）计划旨在获得数据的实验；（6）通过实验获得数据；（7）解释数据。

　　从上面的案例问题分析中，我们发现学生不能自主探究学习是由教师情境创设和探究学习问题的提出以及学习形式单一、材料单一导致的。课堂伊始教师没有调动学生学习的积极性，后续的探究学习流于形式，不能激发学生自主思维，学生不能主动提出问题、探究问题，教学重、难点没有落实。针对以上问题，我们提出"问题引导"技术模型。

一、"问题引导"技术模型背景

　　自主性是探究学习的核心和本质特征，情境是探究学习的基础和条件，是自主性得以发挥的导火索。问题是探究学习的起点，协作是探究学习的组织形式。教师的指导作用则体现在不同层次的探究学习活动中。虽然目前课堂教学中探究学习在运用中呈现诸多良好态势，取得了一定成绩，但该方法在实际的运用中仍然存在一定程度的问题与不足，如探究学习形式化、学生探究自主性不高、学生缺乏问题意识、学生探究能力不足、教师的探究观念"陈旧"、教师的角色定位混乱等问题，我们唯有深入挖掘这些问题与不足才能更好地调整与改进现状。

　　随着新一阶段人才竞争的开启，各国纷纷制定了面向核心素养的人才培养目标，我国制定了包含自主发展、社会参与、文化基础等三个方面的核心素养体系。为落实"核心素养"相关要求，需要突破传统的"教"与"学"的模式，积极倡导学生主动参与、乐于研究，培养学生解决问题的能力。基于以上背景，我们提出了"问题引导"技术模型，强调探究学习活动要以问题为中心，以学生为主体，给学生充分的自学时间、提问时间、讨论交流时间，使学生具有探究的意识和能力，学得主动，学得投入。

二、"问题引导"技术模型概念

"问题引导"技术模型是在核心素养、最近发展区理论和支架式教学理论指导下，选择恰当的学习资源和平台技术，通过唤醒新问题，激发新生成，促进新探究，最终达成学习目标的一种学习方式。该模型由理论、方法、工具三个方面构成。

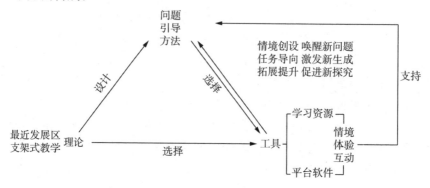

"问题引导"技术模型

（一）理论依据

理论是探究活动的逻辑起点。在设计探究学习活动中，核心素养、最近发展区理论和支架式教学理论为我们提供了具体依据和方法，即在学生最近发展区内设计活动，选择与学生学情相适应的活动类型、方式及难度；并设计与活动高度相关的支架支持学生开展自主探究活动，对支架进入时间和支架撤离时间进行预先设计，根据学生活动实际开展情况对预设计内容进行适当调整。

1. 核心素养

《基础教育课程改革纲要（试行）》明确提出，教学过程中培养学生的独立性和自主性，引导学生质疑、调查和探究；教育部颁发的各门科学学科的课程标准中也要求开展以探究为核心的教学。我国新一轮基础教育课程改革将科学探究作为突破口，改变普遍存在的学生被动接受知识的学习方式，倡导学生主动参与的探究学习，主张学生通过实践，增强探究和创新意识，学习科学探究的方法，发展综合运用知识的能力；新课程注重科学探究，并不是忽视基础知识和技能，而是以此为基础发展学生更高层次的思维能力，使学生学会探索知识和解决问题。

2. 最近发展区

苏联著名心理学家维果茨基提出"最近发展区"（the zone of proximal development）的概念，是指"儿童独立解决问题的实际发展水平与在成人指导下或在有能力的同伴合作中解决问题的潜在发展水平之间的差距"。维果茨基还由此提出了"教学最佳期"这一概念，并指出传统的教学处于教学的最低界限，好的教学应该处于"教学最佳期"（即最低教学界限与最高教学界限之间的期限），而"教学最佳期"是由最近发展区决定的，对儿童而言，最近发展区会因其所处的社会、文化背景，所拥有经验的不同而不同。[①]

从上述描述中可以发现，维果茨基的最近发展区理论强调学习的本质不在于"强化""巩固"已经形成的内部心理机能，而在于激发、形成目前还不存在的心理机能。这就为探究学习活动开展提供了重要的方向指导，即通过探究活动的设计指向学生尚未建立的心理机能，通过探究活动的逐步引导，助力学生发现新的问题。在此基础上，引发学生学习新生成，并且通过同伴讨论、教师引导、教师指导等多种方式，进一步引发学生的学习思考，促进知识迁移的发生，进一步促进新的探究。

3. 支架式教学

建构主义学习理论的发展对传统教学模式、教学方法产生了多方面影响。支架式教学作为建构主义指导下的一种重要教学方法，延续了"最近发展区"理论的核心思想，并进行了相关发展和拓展。支架式教学强调，应当为学习者建构对知识的理解提供一种概念框架（conceptual framework）。这种框架是发展学习者对问题的进一步理解所需要的，为此，事先要把复杂的学习任务加以分解，以便把学习者的理解逐步引向深入。支架式教学由搭脚手架、

---

① 王文静. 维果茨基"最近发展区"理论对我国教学改革的启示［J］. 心理学探新，2000（2）：17-20.

进入情境、独立探索、协作学习、效果评价等环节组成。

支架式教学理论为探究学习活动的开展提供了启发，即需要学生的探究学习提供多种形式的支架，进而将复杂的探究活动任务加以分解，帮助学生在最近发展区内得到提升，最终达到帮助学生实现深层理解的目的。

（二）方法步骤

1."问题引导"方法

如何解决探究学习活动中的这些问题已经成为决定探究学习效果的关键。"问题引导"方法以探究学习的问题解决为核心，以发现唤醒新问题、激发新生成、促进新探究为实施步骤。

2."问题引导"步骤

步骤一：情境创设，唤醒新问题

分析现有探究学习案例，结合最近发展区、支架式教学理论核心思想可以发现，开展探究学习需要重点突出三个特征。第一，问题导向是探究学习的重要特征；第二，帮助学生在最近发展区内得到提升是探究活动的核心目标；第三，在开展探究学习活动过程中需要创设情境，同时所创设情境需要贴近学习者真实生活。即在开展探究学习活动时，需要创设贴近学生真实生活的情境，由此引导学生提出新的探究问题，促进学生走向深入发展。需要注意的是，在开展具体探究学习活动时需要教师关注学生探究学习活动情况，给部分难以开展探究活动的学生提供更多支架，对于部分探究能力较强的学生适当抽离部分支架，根据学生实际发展情况，动态调整所提供的支架详细程度，最终达到帮助每一位同学获得提升的目标。

例如：北师版数学五年级上册第四单元《平行四边形的面积》一课教学探究学习情境创设设计思路：

情境场景	问题支架
两块地怎样分才公平生活问题情境	1. 你认为这两块地分得公平吗？ 2. 小儿子的判断方法你认为合理吗？说说你的理由。 3. 你想怎样判断这两块地的大小？

教学活动设计如下：

教师播放视频——两块地怎样分。

有两块地分别为长方形和平行四边形，要把这两块地分别分给大儿子和小儿子，小儿子绕两块地分别走了一圈，觉得不公平，需要学生帮助小儿子判断，父亲分的地到底公不公平？

学生观看视频，并在小组内讨论老师提出的问题。

教师引导小组讨论、交流，回答下列问题。

不公平理由：目测两块地大小就不一样，用画格子方法验证不一样大。

小儿子判断方法不合理的理由：小儿子验证的方法是比较两块地的边长和周长，边长相等和周长相等都不能确定两块地面积的大小是否相等。

你想怎以判断这两块地的大小：分别计算出两块地面积的大小。

引出本节课学习的新问题"平行四边形面积计算"。

步骤二：任务导向，促进新生成

在开展探究学习活动时，通过创设情境引发新的学习问题是支持学生开展探究学习活动的一种重要方式。同时，在探究学习活动中，为学生创设任务同样是行之有效的重要方法和手段。在进行探究学习活动设计过程中，教师根据学习任务安排，设置相应学习任务，通过学习任务单等方式为学生提供详细的任务说明，明确学生探究学习过程中需要具体完成的任务。根据学生探究实际需要，提供小组合作清单、微课视频等多种形式的探究工具，教师在任务完成的整个过程中，实时关注学生，与学生开展交流并进行精准反馈。

例如：北师版数学五年级上册《三角形三边关系》一课教学探究学习问题导向设计思路：

任务导向	问题支架
三角形三条边之间有怎样的关系？	1. 回顾三角形特征、三角形各部分名称以及三角形分类。 2. 请你猜一猜三角形三条边有怎样的关系？ 3. 你能对你的猜想进行验证吗？

教学活动设计如下：

给出问题串：

1. 回顾三角形特征、三角形各部分名称以及三角形分类。

2. 请你猜一猜三角形三条边有怎样的关系？

3. 你能对你的猜想进行验证吗？

师：请小组内讨论、交流，回答以上问题，并跟全班同学说一说。

学生小组内交流，动手操作验证猜想。

生：定义：由三条不在同一平面内的线段首尾顺次连接围成的封闭图形。

特征：3 条边、3 个角。

名称：边、角、顶点。

分类：锐角三角形、直角三角形、钝角三角形。

生：猜想三角形两边之和大于第三边。

学生借助手中的学具验证提出的猜想，各种类型的三角形都要验证。

教师巡视，视频播放演示学生没有想到的方法。

师：同学们验证了猜想，用事实证明了三角形两边之和大于第三边。那么三角形两边除了有和的关系，还有差的关系，三角形两边之差又有怎样的关系呢？通过推导验证了猜测，又生成了新的数学问题，可应用以上的方法继续探究。

步骤三：拓展提升，促进新探究

探究学习直指学生核心素养培养。在学生核心素养培养过程中，培养学生创新思维是一项重要内容，因此在探究活动中，可以从促进学习迁移的角度对课程加以设计，其作用原理包括两个场景。场景一，在学生完成探究学习活动后，继续为学生设计相应的探究情境或探究任务，引导学生就此次探究活动结果开展深度思考和应用迁移，继续激发学生唤醒新问题、激发新生成。场景二，将某一单元或某一科目的学习内容进行整体的探究性学习设计，将学习内容作为学生开展探究的整体进行设计，在不同的探究学习活动之间建立连接，前一个探究的活动引发后一个探究学习活动，后一个探究学习活动深度应用前一个探究学习活动的成果。

例如：人教版数学三年级上册《三角形内角和》一课教学课后探究《三角形外角和》拓展提升设计思路：

拓展提升	问题支架
三角形的外角和是多少度？	1. 回顾三角形特征、三角形各部分名称以及三角形分类。 2. 请你猜一猜三角形外角和是多少度？ 3. 你能对你的猜想进行验证吗？

拓展活动设计如下：

给出问题串：

1. 回顾三角形特征、三角形各部分名称，认识三角形外角以及三角形分类。

2. 请你猜一猜三角形外角和为多少度？

3. 你能对你的猜想进行验证吗？

定义：由三条不在同一平面内的线段首尾顺次连接围成的封闭图形。

特征：3 条边、3 个内角、3 个外角。

名称：边、内角、外角、顶点。

分类：锐角三角形、直角三角形、钝角三角形。

生：猜想三角形外角和是 360°。

学生借助手中的学具验证提出的猜想，各种类型的三角形都要验证。

准备微课视频播放演示学生没有想到的方法。

同学们验证了猜想，用事实证明了三角形的外角和为 360°。通过推导验证了三角形内角和为 180°，应用以上的方法继续探究，又生成了新的数学问题并解决了新的数学问题——三角形的外角和是 360°。

再如：北师版数学三年级下册《面积》一单元教学探究学习问题导向设计思路：

拓展提升	问题支架
怎样计算不规则图形的面积？（树叶、手掌、桌面、相框、花坛，选择一个你喜欢的对象研究它的面积）	1. 回顾面积的意义、常用的面积单位、长方形和正方形的面积计算公式，初步建立图形的等积变形思想。 2. 请你思考如何计算不规则图形面积？有怎样的策略？ 3. 你能求出你喜欢图形的面积么？

拓展活动设计如下：

给出问题串：

1. 回顾面积的意义、常用的面积单位、长方形和正方形面积。

2. 请你想一想，可以借助什么工具或者方法对你喜欢的图形进行面积的估算？

3. 你能对你的方法进行解释吗？

学生课后进行动手操作验证猜想。

定义：物体的表面或封闭图形的大小就是它的面积。

方法：利用分割与平移或者直接用面积单位进行测量。

课后学习单：

1. 在树叶、手掌、桌面、相框、花坛中选择一个你喜欢的对象研究它的面积。

2. 请你说一说你解决问题的方法。（测量法、分割法、割补法、公式计算法）

3. 你喜欢图形的面积是多少？

学生借助手中的学具提出解决问题的方法，分析可行性，然后进行实践活动求自己喜欢图形的面积。

微课播放演示不同学生想到的方法。课堂上，学生进行交流探究自己解决问题的方法。

（三）工具选择

工具是达成学习预设的重要支撑。在探究学习活动开展的过程中，需要根据任务内容、环节及操作进度提供相应的支撑工具，支持学生探究活动的开展；同时，需要丰富工具的类型，提供包括资源工具、方法工具等在内的多种类型工具，并根据学生特点、内容需要匹配适当的学习环境和技术平台，支持学生探究学习。

"探索现代信息技术与教育的全面深度融合，以信息化引领教育理念和教育模式的创新"成为我国教育信息化推进的重要发展目标。这里的工具主要是指本模型中情境创设和探究合作中要应用到的资源工具、方法工具以及教学环境的选择。

1. 资源工具选择

资源工具是支持学生开展探究学习活动的重要支持内容，在开展探究学习活动时，需要根据探究任务、学生特点选择适当的资源工具，常见资源工具类型包括课件类、案例类、多媒体素材类、文献资料类、学习工具类等多种形式，具体内容如下表所示。

类型	常见形式	优势
课件类	PPT、希沃白板	教学重、难点呈现
案例类	Word、记事本	分析具体问题所在
多媒体素材类	视频素材	演示
文献资料类	知网	理论支撑
学习工具类	几何画板	实践操作

需要注意的是，可以为学生提供基本的资源工具，即必须会用的资源，同时可以为学生提供可供自主选择的资源工具，学生可根据各自小组探索需要进行自主选择，充分体现学生在探究学习过程中的主体地位。

例如：小学数学北师大版三年级上册《搭配中的学问》一课探究过程中

学生对资源工具的选择和使用。

创设服装搭配的情境后，为学生提供探究材料（实物图片、探究表等），让学生在小组内探究，以各种形式呈现搭配的结果。

生1：文字

生2：图片

生3：字母

生4：列表

生5：列式

……

教师准备充足的资源工具，希沃白板、探究学习单、实物图片等，让学生在探究过程中可以多元选择资源工具进行探究学习。

2. 方法工具选择

在探究学习活动开展过程中，不仅需要为学生提供资源工具，而且需要提供方法工具。常见方法工具包括探究支架、各类支持探究学习开展的表单、支持探究学习活动的软件工具等多种类型。

类型	常见形式	优势
探究支架	问题串	层层递进探究
各类表单	探究学习单	呈现探究过程
软件工具	希沃白板、希沃授课助手	可操作性强

方法工具的选择同样需要把握住适切的原则，根据实际需要设置学生共同需要的方法工具，同时可以提供学生自主选择的方法工具，充分体现满足不同学习者需求的思想。

例如部编版一年级语文学科《咕咚》一课，为了完成学生课堂上的探究学习任务，翻转课堂布置了朗读课文的学习任务。为了提高孩子预习的积极性，教师应用音频处理软件和网络社交软件，创新了读课文的方法，为课堂探究学习做好了铺垫。常规的预习任务"323"读课文方法（听课文朗读音频三遍、跟读课文两遍、自己读课文三遍）换成"出口成章"在小程序上上传音频的读课文任务：学生们将在小程序上录制完成的课文朗读音频转发到班级微信群里面，大家相互听，相互比，谁朗读课文音频得分最高。此作业完成方式的改变，极大地提高了学生们读课文的积极性，每个人都想得到一个朗读高分，得到老师的表扬、其他同学和家长们的赞赏，他们一遍遍地练习、一遍遍地录制，最后的课文朗读都能做到字音准确、语句通顺、声情并茂……预习任务完成得好，课堂上学生常常能提出有价值的问题，并针对问题进行探究解决，大大提高了教学效率。

3. 教学环境选择

通过分析现有文献可以发现，现有学习环境包括多媒体学习环境、混合学习环境、智慧学习环境三大类型，不同类型学习环境均有其特有功能，具体内容如下所示：

类型	常见形式	优势
多媒体学习环境	简易多媒体教学环境、交互多媒体教学环境	应用面广，易学习
混合学习环境	多媒体计算机网络教室、网络教学环境、移动学习环境	学生动手操作方便
智慧学习环境	智能教育设备支持的学习环境	资源丰富，数据收集统计方便

学习环境的选择同样需要把握适切的原则，即根据学生学习需求、任务需求并结合实际情况分析考虑需要选择的学习环境类型，支持学生探究学习活动的开展，促进创新思维、动手能力、探索能力、科学思维等核心素养的培养。

样例展示

北师版小学数学五年级上册第七单元《可能性》一课教学探究学习设计

设计理念：创设"摸球游戏"的生活情境，借助信息化手段，合理使用"探究支架"进行有效探究，达到完成教学任务、发展学生思维的目的。

学习目标：

1. 经历猜测、实验、数据整理和描述的过程，体验事件发生的可能性，初步感受数据的随机性。

2. 知道事件发生的可能性是有大有小的，能对一些简单事件发生的可能性做出预测，并阐述自己的理由。

3. 积极参加摸球活动，在用可能性描述事件的过程中，发展合情推理的能力。

4. 通过数学学科本身的习题，进一步探索可能性在生活中的出现，能根据具体情况判定可能性的大小。

教学重、难点：

重点：体验事件发生的可能性。

难点：知道事件发生的可能性是有大有小的，能对一些简单事件发生的可能性做出预测，并阐述自己的理由。

教学资源：

1. 运用希沃云课堂，课前开展自主学习，完成本节基础知识的学习。

2. 运用希沃 EN5，课上开展组织探究学习，强化学生获得基本技能。

3. 运用希沃授课助手，实时上传课堂生成内容，使课堂教学活起来，协助完成基本知识的教学。

4. 运用班级优化大师，建立自我组织与管理，使课堂教学规范化，同时调动每个孩子的积极性。

教学过程：

1. 创设情境，唤醒新问题

情境场景	问题支架
"摸球游戏"存在可能性发生大小的"生活问题情境"	1. 你对可能性有哪些了解？ 2. 你对小组内的摸球结果有怎样的判断？ 3. 你能对袋子里黄球和白球的个数进行合理猜测吗？

师：我们学过可能性，你对可能性有哪些了解？

（翻转课堂）完成的摸球游戏结果在小组内交流、讨论，并做出相应判断，以小组为单位进行汇报。

组1：中彩票存在可能性，饮料中奖存在可能性，下雨也有可能性。可以用"可能""不可能""一定"描述事物的可能性……

组2：我们小组摸到黄球×次，摸到白球×次，我们小组猜测：（1）袋子里白球多黄球少，（2）袋子里黄球和白球同样多，（3）袋子里只有白球。

2. 任务导向，促进新生成

任务导向	问题支架
根据全班的摸球结果，你又有怎样的判断呢？	1. 请你动手算一算全班的摸球次数。 2. 小组内说一说，与其他小组的摸球结果比，有什么区别？为什么会有这样的区别？ 3. 现在的你又有怎样的猜测？ 4. 再一次摸球，你猜猜是什么颜色的球，为什么？

教师给出学习任务单，让学生在小组内完成任务单，并在小组内进行交

流，然后全班汇报。

任务单：

（1）请你动手算一算全班的摸球次数。

（2）小组内说一说，与其他小组的摸球结果比，有什么区别？为什么会有这样的区别？

（3）现在的你又有怎样的猜测？

生：全班共摸到白球 68 次，摸到黄球 20 次。小组的摸球结果：有的小组摸到白球和黄球同样多，有的小组只摸到白球，有的小组摸到白球比黄球多。所以做出的猜测有三种，袋子里白球比黄球多，袋子里白球和黄球同样多，袋子里只有白球。从全班的统计结果可以明显看出袋子里白球比黄球多。

生成新的问题：为什么对全班的统计结果进行猜测和小组的猜测有所不同？

小组继续探究为什么出现这样的结果，这样的结果告诉我们什么？

大数据统计的必要性。

继续汇报再一次摸到的是什么颜色的球？

事物发生的可能性大小以及事物发生的随机性。

3. 拓展提升，促进新探究

拓展任务	问题支架
搜集生活中大数据统计内容，并对统计结果进行可能性判断。	1. 列举大数据统计内容 2. 对统计结果做合理猜测 3. 与实际情况做对比进行说明

【样例评析】

案例中的探究学习设计充分体现出了中国学生核心素养目标及《基础教育课程改革纲要（试行）》中对小学生在学习方面的要求，培养了学生勇于探究、问题解决、技术运用等方面的能力与素养，同时注重了信息技术支持下的学习方式的变革与创新。与【案例启思】中教学案例对比，以下几个方面是值得我们借鉴和思考的。

第一，创设问题情境，多元数据促探究

数学知识来源于生活又应用于生活，某老师在引出"摸球游戏"存在可能性发生大小的"生活问题情境"时，让学生汇报自己小组的摸球结果，初步体会摸球具有随机性，激发学生学习的兴趣，有助于自主探究性学习。教师所设计的"翻转课堂"学习单对学生唤醒新问题具有启发和引导作用，有助于课前自主学习探究，为接下来的学习做好铺垫。

第二，注重探究过程也注重探究结果

本节课探究学习，某老师注重了学生的知识认知水平、认知的原则，结合了理论又注意了方法，收集了大量的数据，应用了多种方法，整个探究活动学生积极参与进来，高阶思维得到了培养。探究过程注重学生的参与，课堂不断生成新问题，解决新问题，探究结果逐步浮出水面，而不是教师引导学生探究得出结果。因此，探究学习对过程和结果同样重视。

第三，探究环境使用恰当，探究方法多元，探究材料充分。

这里使用了翻转课堂、混合式教学环境，结合学生自主预习、自主探究、自主总结来探究出结果。这个过程恰当使用了各个技术手段辅助教学，准备了大量探究素材，让学生可以依自己兴趣恰当选择材料。信息化手段的融合大大提高了教学效率。

第三节 支持学生创造性学习与表达策略

案例启思

某老师是一位初登讲台的年轻物理老师，在学校大力提倡改变传统教学方式的要求下，她在物理课堂上尝试采用小组合作探究的学习方式，希望以此来提升课堂教学效率，提高学生学习能力。某日，她上了一节八年级《杠杆》的课。课上老师让学生采用小组合作的方式探究杠杆的平衡条件。学生在老师的引导下积极地参与到探究当中，将实验现象与实验探究的数据一一记录下来，学生的参与度非常高，积极地完成了探究实验。但是在完成实验之后，让老师感觉到非常遗憾的是，学生们对于记录的数据并不知道怎么去表达。让我们一起来回顾一下这节课。

老师首先明确了本节课的学习目标及任务：探究杠杆平衡条件。然后老师借助生活中的跷跷板来引出杠杆平衡的问题，激发学生探究的兴趣。学生提出猜想：杠杆的平衡可能与动力、阻力、动力臂、阻力臂有关系。接下来老师让学生以小组合作的方式进行探究实验并记录实验数据。最后分析实验数据从而得出实验结论。当学生完成探究后，时间已经过半，老师让学生开始对实验进行总结，但是学生对自己的数据该怎样分析，怎样将实验数据进行整合，数据背后真理是什么，一脸茫然，不知道如何去分析和表达。时间一分钟一分钟地过去了，班级里还是一片寂静。老师几次启发，终于有一位同学在老师的鼓励下将实验数据读了出来，但读完数据就不知道应该说什么了。还有一位同学由于实验数据记录不规范，进行了错误的分析。看到这种情形，老师只好将小组的实验数据展示给大家，直接根据数据带领大家去找规律，最后得出了杠杆的平衡条件：动力×动力臂＝阻力×阻力臂。这时，部分学生才明白了应该如何表达，还有一位学生发现从不同的角度分析也能得出相同的结论，跃跃欲试想要表达，但此时老师看离下课只剩下一分钟了，而且这位同学分析的思路也与自己不同，就没有让这位同学发言，而是要求全班学生用剩下来的一分钟将结论背下来。

问题剖析

上述案例展示的是整个探究活动的后半部分，即学生经历探究活动后进行总结、提炼、分析的部分。在这个过程中通过生生、师生之间的思维碰撞，学生归纳、总结、抽象等思维能力及核心素养得到培养。然而在上述案例中，学生在探究活动结束后，由于绝大多数学生不知应该如何进行分析与表达，教师就采取了直接讲授的方法，对学生探究学习过程中发现的规律进行了总结。结果导致学生缺少独立从现象到原理的推理过程，失去了重要的思考与推论的机会。老师总结后，其实已经有学生受到了启发，想到了其他的角度和方法，但是因为教师过分强调固定答案，也缺少对学生多样化、个性化学习的指导意识，这样扼杀了学生的批判精神和创新意识，导致这些学生的思维逐渐固化。

通过上面的分析，学生当前的创新学习和表达能力主要存在的问题有以下方面：

一是教师在教学中缺乏让学生自主归纳总结的意识，课堂仍然是以教师讲授为主，学生的学习积极性较低；

二是学生在学习的过程中缺少多元表达的条件，无法将自己的学习结果以多种方式（如图表等可视化形式）呈现，优化自己的学习成果表达方式，发展自己的高阶思维；

三是课堂中学生缺少与师生分享交流的机会，无法将自己的感受真实地呈现出来，提升自己的交流表达能力。

解决策略

从上面的案例问题分析中可以发现，在现有的探究学习活动中，学生缺少表达机会是当前面临的主要问题。学生在探究结束后，教师便直接对探究的结果进行讲解，学生缺乏对探究过程的自我总结和归纳，也不能与师生进行探究结果的交流分享，无法培养学生的自主归纳能力和交流表达能力，限制了学生创造性思维的发展，所以教师在学生探究过程中，需要鼓励和引导学生的主体观察和体验，采取合适的信息技术手段支持学生进行创造性学习和表达交流展示，表达内心的真实感受，帮助学生以多种形式外化自己的思考，创造多样化的学生表达与分享的机会。基于此，在学生核心素养培养的大背景下，以布鲁姆认知目标分类、探究学习理论为重要基础，我们提出了学生创造性学习与表达策略——"学用结合"技术模型，希望通过引导学生进行多种方式、多种内容的表达，实现学生核心素养的培养。

一、"学用结合"技术模型背景

科技发展情况和国民科学素养是一个国家综合国力的重要体现，基础教育阶段是培养学生科学素养的重要发展阶段，因此在普及科学知识与实施科学教育的同时，应关注对学生科学素养的培养，应鼓励学生像科学家一样思考和探究，注重培养学生的科学意识和科学素养。

科学素养不但是对学校所学课程知识的记忆和掌握，更要求学生具备综合的、跨学科知识运用的能力，是为个人未来生活准备的。布鲁姆等人在其教育目标分类系统中将教学目标分为认知、情感和动作技能三大领域，提倡课堂教学不能仅仅局限于初级认知的问题，在适当的时机，高级认知问题更能够激发学生的思维，从而培养学生的思维能力、观念和自我评价体系。《基础教育课程改革纲要（试行）》明确提出，教学过程中培养学生的独立性和自主性，引导学生质疑、调查和探究；教育部颁发的各门科学学科的课程标准中也要求开展以探究为核心的教学。我国新一轮基础教育课程改革将探究作为突破口，改变普遍存在的学生被动接受知识的学习方式，倡导学生主动参与的探究学习，主张学生通过实践，增强探究和创新意识，学习探究研究的方法，发展综合运用知识的能力。

二、"学用结合"技术模型概念

可以看到学生核心素养培养已经上升到国家战略层面，而在学生核心素养体系中，学生外化思维能力、创新表达能力是重要组成部分，但是在探究学习过程中，上述能力较少得到关注，基本处于缺位的状态。基于师生在日常学习和表达中存在的问题，结合《基础教育课程改革纲要（试行）》、中国学生发展核心素养的指导，我们构建了"学用结合"技术模型，该模型由理论、方法、工具三个方面构成。该模型的核心是通过提供多种类型的支持工具，鼓励和引导学生进行多样化、创造性的表达，表达自身的真实感受，帮助学生以多种形式外化自己的思考，创造多样化的学生表达与分享的机会，最终达到培养学生创造性表达能力的目标。

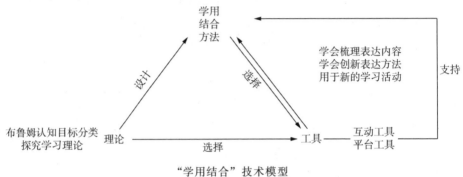

"学用结合"技术模型

（一）理论依据

理论基础明确了引导学生创造性表达的重要意义。在培养学生的创造性学习与表达过程中，布鲁姆的认知目标分类理论和探究学习理论为我们提供了具体的依据和方法。

1. 布鲁姆认知目标分类

布鲁姆认知目标分类是支持学生创造性学习与表达策略理论的重要依据。布鲁姆将教育目标划分为认知、情感和操作三个领域，布鲁姆认为，学生成功地学习一门学科与他的情感特征有较高的相关，那些具有较高学习动机、对学习有兴趣、能积极主动学习的学生，会比那些没有兴趣、不愿学习的学生学得更快更好。教师在教学中充分注意并合理满足学生的情感需要，对学生的和谐发展具有非常重要的意义，学生在学习过程中一次又一次地成功，并能与师生分享成功的过程和经验，学习的愿望得到加强，成就逐渐形成，学习的内驱力就会大大增强。

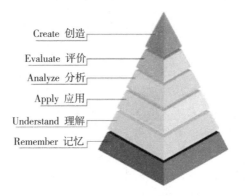

Bloom's Taxonomy of Learning Domains
布鲁姆教育目标分类

Benjamin Bloom
本杰明·布鲁姆

Create 创造
Evaluate 评价
Analyze 分析
Apply 应用
Understand 理解
Remember 记忆

2. 探究学习理论

国内外有关探究学习的相关研究由来已久，在长期研究过程中，逐渐形成了有关探究学习的较为明确的定义。通常所说的探究学习是指，学生在教师指导下，为获得科学素养以类似科学探究的方式所开展的学习活动[①]。虽然在研究领域形成了较为统一的认识，但是在实际开展的过程中出现了各种问题。一般情况下，探究学习的开展需要经历问题、证据、解释、评价、发表五个环节，而发表环节强调的就是学习者阐述和论证自己的解释。如下表所示，探究表达的最高程度是"学习者用合理的、合乎逻辑的论据表达自己的解释"，这也为支持学生进行创造性表达提供了理论支撑。

探究学习的基本特征和不同程度[②]

基本特征	探究的不同程度			
学习者探究科学性问题	学习者自己提出一个问题	学习者从所提供的问题中选择，据此提出新的问题	学习者探究的问题来自教师、学习材料或其他途径，但问题不那么直接，需要有所改变或自己体会其含义	学习者探究直接来自教师、学习材料或其他途径的问题

---

① 徐学福. 探究学习的内涵辨析 [J]. 教育科学，2002（03）：33-36.

② "科学探究性学习的理论与实验研究"课题组. 探究式学习：含义、特征及核心要素 [J]. 教育研究，2001（12）：52-56.

基本特征	探究的不同程度			
学习者针对问题收集事实证据	学习者自己确定什么可作为证据并进行收集	学习者在他人的指导下收集某些数据	数据直接给出，学习者进行分析	数据和分析方法都给了学习者
学习者从证据出发形成解释	学习者总结事实证据之后做出解释	学习者在得到指导的情况下收集证据形成解释	使用证据形成解释的可能途径已知	证据已知
学习者使解释与科学知识相联系	学习者独立地考查其他事实来源，建立事实与已有解释的联系	学习者被引导到科学知识的领域和来源	可能的联系被给出	
学习者阐述和论证自己的解释	学习者用合理的、合乎逻辑的论据表达自己的解释	学习者阐述自己解释的过程得到他人指导	学习者阐述自己解释的过程得到了广泛的指导	表达的步骤和程序都被给出

多←学习者自主探究的程度→少
少←教师和学习材料指导的程度→多

（二）"学用结合"方法步骤

1."学用结合"方法

"学用结合"方法简单概括为"两学一用"的方法，即为解决学生在学习或探究过程中，教师缺乏相应的引导，无法将自己的真实感受表达出来而影响学生创造性学习与表达能力的发展问题方法。"两学"即借助信息技术手段引导学生学会梳理表达的内容、学会创新表达的方法，从中培养学生收集信息和处理信息的能力，获取新知识的能力，分析和解决问题的能力，使学生形成创造性的思维品质，灵活地应用知识的能力。"一用"即当学生遇到一个新的问题时，能够应用所学的知识将其迁移，触类旁通，学以致用，以用促学，从而提高学生的学习效率。

2.“学用结合”步骤

步骤一：学会梳理表达内容

第一，引导学生表达真实感受

在学生的学习探究过程中，教师需要设计合适的教学情境，或抛出讨论热点，为学生提供真实的体验，组织引导学生将自己的真实感受表达出来，从而帮助学生建立表达总结的环境。可以利用多媒体、web2.0等技术，为学生进行学习内容的表达创设环境，引导学生主动思考、积极探索、展开联想，在理论与实践的结合中表达自己的真实感受，促进知识的内化吸收。在学生表达过程中出现问题或者错误时，教师应该及时给予提示和反馈，进一步提升学生思维能力。

在新课引入平面镜成像现象时，老师的设计如下：

情境引入：教师让学生自带小镜子，让学生观察自己在平面镜中所成的像，进而引发学生思考并提出感兴趣的问题。

师：镜中有一个你，是你吗？

生：不是，是我的像。

师：像有什么特点，像的大小与你的大小一样吗？

学生回答有一样的，也有不一样的。

师又问：当改变与平面镜的距离时，像的大小改变吗？像是否移动？

生：改变。并用小镜子给大家展示，用自己的小实验来表述自己的想法。

师：非常好，有理有证，大家是否认同这位同学的观点？

生：不改变，我们可以通过改变像到平面镜的距离，测出像的大小。

师：我们的猜想是否正确？

生：用实验探究验证。

学生对平面镜很熟悉，但是对成像的规律与特点并不清楚，教师主要通过引导创设情境，激发学生对熟知现象进一步学习的兴趣。学生通过真实体验，表达自己的真实感受，从而找出物理规律。不管对与错老师都鼓励学生创造性表达，从而激发学生兴趣，产生思考。

第二，引导学生外化自己的思考过程

在学生探究的过程中，出声思维是学生进行思维训练的常用手段，因此教师需要引导学生外化自己的思考过程。在一些学习结果无法通过考试等方式测量成效的学习活动中，学习效果外化就成为重要的渠道。例如学生完成一节自主探究的实验课程，教师无法了解学生实验的全过程，就需要学生通过记录、展示的方式，向教师和其他学生进行分享展示。教师在引导学生外化自己思考的过程中，可以为学生提供适当的支架或工具（例如思维导图等），提升学生的学习效率。

例如：某老师讲授人教版八年级上册第九章第四节《大气压强》。

课前准备：让学生查阅资料了解大气压与高度的关系，根据书中提示，自制气压计。

学生：通过多媒体手机，电脑及物理实验学习平台查阅，自己动手制作器具。

但是由于整个过程都是小组课下独立完成的，老师无法了解，他们就想到通过手机录像将实验全程录下，同时将整个实验流程以表格方式呈现给老师并在课上展示。

实验目的	探究温度和高度与大气压强的关系
实验原理	瓶内大气压不变，随着外界大气压的变化而变化
实验器具	1个透明胶卷盒，1根透明吸管，一些橡皮泥或玻璃胶
实验步骤	在胶卷盒盖子上扎一个圆孔，刚好能插进吸管就行。盒子里装一半的水，为了显示清楚，可以滴些红墨水。把吸管插进盒盖，用嘴吸盒子里的水，使里面的水位上升。用手堵着吸管口，别让水位降下，盖紧盒盖，把里面的空气密封住。为了更好的密封效果，可以用些橡皮泥或玻璃胶把吸管与盒盖之间，盒盖与盒子之间的缝隙粘牢。
实验现象	海拔越高管内水面越高，海拔越低反之。 天气好大气压高，气压降低气温下降。
实验总结	瓶内的水位随着外界气压的变化而变化。当外界气压升高时，管内的水被压进瓶内，此时瓶内水位升高。气压升高说明好天气。相反，外界的气压低，瓶内的水位就会降低。气压降低，气温就会下降。如果瓶内的水位变化非常小或没变化，就说明这几天天气较稳定。

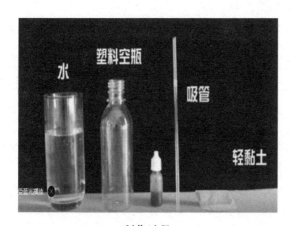 

制作过程　　　　　　　　　　　　　实验中

第三，引导学生进行批判性表达

学生的批判性思维是对身边事物做出理性分析的一种基本思维能力，是重要的思维品质，同时是核心素养的重要组成部分，在探究学习活动中需要重点关注学生批判性思维的培养。

学生的批判性思维能力分为三个发展阶段：第一阶段，能够发表一些自己的意见，并给出简单的理由，而且也能用完整的句子在口头上和书面上表达自己的看法。第二阶段，不光能给出理由，而且能给出具体的例子和证据，问出有意义的问题。第三阶段，能在各种场景下进行批判性思维，并养成这样的思维习惯。

教师在学生学习和表达的过程中，需要有目的性地培养学生的批判性思维，例如设置一些开放性问题，在一个学生表达完自己的观点后，请其他持不同观点的学生继续进行回答，教师在此过程中针对不同的观点进行点评，从而引发双方更为深入的思考。

例如：某老师讲授人教版九年级上册第 17 章第 1 节《欧姆定律》课堂练习环节。

由 $R=U/I$ 知，电路中的电阻与电压成正比。（判断对错）

师：这个说法对吗？

学生大多说对。

师：肯定对吗？

大多数学生：肯定。

师：小组进行讨论，说说你的观点。

生：从数学角度来讲，这相当于一次函数，电压越大，电阻越大。

师：大家认同吗？

生：不认同。根据刚才的实验，在探究点电流与电压关系时，电压增大 2 倍，电流增大 2 倍，然而我们的电阻是不变的。

师：非常好，他把根据实验探究得出的结论应用到了这里。

师：大家思考什么是电阻。

生：导体对电流的阻碍作用，它是材料本身的性质，只与材料有关。

师：对，它就像自来水管一样，水压大，水流就大，水压小，水流就慢。不管水压大还是小，水管的性质没有变。

教师注重挖掘和利用学生的错误资源，学生的错误观点不是直接依靠正面的示范和反复练习得以纠正的，而是通过自我否定，否定的同时自我反省。教师通过设计概念冲突来促使学生反省，学生接着意识到自己对概念的理解不足，错误的概念得以纠正。这样深入学生心灵的教学会使学生刻骨铭心。

步骤二：学会创新表达方法

第一，鼓励学生通过多种媒介进行表达

学生使用媒体表达自我意愿与诉求，有助于培养个人的参与意识、媒介素养与个性发展。教师在教学过程中，应该帮助学生适应信息化媒体学习，信息化媒体自我表达。同时要注重观察、理解和鼓励学生通过多种媒体表达他们的感受和认识，通过多种媒体或途径进行反馈，对学生课堂体验的一致性、学习体验的差异性等进行判断和解读，并由此调整师生互动环节。

例如在讲到电学实验——探究电流与电压和电阻的关系时，老师不能一一地关注到每一组学生实验的情况，在实验中的参与程度以及在探究过程出现的问题，而且由于课上时间有限，有的同学不能及时做出结果，于是课下教师要求学生在电脑端再次进行实验。

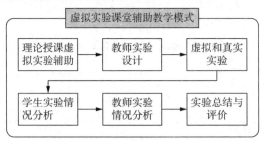

第二，鼓励学生通过多种方式进行表达

在学生的学习和探究过程中，教师应注重和鼓励学生用多种方式表达学习结果。教师通过客观测验以外的行动、表演、展示、操作、写作等更真实的表现可以判断学生的表达能力、思维能力、创造能力、实践能力，例如合作讨论、作品展示、技能展示、文本写作、动作演练等方式。教师可以借助多种媒体与平台工具营造出一个特定的学习氛围，让学生可以合理想象，进行创新表达，教师要联系学生的生活实际，创设真实的或虚拟的环境，激发学生的学习兴趣，强化学生的表达动机，鼓励学生联系自身实际经历进行创新表达，从而为学生语言技能提高和思维逻辑发展打下坚实的基础。在此过程中，教师要将鼓励学生表达贯穿始终，包容学生的错误，为学生树立信心，也要因势利导，丰富内容，扩大范围，需要营造浓厚的创新学习氛围，让学生学习活动更加鲜活、生动，富有创造力。

例如在九年级复习天平的使用时，老师在课堂上再次拿实物演示一遍天平使用的注意事项及使用步骤，因为学生对这部分知识已经学习过，这样再演示一遍不能激发学生学习的兴趣，学生会觉得在浪费时间。为了激发学生兴趣，让学生在轻松气氛中将知识复习全面，教师利用物理虚拟仿真实验取代实物演示，例如让学生在虚拟的环境下测出一枚鸡蛋的质量。教师通过虚拟实验创新学生学习环境，让学生的活动更加生动，激发了学生的学习兴趣。

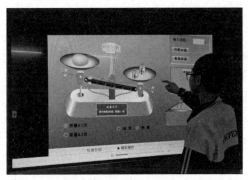

第三，引导学生自主创造表达与分享

教师在教学过程中，要联系学生的生活实际，创设真实学习情境，激发学生自主表达与分享交流的动力，强化学生的学习动机，鼓励学生联系自身实际经历进行创新表达，从而提高学生的表达和交流能力。在此过程中，教师需要诱导学生创新表达方式，鼓励学生用多种不同的书面或口语表达方式进行分享交流，为学生提供分享的机会和平台，对学生的分享给予肯定和及时的反馈，树立学生的自信心。

例如在讲到声音的传播需要时间——声音的速度时，学生对声音的传播具有一定的速度这一点没有感性的认识。教师有必要让学生感受声音的传播速度，可是教材中又没有相关内容，于是教师采用软胶管进行实验。具体设计如下：

教师创设情境提出问题：在雷雨天，我们先看到闪电还是先听到雷声？

教师引出声音的传播需要时间——声音传播的速度。

教师提问：如何算出声音的传播速度？请根据桌上器材自主设计。

学生进行讨论设计。

生：将软管顶住耳朵孔，将软管带喇叭的另一端往桌面上敲，过一阵子就会从胶管中听到敲击桌面的声音，测出胶管的长度，记录从敲击到听到声音的时间，根据速度公式就可以粗略地测出声音的速度。

步骤三：用于新的学习活动

创新作业是复习和巩固知识的重要手段，对于讨论获得的结果，对于通过探究获得的具有明确意义的现象、概念、规律、观点、方法等知识，应该通过创新性作业进行必要的应用训练，可以通过做思考题、练习题方式进行，在学生能力范围内适当地增加一些学生的作业量如小实验、小制作等，加强学生的记忆与理解，促进知识迁移，巩固认知结构，同时更有利于培养学生学习的兴趣，使学生认识到知识是有用的、有价值的。探究式创新作业一般包括三个层次，第一层次是对课堂原理的掌握，第二层次是对生活物理的存疑与探究，第三层次是对基本物理的生活运用。掌握、探究、运用经常相互贯通，相辅相成，形成一个课后学习整体，更深层次的讨论辨析可以促进学生对现象、过程、概念、规律的理解。

例如：在讨论学习物态变化的内容后，学生掌握了固、液、气三种物态变化的基本特征，以及三种物态之间相互变化的规律，老师课后布置这样的思考题："从物理的角度讲植树造林、提高植被的覆盖率有什么样的好处呢？"对这一问题的思考与讨论，不仅仅可以加深学生对所学知识的理解，同时可以增强学生将所学知识应用于解决实际问题的意识，体现了"从生活走向物理，从物理走向社会"的新课程理念。

例如：在学习物体的运动后，可以让学生自制模型飞机、汽车，并测量它的平均速度；在学习光学知识时，学生自制小孔成像的模型——照相机，学生获取知识的途径不再局限于课堂，而是通过亲身探究，学生体验教师应用知识的乐趣。

(三) 工具选择

工具是支持学生创造性学习和表达的重要保障。在学生自主学习和总结表达方面，教师需要根据不同任务和学习活动，为学生推荐相关的资源工具、学习平台等，支撑学生的自主学习和记录学习过程，并多元化分享自己的学习过程和学习结论。学习过程中，学生借助恰当的学科工具，可以创造性地开展学习，拓展学习边界。丰富学习结果的表达形式，发展创造性思维，激活创造潜能。其实质是拓展学生问题解决的思考维度和视野，帮助学生基于自主探索与理解内化尝试多种形式的交流表达。

1. 选择原则

学习工具的选择要考虑工具的便捷性，即工具要能帮助教师方便快捷地制作和管理学习资源、发布通知和管理学生，学生利用工具能够真正有效提高自己的学习效率；同时，资源内容需要有创新性，能够支持师生进行探究性学习活动的开展，激发学生的学习兴趣，促进学生的创造性学习和表达，并能够借助各类互动工具组织自学自我检测，通过大数据反馈学习效果。

2. 学习工具

在学生开展探究学习的过程中，教师需要为学生进行创新表达提供丰富的资源工具。所有帮助学生表达的工具通常可以分为支持表达的硬件工具、支持思维建构的软件工具、支持协作学习的软件工具等几种类型。

资源类型	举例	作用
支持表达的硬件工具	平板电脑、交互式一体机等	打破空间限制，助力创新表达
支持思维建构的软件工具	思维导图、教学支架等	助力表达内容梳理与知识建构
支持协作学习的软件工具	金山文档、腾讯文档等	外化自己的思考过程，拓展思维

在实际教学活动中，教师需要结合具体教学内容选择适合的资源工具，并根据学生的发展情况进行动态调整，选择适宜的资源工具。

3. 学科工具

学科工具：希沃仿真物理实验室、同步实验室（http://www.312345.com/）、中电教馆虚拟实验平台、NOBOOK 虚拟实验室等。这些学科工具可为教师创设虚拟教学情境、提供虚拟实验操作平台、提供教学资源展示平台，让教学更加具体、生动、形象。对于学生来说，可为他们提供虚拟实验操作平台、模型展示平台，让学生对所学知识有更加直观的体验，同时可方便学生反复练习、扩展视野。

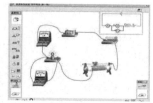

英语流利说，可以对师生的英语口语发音进行测评、打分和发音即时纠正，多维度分析学生的口语练习结果（发音准确率、词汇量、流利度、语法规则等），给学生提供个性化的学习资源，同时，学生采用闯关游戏机制，增加了学习的趣味性。师生可以随时随地进行口语的自主练习和检测，教师可通过 App 查看学生分享的练习情况，了解学生的学习；在教师口语不标准的情况下，App 可以提供英语的正确发音示范等。

4. 在线学习平台：问卷星，MEX（Interactive Multimedia Exercises 多媒体互动测训平台）可以收集和分析学生问题并对学生思维过程进行评价。

问卷星除了能够设计问卷，还有很多功能可以供老师们开发。例如教师可以针对学习探究内容发送题目让学生作答，通过后台数据，老师能够很快看到学生的正确率以及错误的题目。同时，学生从后台能够看到老师上传的文本和答案解析，这样也提高了老师单独给予反馈的效率。

样例展示

人教版初中物理《杠杆》创造性表达设计

本案例选自人教版初中物理《杠杆》一课中关于探究杠杆及平衡条件创造性表达设计片段。

本节课的学习目标为：

1. 通过观察、体验，建立杠杆的概念，并能准确找出支点、动力、阻力。

2. 引导学生完成探究杠杆平衡条件的实验，在设计实验、进行实验和数据处理等方面给学生创设参与及多样性表达交流的机会。

3. 把杠杆和人类生活联系起来，让学生体会有关杠杆的物理知识和实际应用，且能用物理知识解释生活中的现象。使学生初步认识科学技术对社会发展的影响，体会从生活走向物理，从物理走向社会。

学习重点为：通过杠杆平衡条件的实验，拓展学生问题解决的思考维度和视野，帮助学生基于自主探索与理解内化尝试多种形式的交流表达。

创造性表达教学设计如下：

<table>
<tr><td rowspan="10">创造性学习设计</td><td>

学习任务一：

1. 让学生体验：翘起物理课本。让学生在体验的过程中思考：你所使用的工具有哪些特点？如：软硬程度如何？如何运动？为什么会运动？

2. 出示撬棒图片，引导学生分析它的支点、动力、阻力，强调动力、阻力都是杠杆受到的力，作用点都在杠杆上。

3. 出示生活中的杠杆，让学生辨认是否是杠杆：你能说出这些图片中的杠杆的支点在哪吗？让学生完成学案上钓鱼竿钓鱼的相关作图。

4. 在全班展示交流自己的想法，完成学案"活动一"的内容。

</td></tr>
</table>

学习任务一：

1. 让学生体验：翘起物理课本。让学生在体验的过程中思考：你所使用的工具有哪些特点？如：软硬程度如何？如何运动？为什么会运动？

2. 出示撬棒图片，引导学生分析它的支点、动力、阻力，强调动力、阻力都是杠杆受到的力，作用点都在杠杆上。

3. 出示生活中的杠杆，让学生辨认是否是杠杆：你能说出这些图片中的杠杆的支点在哪吗？让学生完成学案上钓鱼竿钓鱼的相关作图。

4. 在全班展示交流自己的想法，完成学案"活动一"的内容。

设计意图：

引导学生通过"体验＋自学＋领会"，构建物理观念。

1. 通过体验，为学生提供真实的体验，组织引导学生将自己的真实感受表达出来，从而帮助学生建立表达总结的环境。

2. 通过多媒体展示，学生进行学习内容的表达，在理论与实践的结合中表达自己的真实感受，促进知识的内化吸收。

实施建议：

1. 教师提前准备硬棒等材料，有关杠杆的 Flash 动画及导学案。

2. 教师可利用希沃软件对学生的知识认识进行表述。

学习任务二：

1. 通过大人和小孩使跷跷板水平平衡动画，引发学生对杠杆平衡条件的感知，引导学生对杠杆的平衡条件进行合理猜想。

2. 根据前面的体验和学习可以知道动力和阻力肯定影响杠杆的平衡。提问：杠杆的平衡还受什么因素影响？

提问：如果右边的钩码向右移动杠杆会怎么样？说明什么因素影响杠杆原来的平衡。学生得出"支点到力的作用点的距离"是影响杠杆平衡的因素的错误结论。

3. 请同学们进行分组实验。注意组内合作，明确分工，将数据记录到学案上的表格中，最后处理数据，归纳结论。

4. 组织学生处理实验数据，归纳总结结论。（培养学生分析实验现象，处理实验数据的能力。）

5. 虚拟实验展示。

设计意图

让学生经历"得出结论—推翻结论—再得到正确结论"的思维过程，锻炼科学思维。教师在学生学习和表达的过程中，需要有目的性地培养学生的批判性思维，从而引发双方更为深入的思考。

学习任务三：学以致用

用一个小小的弹簧测力计可以测出大象的质量，是真的吗？出示图片，以及测量过程、数据，引导学生计算大象的质量。

设计意图

引导学生"从生活到物理再到生活"，学以致用。

培养学生用物理知识解决实际问题的能力。

预期学习效果	培养学生科学探究能力和团结协作的精神。 培养学生分析实验现象，处理实验数据的能力。 培养学生用物理知识应解决实际问题的能力。

【样例评析】

案例中的创造性学习设计充分体现出了物理核心素养对学生合理怀疑意识的培养，学生只有怀疑的意识才能独立判断和思考，才可能产生创新的意识。对比【案例启思】中的教学案例，以下几个方面是值得我们借鉴和思考的。

第一，应通过体验，为学生提供真实的体验，组织引导学生将自己的真实感受表达出来，从而帮助学生建立表达总结的环境。

第二，利用恰当的技术工具，拓展学生的思维宽度与广度。

在本案例中，老师在学习目标的引领下，将问题作为方法工具，建立起学习支架，将PPT、Flash动画、希沃白板、虚拟实验等资源工具用于课堂教学中，拓宽了学生的学习路径，拓展了学习体验，使物理课堂的教学内容变得更加形象生动，可以帮助学生更好地内化知识的理解与表达。

第三，探究杠杆平衡条件案例中采用了探索实验，让学生经历"得出结论—推翻结论—再得出正确结论"的思维过程，锻炼科学思维。这样的表达方式使学生理解深刻，记忆牢固，更充分地调动了学生学习的主动性，增强物理学习兴趣，学生通过这种方法掌握了物理研究的方法。教师在学生学习和表达的过程中，需要有目的性地培养学生的批判性思维，从而引发双方更为深入的思考。

第四，在案例的学以致用环节中，学生在概念形成初期，其理解是不完全的，不深刻的。一方面需要用典型的问题，通过师生共同讨论深化对概念的理解，逐渐领会，分析各种处理和解决问题的思路与方法；另一方面要通过联系实际的训练，使学生逐步学会说理和表达，从而培养学生用物理知识解决实际问题的能力。

第五章
解码： 项目式学习方式问题

开 篇 小 语

　　项目式学习（Project-based Learning）模式的特点是学习者以小组合作的方式对真实的、复杂的问题进行探究，最终获得学习结果，并展示其学习收获与习得。学习者在这个探究学习的过程中，不断丰富知识结构、提高学习技能、发展认知水平和形成解决问题的能力。

　　2019 年，《国务院办公厅关于新时代推进普通高中育人方式改革的指导意见》提出注重"项目设计"等跨学科综合性教学。但是，在实践教学中我们发现，项目式学习越来越受到教育者推崇的同时，由于缺少支持项目式学习的课程资源，缺少项目学习活动设计、实施、评价的科学指导和经验借鉴，大多数项目式学习被活动化、边缘化，背离了项目式学习的内在意义。

　　本章节基于项目式学习问题，从项目式学习活动设计、学习活动实施、学习评价三个维度推介相应解决策略。

第一节 项目式学习活动设计

案例启思

　　某老师结合地域特色，设计了向大家介绍汽车文化的项目活动，项目学习目标：了解汽车的发明和发展、中国汽车之路、车标文化、现代汽车科技、造型文化、技术文化；培养学生对汽车的兴趣和爱好，对汽车的鉴赏能力，能为汽车行业提出一些合理化建议。项目内容包括：1.了解并搜集国内外不同的车标，认识不同的车标；2.参观红旗展馆，了解红旗汽车的历史和文化；3.了解汽车的结构和分类，探究汽车的构造；4.召开一次乘车安全的主题班会；5.设计未来汽车画展；6.结合编程，组装一辆智能小车；7.利用可回收环保材料制作一个汽车模型。项目结束后，老师发现学生把每一个项目内容都当成独立内容完成，没有得出一个总体的学习结论。

问题剖析

　　项目式学习是学生通过合作的方式，在一个驱动问题下，完成一项来自真实情境、需要深度思考和反复论证的任务。从案例呈现的学习目标看，项目涉及美术、语文、信息技术、历史等学科知识，但这些知识和技能却是相互独立的，并不是为了解决同一个现实问题而相互依存的，所以这并不是真正意义的跨学科项目式学习；从活动设计看，活动之间相互独立，学生在教师的设计下完成一个接一个的活动，或者是有选择地完成其中感兴趣的活动。这些学习过程是按预设进行而不是学生主动发现问题解决的过程；从活动内容难度设计上看，仅有组装智能小车等少部分活动内容需要小组合作完成，大部分内容个人去完成完全可以，显然合作的深度远远不够。因此，案例的核心问题是缺少驱动性问题设置，项目活动主题虽然涉及了多学科，但各学科之间呈现的只是围绕同一主题的独立教学活动，而不是以解决同一个项目问题为核心的跨学科项目学习。

解决策略

　　从上面的案例中，我们发现驱动性问题的设计是项目的核心，它贯穿项目式学习的全过程，教师需要通过问题激发学生求知的欲望，主动学习知识去迎接挑战，进而得到问题解决的成果。由此，我们提出"驱动问题设计"的方法。

一、"驱动问题设计"技术模型提出背景

掌握"驱动问题设计"技术模型，要从项目式学习和传统教学模式区别、项目式学习的特征、项目式学习的标准、项目式学习分类等角度理解项目式学习内涵。

（一）从项目式学习和传统教学模式的区别中了解项目式学习内涵

为理解掌握"驱动问题设计"技术模型，我们借助表格来说明项目式学习和传统教学方式的不同。

传统教学与项目式学习对比

	传统教学	项目式学习
教材	有固定的教材	无固定的教材
教师	课堂的主导者、设计者	项目的设计者之一，学生学习的协作者
学生	按教师的计划设定进行，鲜有选择权	项目的共同设计者，主动获取知识，自主制定计划，完善和修改计划
目标	有明确的课程目标，学生在目标指引下通过学习掌握知识与技能	遵循项目知识点和课程知识点之间的内在联系，运用知识和技能解决现实问题
过程	与教师课前预设接近	开放的、动态的、不断生成的
评价	强调学生最后的终结性评价	注重过程性评价、多元性评价，重视学生在尝试解决问题过程中形成的技能与能力
小组合作	可有、可无	需要小组紧密合作

续　表

	传统教学	项目式学习
成果呈现	作业、考试等单一形式	演讲、PPT 课件、海报、模型、辩论、调查报告、小论文等公开展示的形式

（二）从项目式学习的特征上了解项目式学习的内涵

项目式学习以完成真实的事情或任务为目标，旨在促成学生学习状态、学习内容、学习方式以及学习结果等方面的变革。任何一个精心设计的项目都需要把学生对学业内容的掌握和技能的发展作为中心。

在学习状态上，项目式学习要求学生从被动的接受者转向积极的探索者，从被动参与到主动参与，真正激发学生的内源性动机。

在学习内容上，项目式学习通过问题引发学生对项目的思考和探索，项目式学习的价值在于围绕一个富有挑战性的问题，整合一个学科甚至是跨学科的学习内容，促进学生综合理解，提升人文底蕴，实现学生的综合发展。

在学习方式上，项目式学习要求改变以往以知识传授为主线的教学方式，用更真实、更综合的项目引导学生展开自主学习，让学生在问题解决中学会学习、健康生活、实现学用合一。同时项目式学习强调小组合作解决问题，过程中学生分工合作，并要对自己的任务负责，充分培养了学生的责任意识和担当精神。

在学习结果上，项目式学习强调学生的实践创新，让学生在探究与创作中形成一定的作品，如建立模型、设计方案等。由此可知，项目式学习从各个角度分析都指向对学生核心素养的培养，因此，学习目标一定是基于核心素养，指向能力提升的。

二、"驱动问题设计"技术模型概念

"驱动问题设计"技术模型是基于项目式学习的概念、建构主义学习理论、学生核心素养目标的要求，借助信息技术工具及资源，构建的包含制定学习目标、确定项目主题、分解项目问题、设计活动任务四个步骤的项目式学习活动设计中驱动性设置问题的方法模型。

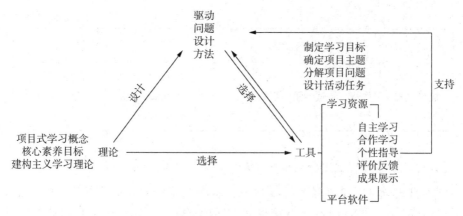

"驱动问题设计"技术模型

（一）理论依据

美国巴克教育研究所将项目式学习定义为"一套系统的教学方法，它是对复杂、真实问题的探究过程，也是精心设计项目作品、规划和实施项目任务的过程，在这个过程中，学生能够掌握所需的知识和技能"。

建构主义认为，知识是学习者在一定的情境也就是社会文化背景下，借助其他人（包括教师和学习伙伴）的帮助，利用已知和需要了解的资料内容，通过人际协作，实现意义建构的过程。从以上的案例中我们可以发现，执教老师更加重视结果，而项目式学习强调对于学科核心知识的应用和对学科核心能力的拓展，在拓展和深化学生学科学习的同时，还能够推动学生核心素养的发展。

项目式学习是一种动态的学习方法，通过项目式学习学生们主动地探索现实世界的问题，在这个过程中领会到更深刻的知识和技能。设置驱动性问题可以通过有趣的、与学生亲和的方式驱动学生投入项目式学习中。另外，驱动问题的解决基于学生已有的经验，在不满足学习需要的情况下，为了更好地完成项目，他们需要进行主动学习和创新，所以需要几周或者几个月来完成项目，因此设置合理的驱动性问题能够促进学生进行长期的主动学习。

（二）方法步骤

1."驱动问题设计"方法

是指以"什么问题将会驱动这个项目？愿景是什么？将要创造出什么？重要的课程内容是否都得到合理覆盖？你怎样保证学生学习并获得进步？项目的流程是否都得到了仔细的思考？你如何与学生们分享？项目的哪些方面可以让学生表现出他们的创造性？学生读些什么来提高他们的理解能力？"九

个核心问题驱动项目设计思考的方法。

2."驱动问题设计"步骤

步骤一：制定学习目标

项目式学习目标制定要紧紧围绕着"什么问题将会驱动这个项目、愿景是什么、将要创造出什么？"三个驱动问题的回答，遵循项目研究成果问题解决和课程知识点之间的内在联系，运用知识和技能解决问题。使用"驱动问题设计"技术模型进行项目式学习的过程最不同于传统教学的一个方面是，虽然学习活动周期长，但是目标问题不会在被提问和讨论过后遗忘。特别是具体目标问题，它的探究是被设计成由此及彼的，在具体目标不断达成时，会对总目标达成带来更加深刻的理解。强调要让学生关注真实的世界，即关注学生的深度理解和掌握概念，还要培养学生在实践情境中解决问题的能力，引导学生敬畏自然与生命，理解何为社会责任。

项目式学习目标制定可以从如下三个方面考虑：一是总体目标，二是具体目标，三是成果目标。

例如，《我为家乡代言》项目式学习目标设计中，家乡长春地处中国东北平原腹地城市，是东北亚经济圈中心城市和中国重要的工业基地、国家历史文化名城和全国综合交通枢纽，素有汽车城、电影城、森林城、雕塑城、大学城等称号。围绕项目成果目标达成所要解决的驱动性问题：我要为家乡代言什么？怎样为家乡做代言？设计目标如下：

成果目标：

希望以项目式学习的形式开展本课程后，学生们能为来自五湖四海的游客设计一份兼备娱乐性和观赏性的旅游攻略，让游客喜欢上家乡、喜欢上孩子们为他们设计的旅行计划，让孩子们更好地认同本民族文化和家乡文化，以家乡资源为荣，为家乡的发展出一份力。

学习目标：引领学生走进家乡，欣赏身边美景，聆听家乡声音，领略家乡风采，加强学生对家乡文化的认同和理解，培养学生阅读与写作能力、综合应用能力、审辩思维能力、创新力、沟通表达能力和团队合作能力。

（1）语文素养：

在制作的海报和名片上创作精准的广告语，标注说明文字，撰写有关家乡介绍的演讲稿、配音稿等。并能根据交流的对象和场合稍做准备，做简单的发言，培养学生阅读、写作能力。

（2）数学思维：

查看家乡的地标性建筑，测算面积；围绕家乡的经济、城市面积等方面的数据进行统计和计算，培养学生综合应用能力。

注重运用实地观察、访谈、实验等方法，查阅解析家乡的历史沿革，形成批判质疑和勇于探究的精神。

（3）数字化创新表达：借助网络搜索了解家乡的资料，制作电子相册等，培养学生采集、加工以及发布信息等处理信息的基本技能。

（4）音乐素养：欣赏与家乡有关的戏曲、歌曲、舞蹈等，有能力的可以适当表演，体验多样的音乐形式和内容，培养学生音乐鉴赏能力。

（5）审美能力：通过看一看、想一想、画一画、做一做等方法绘制家乡的地形图，设计与历史、地理、经济、交通、美食、建筑等有关的海报，体验设计制作活动的乐趣，培养审美能力。

（6）人际交往能力：在团队中发挥自己的独特作用，能借助图片进行讲解，提高自己的语言表达能力。

步骤二：确定项目主题

项目主题的设定非常关键，主题明确才能保证整个项目的完整性，是项目学习从设计、实施到完整形成的一个相对完整的闭环。制定学习目标是对项目主题的方向指引。项目主题要紧紧围绕"将要创造出什么？项目的哪些方面可以让学生表现出他们的创造性？"两个驱动问题的回答，基于目标确定合适的主题，利于其能够达成目标。将项目目标转化问题确定主题，层层细化成若干子主题，这些主题线索要与课程标准一致，要聚焦核心问题的解决，要直指项目目标达成。

如："我为家乡代言"项目学习活动，该校为学生提供了家乡导学资料，在激发学生自豪之情的同时，提出项目主题：2021年5月19日是"中国旅游日"，为进一步增强旅游市场活力，助力旅游市场恢复和发展，文化和旅游部拟开展2021年"中国旅游日"活动。今年"中国旅游日"主题为"绿色发展 美好生活"，为了更好宣传自己的家乡，学校提出："欢迎您到家乡来——假如你是一位外地游客，踏上这片土地，你最想看到哪些信息？最想得到一份怎样的攻略？"，请同学们以小组为单位，设计一张家乡名片和一份宣传海报，展现家乡的独特风貌、风俗人情、特产资源等。因此，"我为家乡代言"项目预设了六条线索：历史体验线、风景体验线、文化体验线、美食体验线、建筑体验线、特产体验线。这一真实且比较复杂的学习情境项目主题让学生知识的习得成为有意义的建构。

步骤三：分解项目问题

分解项目问题要紧紧围绕"重要的课程内容是否都得到合理覆盖？学生读些什么来提高他们的理解能力？你怎样保证学生学习并获得进步？"三个驱动问题的回答，依据项目总体目标和每个子主题的问题解决，分解学科领域、确定能力类型及目标，梳理问题脉络，为项目学习过程目标达成提供有力保障。细化的驱动问题能紧紧围绕项目主题，经历学习过程—自主设计活动任务，可以达成设定的具体目标。如"我为家乡代言"项目涉及的学科、能力类型和问题脉络等梳理如下：

项目问题脉络表

学科领域	能力类型	能力目标	问题脉络
语文	写作	在制作的海报和名片上创作精准的广告语，标注说明文字，撰写有关家乡介绍的演讲稿、配音稿等。并能根据交流的对象和场合稍做准备，做简单的发言，培养学生阅读、写作能力。	如何为家乡写一份代言稿？
数学	计算测量	查看家乡的地标性建筑，测算面积；围绕家乡的经济、城市面积等方面的数据进行统计和计算，培养学生综合应用能力。	如何为家乡写一份数据分析报告？
信息技术	技能	借助网络搜索了解家乡的资料制作电子相册等，培养学生采集、加工以及发布信息等处理信息的基本技能。	如何为家乡做一份电子相册？
音乐	欣赏表达	欣赏与家乡有关的戏曲、歌曲、舞蹈等，有能力的可以适当表演，体验多样的音乐形式和内容，培养学生音乐鉴赏能力。	如何介绍家乡最美的旋律？
美术	绘画	通过看一看、想一想、画一画、做一做等方法绘制家乡的地形图，设计与历史、地理、经济、交通、美食、建筑等有关的海报，体验设计制作活动的乐趣，培养审美能力。	如何为家乡绘制一份宣传海报？
综合实践	调查	注重运用实地观察、访谈、实验等方法，查阅解析家乡的历史沿革，形成批判质疑和勇于探究的精神。	如何介绍家乡的历史传承？
	交往	在团队中发挥自己的独特作用，能借助图片进行讲解，提高自己的语言表达能力。	如何传递我们对家乡的热爱，对外地游客的热切欢迎？

步骤四：设计活动任务

设计活动任务要紧紧围绕"你怎样保证学生学习并获得进步？项目的流程是否都得到了仔细的思考？你如何与学生们分享？"驱动问题回答，活动任务要关注学生的知、行、思合一，任务内容与活动阶段、阶段成果紧密关联，使项目学习过程时间线、目的性合二为一。在细化的驱动问题的指引下，激发学生独立思考，提出解决问题的方法，经历解决问题的过程，实现持续探究、再认识以及多种知识的整合重组。可以通过活动任务日历工具来设计活动任务。

活动任务日历表

	第一阶段	第二阶段	第三阶段
任务内容	项目驱动 成立小组 建构知识	发布导引 团队协作 产品开发	推介发布 展示交流 多元评价
阶段成果	了解项目 完成表单 制定主题	深入项目 解决方案 形成成果	完成项目 成果展示 反思总结

（三）工具选择

在项目式学习活动设计中，要充分地考虑信息技术工具对项目式学习的支持作用。信息技术支持下的项目式学习，主要体现在项目式学习资源供给、学习活动支持、学习过程管理等方面。在项目式学习活动设计中工具选择主要从满足自主学习、合作学习、个性化指导、评价反馈、成果展示等学习过程需求考虑。按工具类型分，主要分为学习资源与平台软件两类。

1. 学习资源类

依据项目式学习知识目标，推送相关支持问题解决的自主学习资源。例如：

汉语大辞典、语文达人、有声有色、形色、洋葱数学、百词斩、NB 物理实验、NB 化学实验室、中国国家博物馆、地理资源网、勤能德育频道等。

2. 平台软件类

第一，选择适切的学科小工具、教学 App 可以支持学生完成项目式学习各类活动任务。

日常教育教学管理中最常见的微信群、每日交作业小程序、班级优化大师、美篇等都可以实时记录学生的项目学习情况，作为学生发布学习成果的有效信息技术载体。问卷星、美篇等都可以作为评价学习成果投票的途径。

如：在"我为家乡代言"项目小组架构过程中，教师可以采用问卷星学情调研的形式自发组建项目研修小组，明确项目问题。

第二，项目式学习强调学生借助信息技术手段进行协作探究，学生可在校内智慧教室和校外互联网平台随时随地进行学习。例如：UMU 互动学习平台、人人通学习空间、问卷星、EN5、投屏工具、好弹幕等。

例如："我为家乡代言"项目学习中，教师充分利用网络学习空间"人人通"平台优势，设计了"我为家乡代言"的项目资源课程，通过平台推送自主学习资源，发起话题讨论，分享学习成果，教师通过平台全程实时跟踪指导，为项目学习过程提供了数据支持下精准指导技术，助力目标达成。

第三，学生还可以借助信息技术创作数字化项目式学习作品，如微电影、PowerPoint 演示文稿、电子海报、动画作品等。

样例展示

"漫话春节"项目式学习设计

一、设计背景

随着世界的融合，传统文化越来越受到人们的重视，我国中小学生的传统文化素养也需要在民族文化复兴的大形势下有所提高。项目式学习是青少年传统文化教育推进重要方式，"年"作为中国最重要、最具代表性的传统节日，最能体现中国的传统文化。

二、调研发现

学生虽然每年都过"年"，但对年的发展变化、民族文化、习俗等却并不了解。

三、设计思考

思考一：如何制定学习目标

根据项目驱动问题设定学习目标，目标的设定要从培养学生的核心素养出发，突出实践能力和知识整合建构能力的培养，实现学生全面而富有个性发展的课程目标。

思考二：如何确定项目主题

项目式学习鼓励学生探究和解决真实的、复杂的问题，并从中获取知识和技能。不管是在项目式学习的定义还是在项目式学习黄金标准中，最重要的特征就是"真实性"，项目的真实性越高，完成项目后为学生带来的影响就越深远。

思考三：如何分解项目问题

根据学生研究兴趣、能力类型以及涉及的学科知识分解和梳理项目问题。

思考四：如何设计活动任务

设计项目进程表，明晰项目思路。项目活动以学生学习兴趣为基础，通过活动激发学生的创造性思维和问题解决能力，设计团队内容促进学生合作能力提升。

四、项目设计方案

（一）项目目标设计

设计思路：利用"漫话春节"主题年文化活动，以向世界各地小朋友推荐中国年为愿景目标，围绕项目成果目标设计驱动问题：有哪些"年文化"，准备推介哪方面内容？将如何展示年文化？

1. 总体目标

转变"教"与"学"的方式，以学习者为中心，参照每个学生的知识和经验，培养学生独立应用、说明和解释等能力，同时发展学生的批判性思维和问题解决能力，最终落实学生核心素养，如人文底蕴、科学精神、学会学习、健康生活、责任担当、实践创新。

2. 具体目标

价值体认：通过自主阅读和学习老师推送的资料，开展探究性活动，学生了解中国春节有关的历史、文化、习俗、民族传统，激发爱国主义情感。

责任担当：通过对中国"年文化"的多角度、多元化的研究和探讨，学生感受中国优秀传统文化的博大精深，培养观察生活、热爱生活的积极态度，增强爱国主义情感。

问题解决：通过小组合作，学生对自己感兴趣的问题开展广泛的实践探索，综合运用其他学科知识分析和解决问题，最终形成研究成果，同时学会分享共同的劳动成果，培养合作意识和能力。

创意物化：通过"人人通"学习空间进行学习和小组讨论，学生能够将信息技术手段和传统方法相结合设计制作 PowerPoint 演示文稿、电子画报，讲解年文化，表演歌谣，制作装饰物等，培养创新意识及创新表达能力。

3. 活动重难点

重点：感受中国传统节日的魅力，使学生树立爱国情感，做中华民族优秀传统文化的传承者。

难点：结合其他学科知识完成研究，同时学习应用信息技术方法创新展示成果。

4. 主题设计与预计成果

（1）项目主题："漫话春节"主题年文化推介会

（2）项目子主题

年福——咏中华经典（春节"福"文化）：中国"年"文化的介绍（涉及语文学科、书法学科。阅读查找资料了解年有关的名句名篇名曲，通过文字的精妙言表和中国诗词的解读，使听者感受中华文化的博大精深和中国传统节日的深刻内涵。通过 PPT 的形式呈现）。

年俗——扬中华传统（春节习俗）：中国"年"习俗的介绍（涉及信息技术和美术学科。学生通过资料查找和采访询问他人的方式调查过年每一天的习俗。以电子画报、童谣解读方式呈现）。

年韵——赏中华艺术（春节装扮）：中国"年"标志物介绍（涉及美术学科和信息技术学科。学生通过美术课和查找资料学会制造年味；通过信息技术学科使用 3D 打印手段，制作装饰物。以实物展示形式呈现）。

年味——品中华美食（春节美食）：中国"年"美食的介绍（涉及美术和综合实践学科。学生通过查找资料，和父母实践，尝试做"年"的美食，了解其中的美好寓意。以制作美食、拍摄实物照片方式呈现。通过 PPT 形式展示）。

新年祈愿：双语新年祝福（涉及英语学科。学生学会用双语进行新年祝福。通过微视频形式呈现）。

（二）项目问题脉络设计

（设计思路：依据能力目标设计驱动问题，引导学生开展实践研究）

"年文化"项目驱动问题设计

能力目标	问题脉络
根据资料，了解并进行资料整理。进行前期初步的项目设计。培养阅读整理能力。	初步确定推介主题，并思考想用什么样的方式进行推介？
能结合所学的知识及掌握的资料，进行计划的制定，进行合理的小组分工，并选择最有效的办法开展项目。在过程中培养规划能力。	如何制定合理的项目计划表？

能力目标	问题脉络
根据已有的经验架构知识，并通过各种途径学习能够解决问题的知识，同时对推介的内容进行反复论证和推敲，确定最好的成果展示。培养合作、批判性思维，信息技术应用能力。	如何形成年文化推介的成果？
能够完整地表达推介内容，并能进行评价。提升表达及客观评价的能力。	如何对成果进行展示并评价？

（三）项目活动流程设计

活动名称	阶段目标与课时安排	学习任务
活动一：走进年文化，了解中国年	项目驱动，成立小组，建构知识（1周）	任务一：阅读资料，初步了解年文化。 任务二：思考并确定你喜欢的推介主题（春节美食、春节文化、春节习俗、春节装饰），并说一说你的理由。 任务三：根据兴趣分小组，请小组讨论推选一名组长。 任务四：小组长带领组员讨论用什么样的方式推介（PPT、微视频、手工制作……）。
活动二：制定小组计划，设计推介方案	项目分解，制定计划，完善分工（1课时）	任务一：各学习团队结合教师发布的学习导引文件和项目评价量表再次研讨项目实施方案，包括研究内容分解、人员分工、研究准备、进度安排、注意事项等。 任务二：分享计划与方案，生生、师生对实施方案提出建议。
活动三：开展研究学习，制作项目成果	发布导引，团队协作，成果研究（1周）	任务一：团队研究。各团队按照分工开展研究活动，及时保存研究资料。（过程性资料和阶段性成果资料可以是文字、图片、视频、录音等多种形式。） 任务二：学习团队定期开展交流，对照方案发现问题，针对问题进行修正方案，并进一步开展研究。各团队形成初步成果。 任务三：交流改进。进一步鼓励创新，补充、修改和优化，形成最终作品。

活动名称	阶段目标与课时安排	学习任务
活动四：发布项目成果，推介展示交流	推介发布，展示交流，多元评价（1课时）	任务一：发布成果。各小组将成果发布到学习空间进行展示。 任务二：排练自查。各小组进行推介会发布排练，检查自己的成果还有哪些不足需要修正。 任务三：发布展示。小组成员面向全班同学推介自己的成果。 任务四：自评互评。结合评价量规对自己小组的成品和其他小组的作品进行评价。

（四）资源工具设计

1. 学习工具准备：人人通网络学习空间、智慧教室、问卷星、爱剪辑软件、3Done 软件、Powerpoint 软件、Word 软件。

2. 学习资源准备：

（1）文本资源：《年文化介绍》阅读资料。

（2）视频资源：《福字的制作》《饺子的制作》《灯笼的制作》《对联的制作》等微课视频，《Word 电子画报制作技巧》微课视频、《PPT 制作技巧》微课视频。

【样例评析】

项目式学习对学生和老师来说是一个需要循序渐进接受的学习方式，因此开始接触时学习目标要贴近生活，方便开展、易于接受。"千门万户曈曈日，总把新桃换旧符"，春节——这个我们熟悉的文化命题，却总是让人回味无穷，让我们不断品味到文化自信、厚积薄发的力量。"漫话春节"项目式学习，通过搜集资料、研究文献、开展访谈、问卷调查等顶层活动设计，深入渗透守护文化传统的意义，让传统节日文化焕发蓬勃生命力。

1. 驱动性问题合理设置促进了学生核心素养目标的达成。项目式学习以中国"年文化"推介这一真实的驱动问题为核心，从"春节美食、春节文化、春节习俗、春节装饰"等线索出发，在年福中咏中华经典（春节"福"文化）；在年俗中扬中华传统（春节习俗）；在年韵中赏中华艺术（春节装扮）；在年味中品中华美食（春节美食）；在新年祈愿中扬中华自信（双语祝福）……学生在自主探究、合作学习、做出决策以寻求问题解决的过程中，高阶思维能力必将得到比较充分的锻炼。

该项目式学习目标的定位：通过对中国"年文化"的多角度、多元的研究和探讨，感受中国优秀传统文化的博大精深，培养学生观察生活，热爱生活的积极态度，增强其爱国主义情感；通过小组合作学习自己感兴趣的问题开展广泛的实践探索，综合运用其他学科知识分析和解决问题，最终形成研究成果。同时学会分享共同的劳动成果，培养学生的合作意识和能力。

2. 驱动性问题合理设置激发了学习兴趣，有利于学习者进行核心知识的架构。

年文化这一主题贴近学生生活，设置如何进行年文化推介这一驱动性问题，激发了学生的兴趣，促进了学生思维方式的创新。在学习中，课程结合语文、音乐、美术、英语、综合实践等多学科展开项目学习与活动，强调态度、能力、知识的综合性培养。中国"年"文化的介绍涉及语文学科、书法学科，学生阅读查找资料了解年有关的名句名篇名曲，通过文字的精妙演变和中国诗词的解读使听者感受中华文化的博大精深和中国传统节日的深刻内涵。"漫话春节"项目学习的真实性、方式的多样化、学科之间的交叉融合、创造性解决实际问题等特点打破了信息时代各学科之间的界限，在更高层次上整合学科，使所有学科更贴近生活和现实问题。项目式学习让学生在学习过程中建立系统的思维方式，体验各门学科知识之间的内在联系，进而向生活、社会延伸，为学生提供将来进入社会必备的知识和能力。

3. 合理的工具应用支持了项目问题的解决。学生学习使用人人通学习空间进行自主学习和小组讨论，能够运用信息技术手段进行设计制作，在实践中学习知识，升华情感。学生感受中国传统节日的魅力，激发爱国情感，立志做中华民族优秀传统文化的传承者。难点在于应用多学科知识开展活动，同时学习应用信息技术手段展示成果。

项目式学习方式让孩子们相聚在难忘的春节时光里，他们从心底认可这种学习方式，"人人通"学习空间和智慧课堂等也极大地助力了项目式学习的效果，增进孩子们的生活体验，传承中华传统文化的使命在每一个学生的心中生根、发芽。

第二节　项目式学习活动实施策略

案例启思

案例1：在开展"走进2022冬奥会"项目式学习实践中，为了能更快更好地完成实践，教师将项目分解成五个子项目并按照小组优势进行任务认领。

但在完成过程中经常有这样的场景发生："老师，我们根据调查得出结论，可其他人不采纳。""老师，我想当观察员，可是组长不让。"还有一部分小组的作品仅仅由一两个同学独立完成，他们承包了组内大部分工作，其他同学看似参与项目，实则在讨论与问题无关的话题。

案例2：某小学结合"防震减灾日"活动，组织学生开展了"地震我来报"的项目式学习。教师设计的驱动问题为："假使某地区发生地震，我们该如何提前预测并为逃生争取更多时间呢？"同学们集思广益，老师要求根据地震原理，用简易材料制作一个测试地震强度的装置，并通过模拟地震来临时的震动状态进行数据记录，以检测装置的准确性。学生们都非常积极，5个人一个小组开始了本组的装置建构，但是在学生学习制作过程中，老师发现了60%左右的学生由于"地震报警仪"相关的声、光、电知识准备不足，而未能顺利按照计划完成实验检测。还有一部分学生利用硬纸壳、一次性杯子、硬币等尝试做出悬挂式摆锤地震仪，由于操作环节缺乏指导，经过多次尝试，仍不能达到预期效果，导致项目无法继续进行。

问题剖析

案例1的问题是项目研究和成果制作没有充分发挥团队的作用，很多成员并没有深度参与。项目式学习没有明确的小组分工，无法充分发挥每位成员的作用，小组成员不清楚自己需要完成哪些工作，不清楚自己能够为项目做出哪些贡献，导致学生在小组合作时讨论、交流、探究的积极性不高，出现"能者多劳""浑水摸鱼"的情况。

项目式学习是学生建构新知识，发展批判性思维、创造力，提升沟通协作等能力的过程。学生的知识与能力的建构是高质量项目式学习的标准之一。案例2的问题体现在项目学习需要解决的问题超出了学生原有的知识经验，由于缺少与之相匹配的学习资源助力学习问题的解决，学生无法顺利开展项目。

解决策略

一、"支架引导"技术模型提出背景

理解"支架引导"技术模型，首先应理解"支架"的概念。"支架"又称"脚手架"，是美国心理学家伍德等从建筑行业引入教育领域的，被称为学习支架。维果茨基的"最近发展区"理论将学习支架描述为具有更多经验的人帮助学生跨越最近发展区，从现有知识水平到达潜在水平，特指学生在完成"挑战性的学习任务"时，在经过努力仍然不能自己解决问题时教师提供的支持。

项目式学习是学生建构知识、发展创造性、提升沟通协作能力的过程。

随着项目复杂性的增加，从入项到合作探究到形成成果都会有知识与能力的建构过程，学习的进程是螺旋上升的，学生需要多次回到学科大概念和项目成果，产生迭代。此过程往往会遇到关于知识储备、学科关键能力、沟通技能、信息搜索能力、问题解决能力等方面的难点，需要教师在"恰好需要的时机"提供"必不可少的支持"，在学生获得相应的知识和能力后再撤除。因此，支架的搭建、资源的提供准确地指向项目实施中学生可能遇到的难点，有助于学生突破难点，支持学生挑战最近发展区。

二、"支架引导"技术模型概念

"支架引导"技术模型是基于建构主义理论、杜威的实用主义理论、最近发展区理论，借助信息技术工具与传统工具组合的新工具，达到项目实施的有效学习、有效合作、有效探究、有效指导的方法模型。"支架引导"技术模型包含契约支架、核心知识支架和实践支架三个部分。

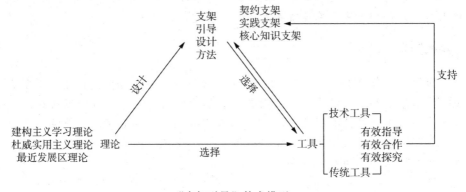

"支架引导"技术模型

（一）理论依据

建构主义观认为，知识不是通过教师传授得到的，而是学习者在一定的情境即社会文化背景下，借助其他人（包括教师和学习伙伴）的帮助，利用必要的学习资料，通过意义建构方式获得的。项目学习是一种基于建构主义学习理论的探索性学习模式。项目学习与建构主义理论均强调活动建构性，强调应在合作中学习，在不断解决疑难问题中完成对知识的意义建构。所以建构主义对于项目学习的开展具有重要的指导意义。[①]

杜威的实用主义教育理论是项目式学习的另一个理论基础。杜威针对"以课堂为中心、以教科书为中心、以教师为中心"的传统教育，提出了"以

---

① 高燕. 主题式项目学习的应用研究 ［D］. 南京：南京师范大学，2015.

经验为中心、以儿童为中心、以活动为中心"的三中心论，并在《民主主义与教育》一书中阐述了其"三中心论"教育思想体系。他认为"知识不是由读书或人解疑而得来的结论，一切知识来自经验，教育即生活"。他反对传统教育忽视儿童的兴趣、忽视儿童的需要的做法，主张教育要以学习者为中心，让学生从实践活动中求学问即"做中学"。项目式学习就是倡导以生为本，项目的实施要源于生活经验，在实践中学习，在实践中寻求答案，通过反复论证和假设找到问题解决的办法。因此项目式学习的深度体现了杜威的教育思想，并能够在项目进行中得到充分的印证。

最近发展区理论是由苏联教育家维果茨基提出的儿童教育发展观。他认为学生的发展有两种水平：一种是已经达到的发展水平；另一种是儿童可能达到的发展水平，表现为"儿童还不能独立地完成任务，但在成人的帮助下，在集体活动中，通过模仿，却能够完成这些任务"。这两种水平之间的距离，就是"最近发展区"。也就是说，最近发展区是儿童在有指导的情况下，借助成人帮助所能达到的解决问题的水平与独自解决问题所达到的水平之间的差异，实际上是两个邻近发展阶段间的过渡阶段。把握"最近发展区"，能加速学生的发展。

（二）方法步骤

1."支架引导"方法

支架引导方法从项目式学习的探索历程出发，围绕着项目、问题、任务等自主的探索性学习活动有效落实，包括契约支架、核心知识支架、实践支架。

契约支架围绕学习目标完成，包括小组项目主题、成员、分工、任务、活动安排等内容。

实践支架围绕项目成果目标形成的每一阶段问题链设计，使学生每个学习过程体系化。

核心知识支架围绕项目学习计划中每个阶段问题的解决为学生提供核心知识学习资源，助力其每个阶段目标任务的达成。

2."支架引导"步骤

步骤一：提供契约支架

项目设计完成后，第一个阶段是要让学生进入问题解决的情景当中，对问题产生兴趣，激发其主动探索的动力。同时学生与同伴达成共识，形成共鸣，组建学习共同体，形成初步的方案，并对项目进行简单的规划管理。

项目式学习需要学生组成协作小组，以学习共同体的形式完成项目内容，在共同体组建之后，需要在教师的引导和组织下制订更详细的计划。可以采用项目计划表单、思维导图、时间轴等形式。计划表是对项目的了解。针对问题产生兴趣，进而进行项目探究，计划表中要明确团队分工、任务内容、活动步骤。

　　例如某高中"戏里戏外，演绎经典"项目学习第一课时，教师从"典型艺术形象的鉴赏""典型艺术形象的概括"两大主题出发，细化了"阅读鉴赏""经典再现""台本设计""排练演出"四个项目任务，旨在通过阅读鉴赏、研讨探究、写作设计、排练表演、拓展交流等学习活动，帮助学生提高鉴赏和创造美的能力，使其具有健康的审美情趣，从而提升综合素养。学生组建学习小组后，教师提供了契约支架——项目计划表，引导学生制订小组项目学习计划，达成学习愿景，明确分工及任务，形成团队契约关系。

项目学习计划表

班级：高一 A 班	指导教师：孙老师
小组名称：第一小组	
组长：张昕茹	小组成员：张函硕、张湘奇、齐鸣扬、王菲彤、刘庭雨、李俊泽、李子怡、徐伟博
选题的内容：如何通过戏剧表达对英雄的礼赞	预期成果形式： 1. 戏剧人物、情节等剖析小论文； 2. 剧本改写或创编； 3. 戏曲表演录制
任务分工： 1. 素材准备、小组讨论记录、整理论文、文本发布：张湘奇、刘庭雨等； 2. 选择主题、经典配音录制：李子怡、徐伟博等； 3. 选择主题、改编剧本：李俊泽、张函硕等； 4. 剧本创编、修订完善：张昕茹、王菲彤等； 5. 舞台表演、成果录制：张昕茹等全组成员； 6. 道具、录像机等：齐鸣扬	
活动的步骤： 1. 第一周：学习和鉴赏：人物台词、舞台说明、戏剧冲突、英雄形象、戏剧主题； 2. 第二周：经典配音； 3. 第三周：改编剧本； 4. 第四周：写微剧本； 5. 第五周：戏剧表演； 6. 第六周：发布成果、剧本评价；	

> 学习约定：
> 1. 每名同学的分工代表这项任务由该同学主要负责，其他同学作为参与者积极参与活动。
> 2. 每个小组成员要在自己负责的任务中，发挥好带头作用，提前分配好小组其他同学的学习任务。
> 3. 认可并学习每个小组成员的特殊才能。
> 4. 以团队的方式发展思想并创造产品，单独完成的任务将在小组内汇报以寻求反馈。
> 5. 帮助小组解决问题并管理冲突，会在小组成员需要时帮助他们，能给组内成员有用的反馈。
> 6. 小组成员在活动中要认真倾听同伴建议，保质保量完成学习任务。
> 7. 成果发布环节要求小组同伴每个人都参与发布演说，组长要负责做好排练

通过上面的案例，我们可以看出"契约支架"的第一个核心要素是要组建团队。项目式学习是通过对真实的、复杂的问题进行探究，以小组合作的方式进行项目实施的学习模式。协作是项目式学习黄金标准的一个基本要素。因此，团队的组建是非常重要的，成员不仅仅要做好自己的事情，同时要学会共享、合作和相互激励。

一个和睦的团队要能达成共识：有共同的兴趣爱好，同时层次差异不宜过大。这里推荐一个团队组建方法对比表，供大家借鉴。

团队组建方法对比表

团队组建方法	优点	缺点
教师决策	·省时； ·减少不同意见，避免伤害他人感受； ·允许教师为学生的成长平衡各个团队，将效率最大化； ·真实：大多数真实世界的团队不需要自我选择	·有些学生可能对他们的团队感到不满； ·学生可能失去自主权和讨价还价的参与感； ·学生们没有机会去学习如何明智地选择队友

团队组 建方法	优点	缺点
学生参与 教师决策	·最大限度地减少分歧和感情伤害； ·仍然允许教师为学生的成长平衡各个团队，将效率最大化； ·学生有一定的自主权和参与感； ·学生们有机会去学习如何明智地选择队友	·更加消耗教师的时间； ·很难尊重所有学生的"偏好"； ·一些学生可能仍然对他们的团队感到不满
教师引导 学生决策	·几乎清除了分歧； ·学生有归属感和参与感； ·学生有机会学习如何明智地选择队友	·如果学生需要学习如何选择团队，可能需要更多的时间； ·课堂文化必须是正确的，以防止学生抱团和社会变化，学生出现问题； ·有可能伤害感情； ·不建议对低年级的学生使用该方法； ·学生们可能意识不到什么能对团队来说才是有效的

"契约支架"的第二个核心要素就是有效的策划商定，包括：任务分解、人员分工、进度安排、学习约定等。例如，通过网络平台发布项目信息，通过了解项目内容，引发学生思考，学生依据自己的特长爱好商定分工等事宜。

步骤二：提供实践支架

根据"契约支架"确定小组的计划表后，即进入具体项目真正意义上的探究阶段。学生作为项目的发起人和主人翁，也应该明晰在完成"周计划表"的学习过程中自己所承担的任务、角色以及即将完成的作品或者任务。整个过程中，学生要对自己的学习和作品负责，不过，也并不意味着教师功能和职责的减退，相反，这对老师的工作提出了更高的要求，教师需要协助学生建立实践支架，帮助其有效完成项目式学习。

实践支架主要是由问题链构成的。问题链是基于项目学习知识内容体系建立的具有自然衔接关系的问题队列，具有全面性（覆盖项目学习内容的知识点）和衔接性（问题间的自然过渡、紧密相扣）。问题链是由多个有逻辑性的问题有机组织起来的，问题要有目标、有梯度、有引领、有开放、有思考的空间。

实践支架可以是调查单或思维导图等形式。

　　例如，在"阅读和赏析"任务中，教师可以为学生提供这样的问题链式的调查单。

"戏里戏外，演绎经典"项目式学习之"阅读与赏析"调查单

阅读与赏析调查单
日期：　　　　　　学习小组：　　　　　　负责：
千百年前的故事，从过去走到现在，如何使它重焕生机？生活中有诸多快乐，而戏剧，能给我们带来更深刻的快乐！让我们一起走进戏剧。

一、预习思考：你要像侦探一样来审视任务并完成下表

调查内容	《窦娥冤》节选	《雷雨》节选	《哈姆雷特》节选
主要任务			
外表（年龄、体形、身体状况、衣着等）			
出身（籍贯、家庭组成、阶层和信仰、在家人眼中的形象、影响他人生方向的早年经历、对自己出身的态度等）			
人际关系（最重要的人物关系和自我认知）			

　　二、学习思考：你要像文学评论家一样结合问题写出小论文

　　1.《窦娥冤》通过窦娥面临的哪些矛盾冲突塑造窦娥形象？窦娥是一个什么样的形象？主题是什么？

　　2.《雷雨》选段中周朴园是否仍然爱鲁侍萍？为什么？以"雷雨"为题有何寓意？

　　3.你从哈姆雷特经历的一系列变故中了解到他是个什么样的王子？悲剧结局能否避免？为什么？

　　4.运用所学鉴赏方法，从三部作品中选择你心目中的两个英雄人物，比较有何异同。

　　三、调查思考：你要像戏剧家那样走进戏剧世界

　　1.戏曲和戏剧有什么不同？

　　2.关于戏剧，你还想了解什么？你了解到了什么？

　　思维导图利用可视化的结构图形式，把项目式学习各级主题之间或具体项

目任务内部的层级关系和思维顺序清晰地呈现出来。教师作为帮助者和促进者，可以借助思维导图引导学生不断地从已有的知识经验中获得新的知识经验，将新旧知识进行整合建构，不断更新完善已有知识体系；同时思维导图能够促进学生发散思维和创新思维的发展，帮助学生从多角度、多方面思考解决问题。

例如，在剧本编写和表演中，也可以和学生一起以思维导图形式驱动项目学习的完成。

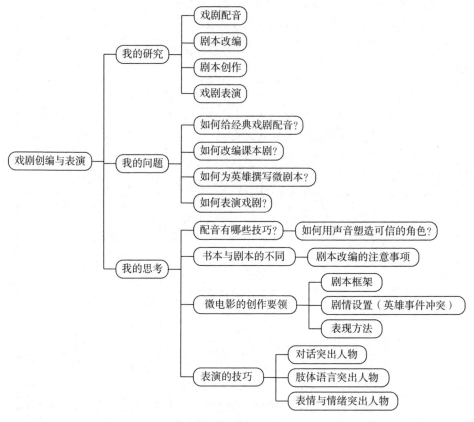

戏剧创编和表演思维导图

从项目式学习实施角度看，阅读赏析调查单指向学生对剧情的梳理、文本的解读。戏剧创编和表演指向该项目的最终成果——微戏剧。无论是"调查单"还是"思维导图"支架，都将成为老师和学生一起努力完成项目任务探究的方向盘和助推器。

步骤三：核心知识支架

项目实施过程中，当学生要完成具有挑战性的学习任务，在经过努力仍然不能自己解决问题时，需要教师提供核心知识的资源，使学生能够根据学习需求，获得解决问题的核心知识与能力。教师在"适当的时机"为学生提供的助力其跨越最近发展区的核心知识即为核心知识支架。核心知识可以是背景知识、指向项目目标的核心知识与能力等。

背景知识。即有助于理解项目主题的知识，如"戏里戏外，演绎经典"项目中戏剧的起源、发展等。背景知识往往是事实类的信息，以及为了促进学生更深入地探索、解决问题而衍生的相关知识。

指向项目目标的核心知识与能力。这类知识与能力是项目的核心，是推动项目开展的主体知识与能力，也是项目目标的重点，是推进项目问题解决，形成高质量的项目成果过程中必不可少的主要知识、思维方法。这类知识与能力通常来自课程标准，也是课程标准、教材中的重要知识与技能。

例如，"戏里戏外，演绎经典"项目式学习涉及语文、历史、劳技、艺术、信息技术等多学科，其核心知识列表如下：

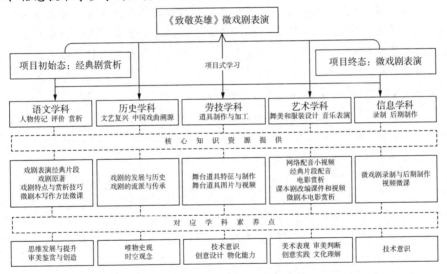

"戏里戏外，演绎经典"项目式学习涉及学科知识与资源汇总

核心知识支架为学生提供资源支持，扩展学生视野，延展学生思维，帮助学生跨越最近发展区。学生可以在丰富的核心知识支架中找到灵感或思路，助力其解决项目活动中遇到的问题。

（三）工具的选择

项目式学习活动的实施需要信息技术工具的支持，从而促进契约支架、实践支架、核心知识支架的有效利用。利于项目化学习实施的技术工具有很多，除了第一节提到的相关内容外，本节重点介绍微信、QQ、"每日交作业"等师生常用即时通信软件和成果展评软件的应用方法。

1. 微信、QQ 软件

第一，分享学习过程，拓展合作时空

项目学习开始阶段，老师可以通过微信、QQ 分享学习资源，学生也可以通过微信分享，查找、分享各种与主题相关的文字、音视频等资料。

例如，在"戏里戏外，演绎经典"项目中，学生将实体合作小组迁移到微信小组、QQ 小组，在学习过程中遇到问题及时提出来互相交流，也常常利用微信将自己录制的和戏剧相关的小视频分享给同伴，学生可以随时随地观看班级其他成员的阶段性优秀成果。

第二，推送调研问卷，量化组员业绩

项目学习的成果包含各种多媒体文件，通过微信或 QQ 群不仅有利于项目资料的汇总，更有利于项目资料的搜集。

例如，在"戏里戏外，演绎经典"项目的微信群聊天记录中，我们不但可以查看项目学习整个过程的一系列材料，而且微信群聊天记录对于小组项目的总结反思起着重要作用，还可以为小组成员之间的互评提供数据支持，以此来量化组员的学习成果。

第三，享受学习过程，分享项目成果

微信朋友圈日益成为分享学习过程和成果的重要通道。学生通过朋友圈向自己的家人和同学分享学到的成果，得到好友的回应，收获成就感。

2."每日交作业"小程序

利用微信小程序"每日交作业"，教师给出兼顾全班大部分学生的整个项目学习的进程安排，每个合作小组根据组内实际情况调整出适合本小组的进程。每天晚上学生会在固定时间收到任务清单的提醒。如果学生当天没有完成指定的项目任务，"小程序"会在第二天继续提醒补交；如果完成，则会给学生图章奖励或积分奖励。

"每日交作业"会记录小组合作学习和学生个体学习的成果，学习结束后会给学习者反馈关键信息，这特别有利于促进学生自主制订学习计划、自主监督学习进程、自主评估学习效能。

3. 思维导图软件

思维导图可以清晰地呈现项目式学习各级主题及内容，有助于帮助学生理清思路。

例如，"戏里戏外，演绎经典"项目中的戏剧创编和表演环节就借助了思维导图探究微戏剧的写作、表演、配音等，使脉络更清晰，促进项目顺利实施。

样例展示

"漫话春节"中国"年文化"推介会活动实施设计

在项目式学习实施的四个阶段中，契约支架、实践支架、核心知识支架贯穿始终，下面就环节的两个重点阶段——起始阶段、实施阶段来进行支架使用的解读。

一、设计背景分析

这个项目设计了"年福""年俗""年韵""年味"四个子主题，每个小组选的又不一样，为了保证有效推进和实施，在这里利用契约支架、实践支架、核心知识支架组织教学，开展活动设计。

二、项目实施中的问题

1."年文化"学习周期为四周，学习小组成员有人会掉队，游离学习之外，若团队不能持续合作，将影响项目学习进程和效果。

2."年文化"项目学习中，每一个主题的完成都涉及语文、信息技术等多个学科，会遇到很多超出现有知识的学习问题，影响任务完成，最终导致学生放弃学习。因此，该项目学需要相关的学习资源助力知识学习。

3.项目式学习过程是开放式的，涉及内容广泛，学生做着做着就偏离项目主线，不知道该做什么了，导致学习目标没有达成。

第一阶段（起始阶段）：走近年文化

一、学习目标

1.通过资料的阅读初步了解年文化的相关内容，激发学习兴趣。

2.根据兴趣选择小组，组建团队，初步分工，制订计划表，达成契约。

3.通过班级圈分享计划表，完成第一阶段的成果评价。

二、学习重难点

重难点是契约单的制定。

三、活动设计

（一）发布任务单

教师通过学习通平台发布任务单，学生了解第一阶段任务。学生阅读资料初步走近年文化，确定研究方向。

（二）组建团队

1.搜集整理学生想要了解的问题，确定小主题：春节福文化、春节装扮、春节美食、春节习俗。

2.教师发起线上投票，学生根据兴趣选择其中一个小组，完成团队的组建。

（三）引导学生线上完成项目学习计划表，达成契约

1. 展示计划表样例，提出契约要求。

2. 建立线上小组讨论群，推选组长。

3. 根据特长确定分工，完成计划表的填写。

4. 通过班级圈分享计划表，各小组成员查看，点评，提出建议。

小组项目学习计划表

班级：六年一班	指导教师：王老师
小组名称：第二小组	
组长：韩寒	小组成员：陈思宇 王梅 刘璐 高畅 冯雨欣 齐金娣 王成辉
选题的内容：春节装饰文化	预期成果形式：装饰文化秀
任务分工： 1. 装饰材料准备：韩 寒 王 梅 2. 设计特色装饰：刘 璐 3. 制作展示背景：高 畅 冯雨欣 4. 制作指导：陈思宇 5. 装饰文化资源搜集：齐金娣 王成辉	
活动的步骤： 1. 第一周：了解装饰文化； 2. 第二周：设计装饰内容； 3. 第三周：制作装饰（福字、对联、门神、灯笼等）； 4. 第四周：彩排； 5. 第五周：发布成果	
学习约定： 1. 每名同学的分工代表这项任务由该同学主要负责，其他同学作为参与者积极参与活动。 2. 每个小组成员要在自己负责的任务中，发挥好带头作用，提前分配好小组其他同学的学习任务。 3. 小组成员认真履行职责，保质保量完成学习任务。 4. 成果发布环节要求小组同伴每个人都参与发布演说，组长要负责做好排练。 5. 团结协作，尊重集体的决定	

第三阶段：实施阶段

一、学习目标：

1. 根据教师的指导和发送的资源，用思维导图的形式设计问题链。

2. 根据问题链的指引，研究形成成果。

3. 能够团结合作，培养团队精神。

二、学习重难点：

重难点是问题链的设计。

三、活动设计

（一）线下活动

1. 导入：

师：同学们，在第二阶段我们已经完成了项目学习的完整计划表，确定了研究问题，那么想要解决问题，我们需要了解哪些知识？解决哪些小问题呢？

学生自由发言。

2. 活动一：完成调查单

师：（出示调查单范例）请同学们将分析的问题归类，填入调查单中。

学生小组讨论，问题归类，规范填写。

调查单

春节福文化

日期：2020 年 12 月 1 日　　学习小组：第一小组　　负责：张云舒

伴随中国几千年历史文明的变迁，福文化已经渗透人们生活的点点滴滴，每逢新春佳节，家家户户都要张贴福字，福字中蕴含的深意在文字的演变中和文人的诗词中都有体现。让我们一起来了解春节的福文化吧！

①福文化的发展

（例如：福字的起源、福字传统文化内涵……）

②福字的寓意

（例如：诗词中的福……）

③我们搜集的关于福字的其他信息

（例如：福字的不同写法和说法）

---

3. 活动二：问题链导图

师：经过刚才对于调查单的思考，我们已经知道了研究问题的方向，对于如何更好地解决问题，你们有哪些思考呢？

学生自由发言。

教师出示问题导图范例。

学生根据样例，小组内讨论，制作问题导图。

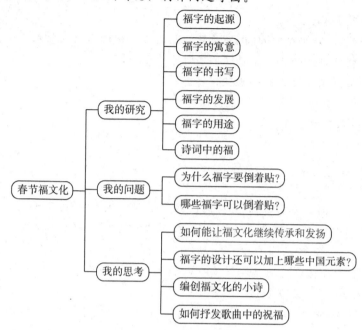

春节福文化问题导图

师：相信经过讨论交流，同学们已经完成了问题导图的制作，接下来请每个小组派出代表展示导图，其他小组提出意见和建议。

学生小组交流，提出建议。

师：通过展示交流，相信同学们对本组的问题导图有了新的思考，接下来请各小组再次修改问题导图。

学生修改问题导图

4. 活动三：制定成果对应表

师：经过了深入的讨论和思考，相信同学们对成果的制定已经有了思路，各组预期的成果是怎样的呢？

学生小组讨论，小组举手发言

根据各组的发言，形成成果问题链与各阶段成果对应表，接下来各个团队就可以围绕驱动问题及其预期成果开展成果制作。

项目问题链与各阶段成果对应表

驱动性问题	预期成果
年文化中的经典有哪些？	春节福文化介绍与展示
春节习俗的内在意义	春节习俗童谣联唱
春节传统装饰的寓意	春节装饰秀
春节美食的制作	春节美食宣传片

5. 活动四：问题解决

师：为了帮助同学们更顺利地开展项目活动，老师为大家提供了知识资源，同学们可以根据需要自主选择，如果在学习过程中遇到问题，请同学们在表中及时补充。

学生查看资源内容，补充问题。

教师根据学生的补充问题，完善核心知识资源表。

核心知识支架

任务名称	预期成果	主要学科	学科核心知识	拓展知识资源
咏中华经典（春节"福"文化）	PPT解读、现场书法展示	语文、书法	文本资料：《年文化介绍》视频资料：《PPT制作技巧》	
扬中华传统（春节习俗）	电子画报、童谣解读	信息技术、美术、音乐	视频资料：《Word电子画报制作技巧》	
赏中华艺术（春节装扮）	现场展示	美术和信息技术	视频资料：《福字的制作》《饺子的制作》《灯笼的制作》《对联的制作》	
品中华美食（春节美食）	视频展示	信息技术、综合实践	视频资料：《视频剪辑方法》	

（二）线上活动、线下实施

线下实施是整个项目的核心，在这个阶段，学生根据问题链的提示开展项目学习，完成成果的制作。同时，教师在这个阶段要给予实时的关注和指导，学生之间也要进行讨论和交流，因此，评价要贯穿这个阶段，实施如下：

1. 交流工具：人人通平台的班级圈、微信朋友圈、QQ空间等。

2. 交流内容：学生将学习到的知识、学习体会、小问题成果等通过平台发送。

3. 交流方式：教师点评、学生互评。

4. 交流记录：学生将自己推送的文章或成果数量、评论条数等进行统计记录。

【样例评析】

海德格尔说，什么样的工具被运用，就意味着什么样的世界被呈现。教师开展项目式学习活动要进行规范的设计——前一步的输出往往是后一步的输入，每一项每一步的推进要有大量的技术和工具支撑。而学习支架就是找准学生现有水平和可能达到的发展水平之间的区域，并以此为支点，搭建起来的一个高度合适的"脚手架"，用以帮助学生有效突破自身能力极限，达到新的发展高度。

"漫话春节"项目在具体实施环节中，契约、实践、核心知识支架的设计和应用，赋予学生探究者的身份，为学生进行高质量学科项目式学习提供重要支持，让学生用学科特有的思维、方法、知识和工具识别问题，寻找解决方案，验证自己的方案，经历持续、连贯、严谨的学术研究和实践。开启学生智慧的三把金钥匙就藏在学习支架中。

一、契约支架破解学习难点：在这里老师提供了契约单，契约单的签订引领学生进行合作，有了约定学生会更加愿意投入项目当中。同时，小组学习计划表促使学生在项目活动的每个阶段，既保持强烈的动机，又知道如何完成学习任务。以第二组为例，从了解装饰文化、设计装饰内容、制作装饰（福字、对联、门神、灯笼等）、彩排到发布成果，学习支架中的一个个达成目标的关键点就像一个个锚，链接学生原有的认知体系，引发学生基于学科核心概念的思考，让学生通过学习支架和路径资源思考并解决问题。

二、实践支架提供方法途径：支架材料还可以发挥范例的作用，让学生通过研究探讨发现完成任务的方法和途径。在"调查单"问题梳理的基础上，师生精心梳理连贯的、层层推进的关于年文化的问题链，并形成了项目问题链与各阶段成果的对应表，引导学生在这一实践过程中建立项目任务和学科思维、知识、技能、工具之间的关联。

三、核心知识支架帮助学生破解难题：在项目实施的过程中，教师从过程方法、知识技能等多个层面给予学生多样化的支持，将学习路径和学习资源以资源包和加油包的方式提供给学生，如《福字的制作》《饺子的制作》《灯笼的制作》《鞭炮的制作》《Word 电子画报制作技巧》《PPT 制作技巧》等微课视频。学生通过任务单阅读资料，初步了解年文化。支架也借助百度百科"春节"，从节目起源、历史发展、民间习俗、文学记述、社会效应、国外影响等方面介绍了"春节"，促使学生进一步了解春节。根据成果的指向，支架提供了相应的核心知识指导。

支架提供的多元性、支架生成的过程性引导学生从多个角度去思考核心问题，使用和思考支架的过程让学生获得思维的发展与提升，同时让学生在丰富的支架材料中建立起对年文化的认识与传承的责任感，培养审美与创造思维。

第三节　项目式学习评价

案例启思

案例1：某教师开展《生活垃圾哪去了》项目式学习活动，希望学生通过调查、参观、创造、成果展示等形式体验和探究垃圾分类的重要性，增强环保意识和社会责任感。学生在具体实践过程中，却更侧重制作变废为宝的创意作品。在集体展示评价环节学生呈现出丰富的作品：废旧纸盒制作的存钱罐、旧睡衣制作的宠物衣服、易拉罐制作的小花盆、还有形形色色的分类垃圾箱……学生兴致勃勃地评价这些作品哪个好看，哪个有趣，十分热闹。

案例2：某教师在《"防"住病毒"疫"起创想》项目式学习后期的成果展示阶段出示了比较详细的评价标准，要求学生针对标准进行自评、互评。但因在项目学习的前期，首先学生并不明晰评价指标及成果目标，其次教师对学生的阶段研究结论或作品没有进行有效"干预"，所以呈现出的最终成果与目标相差甚远，学生表示自己已经尽最大努力完成项目，但是仍然没有达到老师的评价标准。

问题剖析

上述案例主要存在以下三方面问题：

1. 评价脱离学习目标

上述案例的评价过程中存在的显著问题是脱离学习目标，缺乏内在的价值指向。项目学习整个过程中表面上学生兴趣盎然，参与积极性高，作品丰富，可是全程脱离学习目标，个性化学习脱离了教师的指导，漫无目的地随性发展，不利于学生螺旋式良性发展。

2. 过程评价形式化

案例1中项目式学习的过程性评价存在僵化、形式化现象，只是单纯评价某个学生，缺少对小组的整体评价，评价的内容和量规缺少针对性和灵活性.而案例 2 教师为了节省时间和精力，存在机械使用评价量表工具进行评价的现象，缺少与学习活动和学习环境的匹配。

3.结果评价不真实

案例中的结果性评价标准缺少真实性：教师未告知学生评价标准的具体内容，学生在没有完全理解细则的基础上进行评价，形成非真实性评价，忽视了评价的"真正"意义。另外，教师在进行结果性评价时，多数是在活动结束一段时间后才进行评价的，错过了评价的及时性，致使教师常常忽略了学生一些细微的情况和变化，在反馈时部分情况分析不深入，评价结果存在偏见。

解决策略

一、大数据支持下的多元评价模型提出背景

是基于项目学习，以学生为主体地位的一种学习方式，有效的评价模式能够反向、持续地激发学生的学习兴趣、参与热情，进一步助推其创新能力的发展。然而，目前的项目学习表面上开展得"热火朝天""情绪高涨"，实际上却是脱离学习目标，缺少持续的、科学性的评价模式，单一的定量或定性评价难以支撑学生进行高质量的项目学习。因此，为解决这一问题，特设计出如下应用模式，试图在信息技术的支持下提高项目式学习的课堂质量。

二、大数据支持下的多元评价模型概念

大数据支持下的多元评价模型是基于多元智能理论和建构主义理论，借助数据可视化、数据采集分析和档案袋管理的传统与现代结合的工具，构建包含明晰学习目标指向、科学开展过程评价和及时进行结果评价三个策略来破解项目式学习中的问题。

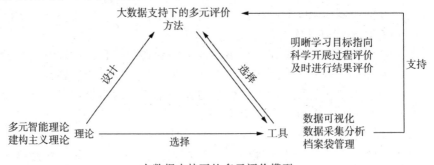

大数据支持下的多元评价模型

三、大数据支持下的多元评价模型介绍

（一）理论依据

1.多元智能理论

美国哈佛大学心理学家霍华德·加德纳认为人的智力由多个维度构成，除语言智能和数理逻辑智能外，还包括空间智能、身体运动智能、人际关系智能、音乐智能、自然观察智能、自我认识智能和存在智能。多元智能理论强调这九种智能在每位学生身上均有不同程度的体现。这些智能不同程度之间的组合，又体现出个体的智能差异与独特的潜能，并且它们具有内隐性，只在适宜的条件下才可能充分地表现出来。

传统的教学更加重视语言和数理逻辑智能，这种理念让大多数学生淹没在"唯知识"和"唯理论"的学习中，并且让他们感到负担和挫折。基于项目的学习过程中，教师利用多种教学策略、评价模式以支撑项目学习的设计和实施过程，让学生在实际生活和理论学习中建立密切的联系，感受自己多元潜能的发展。

加德纳的多元智能理论为评价学生提供了新的思路，让学生脱离"唯知识""唯认知"的评价模式，充分利用多种量表和数据，充分考虑学生多方面的智能发展，通过科学有效的评价，促使学生深入了解自身的全能发展，促使学生改进自身的学习方式，实现全面发展，成为新时代所需要的创新型人才。

2.建构主义理论

建构主义认为，学习不是知识由教师向学生的传递的过程，而是学生在一定的情境下，借助学习过程中他人的帮助，利用必要的信息资源，建构自己的知识的过程。建构主义强调关于学生的评价，主要关注学生在学习过程中是如何获得知识的，即过程性评价，而不是学生获得了什么知识，即结果性评价。另外，在进行学生评价时，不仅要评价学生是否掌握了所学知识，还应该评价学生这些能力的发展情况，学生在一段时间的学习后，是否通过学习提高了自身的原有能力。在对学习结果评价时，强调从多角度、多层次出发，反映学生在学习过程中各方面的变化，旨在帮助学生进一步发展自身的高阶思维水平，更好地构建知识体系。[①]

项目式学习包含项目内容、项目活动、教师、学生、情境与结果，从项

---

① 陈旭，王淑敏.从建构主义理论看教学评价策略的建构［J］.课程·教材·教法.2003（6）：26-30.

目主题的选定、实施到评价，都是以学生为主体开展的，学生在这一过程中自主探究、合作学习，实现知识的内化与迁移。这与建构主义的学习理论不谋而合，整个学习过程，学生在教师的引导下，外界数据资源和同学的帮助下形成意义建构，从而获得知识。建构主义学习理论对项目式设计具有极大的影响，对项目的整体设计起着引领统合作用。

（二）方法步骤

1.“大数据支持下的多元评价”方法

大数据支持下的多元评价方法是在多元智能理论和建构主义理论的指导下，基于学习内容设计出的针对性解决方法，主要包括明晰学习目标指向、科学开展过程评价和及时进行结果评价三个步骤，与之相匹配的是数据可视化、数据采集分析和档案袋管理三类工具。

2.“大数据支持下的多元评价”步骤

在项目式学习开展过程中，首先教师要明确学习目标是什么，要知道项目式学习开展的任何一个步骤都是以学习目标为核心进行的，另外还要让学生也清晰了解学习目标，以利于师生设计、开展与反观自我学（教）的情况；其次，注重过程性评价的针对性、科学性，保证有层次、有侧重、有逻辑地开展评价，避免形式化、无用化评价；再次，结果性评价要强调真实性，严格要求教师及时、确切的评价，以保证评价的有效性。其具体步骤如下：

步骤一：明晰学习目标指向

布鲁姆指出学习的目标包括认知、情感和能力三个维度，这三个维度能够涵盖学生多元智能的发展。项目式学习以多元智能为理论基础，其学习目标必然也映射出学生认知、情感和能力的多方面发展。同理，项目式学习的评价也需要以学习目标为核心，从认知、情感和能力三个维度进行诊断性、总结性和形成性的评价。因此，为开展科学的项目式学习评价，在大数据支持下的多元评价模型中，教师需要提前与学生明确学习目标，既包括项目学习的总目标，也包含每一个子阶段的学习目标，以及上述三个维度的不同阶段目标，然后逐一明晰、分解与掌握学习目标，并确定好哪些维度属于过程性评价和结果性评价的内容，阐明每一次评价的时间、内容和程度；在师生协商一致后，让每一位学生和小组组长明确于心，将学习目标转换成评价内容，以评价内容为衡量标准，时刻反思自我的学习热情、动机与进展，以保证项目式学习过程中不偏离核心目标。具体做法如下：

第一，教师根据本班学生的已有生活经验、知识基础和学习兴趣点，与学生共同协商确定主题，并设计出如下项目学习的目标和进度安排。

如：《风筝》主题课程设计中，教师根据本班学生的已有生活经验、知识基础和学习兴趣点，与学生共同协商确定《风筝》子主题，并设计出如下项目学习的目标和进度安排：

《风筝》项目学习目标

学习目标	具体内容
艺术	通过风筝的设计（形状、外观等）、材料的组合、工艺以及装饰提高自身艺术素养
数学	在实际的高度、长度、举例、角度、对称、比例的测量和交流中加深测量单位的认识，掌握测量方法的多样性，以及科学记录的方法
科学	经历一个完整的研究过程，了解风筝飞行的原理，以及关于天气、峰、空气等动力学知识
技术	从风筝的历史看技术的进步；从风筝的材料、设计到航空航天发展等了解技术的进化
工程	在制作风筝的过程中认知材料的选择、风筝的设计和制作、风筝的使用

《风筝》活动进度

活动阶段	活动子过程	具体内容
第一阶段	了解风筝	文学、数学、科学、美学
第二阶段	制作风筝	研究设计—合作制作—提出问题—美化装饰
第三阶段	放飞风筝	放飞标准—放飞方法—注意事项—我的思考
第四阶段	改进与反思	成功经验—失败原因—我的收获—创意风筝

第二，基于"大数据支持下的多元评价"技术模型，教师明晰项目学习目标，并将总目标分解为各个子过程的阶段性目标，制定出过程性评价和结果性评价的量规。如：《风筝》过程性评价和结果性评价量规。

《风筝》子活动目标

活动阶段	活动子过程	活动子目标
第一阶段	了解风筝	1. 知道风筝的历史、意义、基本类型和结构组成，感受风筝装饰美 2. 了解风筝组成与起飞的基本原理 3. 掌握与风筝原理相似的航空航天发展的原理和技术的演变
第二阶段	制作风筝	1. 知道哪些材质适合制作风筝以及背后的原理 2. 在实际高度、长度、距离、角度、对称的测量中加强对测量单位的认识，掌握不同的测量方法和记录方法 3. 掌握数学三角形稳定性、不同材质之间的物理性质
第三阶段	放飞风筝	1. 了解风筝无法飞行的失败原理和成功飞行的原理 2. 探究不同空气环境、风筝线、放飞力度对于风筝起飞的影响 3. 总结成功放飞的方法、规律与注意事项
第四阶段	改进与反思	1. 梳理每一过程成功与失败的原因和解决对策 2. 分析自我动机、态度与能力对于放风筝成功的影响 3. 总结自我提高与小组提升 4. 探讨创造性设计风筝与放飞风筝 5. 联系实际，思考创新型航天、航海技术发展与风筝原理之间的关系 6. 师生共同反思不足与提升点

《风筝》过程性评价量规

过程性评价量规
1. 知道哪些材质适合制作风筝以及背后的原理
2. 在实际高度、长度、距离、角度、对称的测量中加强对测量单位的认识，掌握不同的测量方法和记录方法
3. 掌握数学三角形稳定性、不同材质之间的物理性质
4. 了解风筝无法飞行的失败原理和成功飞行的原理
5. 探究不同空气环境、风筝线、放飞力度对于风筝起飞的影响
6. 师生共同梳理每一过程成功与失败的原因和解决对策
7. 探讨创造性设计风筝与放飞风筝
8. 联系实际，思考创新型航天、航海技术发展与风筝原理之间的关系

《风筝》结果性评价量规

结果性评价量规
1. 知道风筝的历史、意义、基本类型和结构组成，感受风筝装饰美
2. 了解风筝组成与起飞的基本原理
3. 掌握与风筝原理相似的航空航天发展的原理和技术的演变
4. 总结成功放飞的方法、规律与注意事项
5. 梳理整个过程成功与失败的原因和解决对策
6. 分析自我动机、态度与能力对于放风筝成功的影响
7. 总结自我提高与小组提升

以上两表设计的过程性评价量规和结果性评价量规是指《风筝》主题活动的总量规，可依据活动的具体细节进行更为细致的划分，如第一阶段"了解风筝"过程中的过程性评价量规和结果性评价量规，此处不做细致说明。

步骤二：科学开展过程性评价

过程性评价帮助学生更高效地进行项目式学习，通过信息反馈促进学生进行自我反思，学会自我调控，进而改变原有的学习方式，发挥学生的学习潜能，成为创新性人才。因此，在开展过程性评价时，首先要保证评价主体的多元。评价主体不再以教师为主，还应包括学生自评、同学之间互评、家长评价等，以帮助我们更多关注在学习过程中学习能力的获得而非考试成绩的高低，同时应更加注重学生多个方面学习的评价。其次，保证评价的连续性。在项目学习开展的每一个子环节过程和总结过程，应该对教师、学生、小组内和小组间分别采用数据化平台进行及时跟踪评价，每一个主体对应一种数据采集评价，实现每个主体的评价内容、评价量规既有所不同又相互关联，保证每一个阶段的评价内容呈现递阶性、适宜性和多元性。最后，注重评价标准的多元化，关注不同层次、不同组别学生之间的个体差异，落实分层教学，实现分层指导。

项目式学习过程评价主要包括指向问题解决的相应知识的理解自评与指向问题解决的相关能力观点的形成他评。

首先，明确评价主体包括学生自己、小组成员、班级教师、校长，以及家长多个主体。在校内开展的具体过程中，以学生自评为第一主体。

关于校内每次子活动的过程性自我评价，需要根据每个学生和小组在活动开展的不同层次进行针对性评价，层级包括初次开展—第一次尝试—第二次尝试……第 N 次尝试成功—子活动总结，以第一阶段"了解风筝"的初次开展为例，教师发布给学生如下量规进行自测：

"了解风筝"学生自测表

"了解风筝"学生自测表
1. 风筝的起源是什么？
2. 风筝有哪些类型？基本结构有几部分，具体包括哪些？
3. 古代关于风筝的装饰有哪些研究？
4. 风筝有哪些寓意？
5. 和风筝有关的成语、故事、歇后语和诗歌有哪些？

在学生自测后，教师了解每个学生的认知情况，如果关于"风筝的基本结构"这一问题大多数学生不清晰，教师可用语言讲授和重复播放演示视频等形式帮助学生掌握这一知识点，以利于后面制作和放飞风筝活动的顺利开展；如果只是几个学生不了解这个问题，教师可采取随机一对一指导或小组成员互助形式补充认知盲点，并提问这个同学让他再次语言输出深入掌握。

其次，小组成员、教师、家长在每个子活动开展过程中针对阶段性结论的观点进行互动评价。互动评价可以贯穿课内外，形成家校互动式的评价。

例如，在"放飞风筝"活动结束后，各小组依据小组互评表逐一对每个小组放飞风筝的过程进行评价，各组之间在发表观点后，基于核心观点进行思想碰撞、头脑风暴，教师扮演话题引领者、观察者和提问者，根据话题讨论情况随机进行融入式指导；同时，家长作为校外参与的"同伴"，在为每位学生提供物质支持、知识支持、观点支持、环境支持的基础上，也扮演着话题讨论参与者、评价者与反馈者的角色。具体案例如下：

"放飞风筝"小组互评表

"放飞风筝"小组互评表
1. ×小组是否成功放飞风筝？
2. 在起飞时正常飞行吗？有哪些不足之处？
3. 如果没能放飞或短暂飞行，你认为是什么原因造成的？
4. 你觉得应该如何改进，以避免无法放飞或短暂飞行的情况？
5. 如果正常放飞，你认为成功的原因是什么？与你所在小组设计的风筝相比优劣点有哪些？

"放飞风筝"活动结束后，B小组的风筝第一次没能放飞，第二次放飞后只持续了10秒左右就掉落了。教师组织同学回到班级，向各小组发放小组互评表，每小组选出一名代表针对内容进行发言，发言如下：

A组：我们认为失败的原因是B组同学在放飞时，没有牵拉好线面，线太长了，没有掌握好风向、风速和线面的力度。

C组：经过我们仔细观察，我们认为B组风筝尾巴的材质太重了，也太多了，比风筝面的材料重，虽然很好看但用处不大。

D组：我们看了B组风筝的骨架，发现这个骨架的结构是错误的，他们没有按照视频里说的那样做，应该是菱形结构，不是十字结构，所以不稳定就飞不起来。

教师：大家觉得哪组的原因更准确呢？B组同学你们感觉是什么原因呢？

B组同学1：我觉得大家说的都是失败的原因，风筝尾巴太重确实影响飞行；但放风筝的同学之前经常和爸爸妈妈出去放风筝，他很会放风筝，应该不是风向、力度的原因，因为他放其他组的风筝都是很厉害的！

B组同学2：我们一致协商后，认为D组同学说的对，我们好像没按照之前老师说的做，骨架应该做成菱形，我们做的确实是十字形，所以不稳定，即使放飞了，还是一会就掉下来了！我们应该重新搭建风筝的框架！

活动结束当天，B组同学2把风筝拿回家尝试修正，起初他直接把风筝骨架的横竖两根骨架按照教师播放视频中的演示样式做好，并展示给爸爸看，果然放飞成功了。但是爸爸今天接送这个同学放学时与老师交流知道学校里活动的进展情况，便决定引导孩子一起探索横竖两根骨架在不同等距位置上，风筝会发生什么样的变化。在经过三次不同尝试后，父子俩得出如下图示，该同学带到学校与同学分享这一探究结果。

亲子修改风筝记录表

修改次数	第1次	第2次	第3次
骨架样式			
风筝放飞效果		飞行时间最长	

步骤三：及时进行结果评价

结果是指在项目学习过程中和学习结束时，通过探究活动产生的技能、智力和作品的成果。

首先，在进行项目式学习结果评价时，教师既要重视对每一个子环节结果的认真剖析与解读，还要重视整个活动开展后总结果的反馈与评价，把握子环节结果与总结果内在的联系、异同与实质，总结出每个学生和小组的成长变化、规律和问题，为下一次开展项目式学习做好充足的准备。

例如，以"十字风筝"制作为例，在第一阶段"认识风筝"的结果性评价中，关于"十字风筝基本结构"的测评中，学生在课堂口述回答时都能说出正确的搭建结构应该是左图，横向搭建材料在竖向材料上面的三分之一位置最佳，这样可以保证风筝的稳定性。然而，在"放飞风筝"时，个别同学的风筝要么是无法起飞，要么是刚刚起飞就掉落下来。经过一番调查，同学们总结与分析出风筝无法起飞的内在原因是将横竖材料的位置加固成右图样式，将横向材料放在竖向材料的二分之一位置，导致风筝的稳定性大幅降低，从而无法起飞或短时间飞翔。

"十字风筝"正确结构　　　　　　　　"十字风筝"错误结构

由此可以看出，前面活动阶段的结果性评价与后面每一个环节的结果性评价息息相关，前面的认知储备是后面操作的知识基础，如果掌握不扎实便会增加活动的失败或错误的次数。因此，教师要重视每一个子阶段的结果性评价，在每一个阶段开展结果性评价，如在"了解风筝"环节教师需要发放测评表，以巩固学生关于风筝结构的基础知识；其次，在"制作风筝"环节相互检查风筝的构造是否按照要求拼搭；最后再开展"放飞风筝"活动。要注重做好前后环节之间评价的有效衔接，使得前后呼应，形成科学的评价与反馈系统。

其次，教师要把握结果评价的及时性和科学性。及时性是指教师在每个子环节和整个活动结束后要及时进行评价，以保证当时的情境、学生的想法和评价的成果具有一致性，避免因后期的遗忘忽略重要的信息，形成偏见性、不科学的评价。科学性是指教师要引导学生对成果或成绩所具有的现实意义和价值从科学的角度进行分析与评价。

3．工具选择

在项目式学习评价中，要充分地考虑信息技术工具对项目式学习中自评与互评的数据支撑作用。大数据支持下的多元评价主要体现在过程性评价和成果性评价两个方面的应用。其工具选择要满足科学开展过程评价和及时进行成果评价的需求。因此，我们可以按工具类型分为平台工具类与展示工具类。

第一，平台工具类

选择适切的平台软件与 App 小工具满足学生完成项目式过程评价需求。

如：UMU 互动学习平台、人人通学习空间、微信群、每日交作业小程序、问卷星、美篇等都可以作为评价学习成果投票的途径。

第二，展示工具类

选择适切的数字媒体与展示工具，满足学生完成项目成果展示评价需求。

如：手机或平板进行拍照分享或录像直播、EV 录屏、快剪辑、皮影客、希沃授课助手、好弹幕、企秀、美篇、电子相册、二维码、MindMap、Mindmanager、Inspiration、幕布、百度脑图。

样例展示

《漫话春节》项目式学习评价设计

一、设计背景

1．总体目标

通过转变"教"与"学"的方式，以学习者为中心，参照每个学生的知识和经验，培养学生独立应用、说明和解释等能力，同时发展学生的批判性思维和问题解决能力，最终落实学生核心素养，如人文底蕴、科学精神、学会学习、健康生活、责任担当、实践创新。

2. 具体目标

价值体认：通过学生自主阅读和学习老师推送的资料，开展探究性活动，使学生了解中国春节有关的历史、文化、习俗、民族传统，激发爱国主义情感。

责任担当：通过对中国"年文化"的多角度、多元化的研究和探讨，感受中国优秀传统文化的博大精深，培养学生观察生活、热爱生活的积极态度，增强爱国主义情感。

问题解决：通过小组合作，学生对自己感兴趣的问题开展广泛的实践探索，综合运用其他学科知识分析和解决问题，最终形成研究成果，同时学会分享共同的劳动成果，培养学生的合作意识和能力。

创意物化：通过"人人通"学习空间进行学习和小组讨论，能够运用信息技术手段和传统方法相结合设计制作 PowerPoint 演示文稿、电子画报讲解年文化、表演歌谣、制作装饰物等展示年文化，培养创新意识及创新表达能力。

3. 活动重难点

重点：感受中国传统节日的魅力，树立爱国情感，立志做中华民族优秀传统文化的传承者。

难点：结合其他学科知识完成研究，同时学习应用信息技术方法创意展示成果。

4. 主题设计与预计成果

(1) 项目主题"漫话春节"主题年文化推介会

(2) 项目子主题

年福——咏中华经典（春节"福"文化）：中国"年"文化的介绍（涉及语文学科、书法学科。阅读查找资料了解年有关的名句名篇名曲，通过文字的精妙言表和中国诗词的解读，使听者感受中华文化的博大精深和中国传统节日的深刻内涵。通过 PPT 的形式呈现）。

年俗——扬中华传统（春节习俗）：中国"年"习俗的介绍（涉及信息技术和美术学科。学生通过资料查找和采访询问他人的方式调查过年每一天的习俗。以电子画报、童谣解读方式呈现）。

年韵——赏中华艺术（春节装扮）：中国"年"标志物介绍（涉及美术学科和信息技术学科。通过美术课和查找资料学会打扮年味；通过信息技术学科使用 3D 打印手段，制作装饰物。以实物展示形式呈现）。

年味——品中华美食（春节美食）：中国"年"美食的介绍（涉及美术和综合实践。通过查找资料，和父母实践，尝试做年的美食，了解其中的美好寓意。拍摄美食实物照片。通过 PPT 形式展示）。

新年祈愿：双语新年祝福（涉及英语学科。学会用双语进行新年祝福。通过微视频形式呈现）。

二、评价设计

1. 过程性评价与结果性评价的量规设计

（1）过程性评价量规

过程性评价量规

1. 能够通过主动寻找或采访询问他人的方式调查过年每一天的习俗，并举例说明。

2. 学会运用美术或相关信息技术"打扮年味"，制作装饰物。

3. 愿意与家人朋友共同制作有关"年"的美食。

4. 尝试使用双语或不同形式呈现新年祝福。

（2）结果性评价量规

结果性评价量规

1. 与年有关的名句名篇名曲有哪些？

2. 与年相关的事物有哪些？南北方有何差异？

3. 能做出与"年"相关的美食一或两种，并说明其中美好寓意。

4. 能用至少两种语言表达新年祝福，并运用微视频形式呈现。

2. 过程性评价方法

（1）自我评价

在"漫话春节"主题活动中，关于"年俗"的内容是学生需要重点掌握的，是激发学生开展有关"年"活动的知识基础，有助于巩固学生深入了解传统文化，传承中华精神。因此，教师需要设计自测表以考查学生关于这部分内容的掌握情况。例如，教师布置本次活动后，为考查学生查找资料、访谈搜集资料的能力，教师出示"年俗"活动自测表，让每个学生按照自测表自行利用思维导图绘制自己搜集的资料，并在小组内逐一分享、讨论，小组成员找出共性和异同，并根据组员的观点补充自己的思维导图，扩充"年俗"活动知识储备。

"年俗"活动学生自测表

1. 南北方过小年是同一天吗？南北方过小年分别有哪些寓意和活动呢？

2. 春联的书写与粘贴有哪些讲究？与贴年画相同吗？

3. 压岁钱有几种寓意？分别是什么？

4. 大年初一至初十分别有什么习俗活动和传统寓意？

（2）互评

学生自己搜集完"年俗"活动资料后，在小组内分享绘制的思维导图。这时，教师分发给学生"年俗"活动小组互评表，以此为标准进行组内互评，小组成员依次阐述自己的思维导图，并回答互评表中的问题，反思自己如何补充与修改自己的思维导图；最后，组长根据组员的思维导图归类汇总出一张小组汇报的思维导图，其他成员随机补充与贡献自己的优长，如绘画好的同学可统筹思维导图的颜色配比。在小组间进行互评时，组长轮流汇报，其他小组对照互评表评比提出建议，由一人执笔，全班同学共同研制出信息多元的"年俗"文化思维导图，如果其中遇到争论的观点，可再次利用网络等途径确定这一观点的明确说法，通过反复的探究与争论，全班同学获得观点一致的"年俗"文化知识图解。

"年俗"活动小组互评表

1. 是否用思维导图绘制，主题与层级结构鲜明度如何？

2. 搜集内容是否全面，层级之间重叠、混乱吗？

3. 绘制颜色是黑白为主，还是颜色较多，配比怎么样？

4. 相同事物之间有归类吗？有适当的图画辅助说明吗？

5. 画面中能体现出搜集来源吗？哪些是自己查找的，哪些是采访得来的？

---

3. 结果性评价方法

在"漫话春节"五个环节活动结束后，教师可利用档案袋将每个学生在每一环节中的作品进行留存，并依据过程性评价结果进行逐一评价，得出这个主题下每个学生的认知、能力和情感态度的发展情况和变化，并逐一再次进行反馈与指导。档案袋评价不仅包括纸质材料的整理与记录，还包括电子版材料的归档，如学生绘制的电子版思维导图、搜集的音视频资料、PPT 和电子故事等。

"漫话春节"档案袋评价记录		学生姓名：				
活动阶段		年福	年俗	年韵	年味	新年祈愿
学生活动资料						
教师评价	阶段评价					
	总评价					

4.评价技术工具选择

思维导图、档案袋、问卷星、学习空间班级圈等。

【样例评析】

在项目式学习过程中，有效评价是促进项目式学习高效的动力器、改进项目式学习的矫正器。在"漫话春节"项目式学习中，评价也起到关键作用。

1.聚焦项目活动目标进行评价

项目的评价是与项目的目标对应的，所以在项目的各个环节都有对应的过程性的要求，并且要可检测。基于"漫话春节"项目式教学设计以活动为主体，开展年福、年俗、年味、年韵等探究活动。每项活动设计教师都提供了过程性评价量规和结果性评价量规。如"与年有关的名句名篇名曲有哪些""与年相关的事物有哪些？南北方有何差异""能做出与'年'相关的美食一或两种，并说明其中美好寓意""能用至少2种语言表达新年祝福，并运用微视频形式呈现"。这些量规标准在一定程度上让学生手中有舵，教师心中有岸。

2.过程性与结果性评价相结合

过程性评价是一种在项目实施的过程中对学生的学习进行评价的方式，主张内外结合的、开放的评价方式，主张评价过程与活动过程的交叉和融合。过程性评价采取目标与过程并重的价值取向，对学习的动机效果、过程以及与学习密切相关的非智力因素进行全面的评价。"漫话春节"项目也突出了全过程评价，包括过程性评价和结果性评价。"能够通过主动寻找或采访询问他人的方式调查过年每一天的习俗，并举例说明""学会运用美术或相关信息技术'打扮年味'，制作装饰物""愿意与家人朋友共同制作有关'年'的美食""尝试使用双语或不同形式呈现新年祝福"，不难看出，这些学习活动评价以学生为本，注重参与、注重过程体验、注重发展、注重激励。

3.评价主体多元化和评价效能及时化

项目式学习采用多元评价主体方式。教师让学生在明确评价目标、任务、标准的基础上，对自己的评价内容进行自评、小组互评，最后教师再展示自己的评价结论，与学生相互讨论，达成共识。例如该项目利用自测表、互评表考查学生关于年俗内容的掌握情况，通过评价，学习他人长处，改进自身不足。特别是学生通过每一阶段的成果展示和年文化档案袋形式记录成长点滴，教师则及时评价，积极给予学生反馈信息，让学生不仅了解到自己的学习状态，还能及早地做出调整，知道自己的差距，增强对学习的热情，提高自我评价能力。

项目式学习呼吁一种更真实的评价方式。今天，当我们把目光聚焦在学生身上，全方位地关注学生学习的每一个细节时，我们更迫切需要用项目式学习的方式去推动评价研究，为学生的"深度学习"寻找新的增长点。